Jeffrey Andrew Barash, Christophe Bouton,
Servanne Jollivet (Hg.)

Die Vergangenheit im Begriff

Von der Erfahrung der Geschichte
zur Geschichtstheorie bei Reinhart Koselleck

VERLAG KARL ALBER

Jeffrey Andrew Barash,
Christophe Bouton,
Servanne Jollivet (Hg.)

Die Vergangenheit im Begriff

Von der Erfahrung
der Geschichte
zur Geschichtstheorie
bei Reinhart Koselleck

Verlag Karl Alber Freiburg/München

Jeffrey Andrew Barash, Christophe Bouton, Servanne Jollivet (Ed.)

The Past in Concept

From the Experience of History to the Theory of History in Reinhart Koselleck

This interdisciplinary collective volume is devoted to Reinhart Koselleck's work and to the many perspectives he opened in the second half of the 20th century. The aim is to bring together historical theorists, Germanists, historians and philosophers to present various aspects of the reception of his thought on an international level, and to broaden the spectrum of topics and perspectives of his work. It deals with conceptual history, history, historical anthropology, political theory, theory of modernity, etc.

The editors:

Jeffrey Andrew Barash is Professor Emeritus of Philosophy at the University of Amiens, France. His publications include: *Martin Heidegger and the Problem of historical Meaning*, New York, Fordham, 2003; *Politiques de l'histoire: L'historicisme comme promesse et comme mythe*, Paris, PUF, 2004; *Collective Memory and the Historical Past*, Chicago und London, University of Chicago Press, 2016.

Christophe Bouton is Professor of Philosophy at Bordeaux Montaigne University. His research is focused on the history of German philosophy and on theories of history in the nineteenth and twentieth centuries. His publications include: *Time and Freedom*, Northwestern University Press, 2014; *Faire l'histoire. De la Révolution française au Printemps arabe*, Cerf, 2013; *L'accélération de l'histoire. Des Lumières à l'Anthropocène* (forthcoming).

Servanne Jollivet is a research fellow at the CNRS (ENS, Transferts culturels). Her work focuses on German philosophy, mainly philosophy of history and culture, as well as neo-Hellenic philosophy in the 20th century. She published *Heidegger. Sens et histoire (1912–1927)*, Paris, PUF, 2009; *L'Historisme en question. Généalogie, débats et réception (1800–1930)*, Paris, Honoré Champion, 2013.

Jeffrey Andrew Barash, Christophe Bouton,
Servanne Jollivet (Hg.)

Die Vergangenheit im Begriff

Von der Erfahrung der Geschichte zur
Geschichtstheorie bei Reinhart Koselleck

Dieser interdisziplinäre Sammelband ist Reinhart Kosellecks Werk gewidmet, und den zahlreichen Perspektiven, die er in der zweiten Hälfte des 20. Jahrhunderts eröffnet hat. Ziel ist Geschichtstheoretiker, Germanisten, Historiker und Philosophen zusammen zu bringen, um die Rezeption seines Denkens auf internationaler Ebene vorzustellen, und das Spektrum der Themen und Perspektiven seines Werkes zu erweitern und vertiefen (Begriffsgeschichte, Historik, historische Anthropologie, politische Theorie, Theorie der Moderne, usw.).

Die Herausgeber:

Jeffrey Andrew Barash ist Professor emeritus für Philosophie an der Universität von Amiens. Zu seinen Publikationen zählen: *Martin Heidegger and the Problem of historical Meaning*, New York, Fordham, 2003; *Politiques de l'histoire: L'historicisme comme promesse et comme mythe*, Paris, PUF, 2004; *Collective Memory and the Historical Past*, Chicago und London, University of Chicago Press, 2016.

Christophe Bouton ist Professor für Philosophie an der Universität Bordeaux Montaigne. Seine Forschungsschwerpunkte liegen in der Geschichte der deutschen Philosophie und den Geschichtsphilosophien im 19. und 20. Jahrhundert. Monographien (Auswahl): *Time and Freedom*, Evanston, Northwestern University Press, 2014; *Faire l'histoire. De la Révolution française au Printemps arabe*, Paris, Cerf, 2013.

Servanne Jollivet ist Forschungsbeauftragte am französischen nationalen Zentrum für wissenschaftliche Forschung (CNRS – ENS, »Transferts culturels«). Ihre Arbeitsschwerpunkte sind die deutsche Philosophie, vor allem die Geschichts- und Kulturphilosophie, sowie die neohellenische Philosophie des 20. Jahrhunderts. Monographien: *Heidegger. Sens et histoire (1912–1927)*, Paris, PUF, 2009; *L'Historisme en question. Généalogie, débats et réception (1800–1930)*, Paris, Honoré Champion, 2013.

Supported by Translitteræ (Ecole universitaire de recherche, program
»Investissements d'avenir« ANR-10-IDEX-0001-02 PSL* and ANR-
17-EURE-0025)

Originalausgabe

© VERLAG KARL ALBER
in der Verlag Herder GmbH, Freiburg / München 2021
Alle Rechte vorbehalten
www.verlag-alber.de

Satz: SatzWeise, Bad Wünnenberg
Herstellung: CPI books GmbH, Leck

Printed in Germany

SBN Print 978-3-495-49213-0
SBN E-Book (PDF) 978-3-495-82539-6

Zum Gedenken an Jochen Hoock

Inhalt

Jeffrey Andrew Barash, Christophe Bouton, Servanne Jollivet,
Vorwort 11

I. Erfahrung der Geschichte und Anthropologie

Daniel Brauer, The Structure and Evolution of Koselleck's
Theory of Historical Experience 21

Jeffrey Barash, Überlegungen über Historische Zeit, kollektives
Gedächtnis und die Endlichkeit des historischen Verstehens im
Ausgang von Reinhart Koselleck 35

Servanne Jollivet, Critique et réappropriation du concept
d'historicité par Reinhart Koselleck 54

Christophe Bouton, Die Beschleunigung der Geschichte bei
Koselleck. Eine Studie zu einer historischen Kategorie der
Moderne 76

Lisa Regazzoni, From concept to monument: Variations of
historical anthropology in Koselleck's thought 100

II. Begriffsgeschichte und Historische Semantik

Carsten Dutt, Kosellecks Wende zur Pragmatik 127

Jan Eike Dunkhase, Glühende Lava. Zu einer Metapher von
Reinhart Koselleck 155

Marie-Claire Hoock-Demarle, »Une escapade en germanistique«.
Histoire et littérature selon Koselleck 165

Bertrand Binoche, Recours à Koselleck 177

III. Geschichtstheorie und politische Theorie

Jochen Hoock, Reinhart Koselleck, la génération 45 et le cas
Carl Schmitt 191

Alexandre Escudier, Un »premier« Koselleck néo-hobbésien ?
De *Kritik und Krise* à l'»ontologie historique« et retour 200

Gennaro Imbriano, The temporality of history. Structures of the
»Political« and the concept of Politics in Reinhart Koselleck . . 221

Verzeichnis der Autorinnen und Autoren 239

Zusammenfassungen 243

*Jeffrey Andrew Barash, Christophe Bouton,
Servanne Jollivet*

Vorwort

Reinhart Koselleck (1923–2006), der zu den bedeutendsten Historikern seiner Generation zählte, war einer der wichtigsten Teilnehmer an einer Reihe von historiographischen Debatten in Deutschland seit den 1960er Jahren und Mitbegründer der »Bielefelder Schule«. Seine Studien zur Sattelzeit, der entscheidenden Übergangszeit zur Moderne am Ende des 18. Jahrhunderts, das mehrbändige Wörterbuch *Geschichtliche Grundbegriffe*, das er mit Werner Conze und Otto Brunner herausgegeben hat[1], seine Arbeiten zur Geschichtstheorie und seine neueren Untersuchungen zur politischen Ikonologie in Bezug auf Kriegerdenkmäler haben auf viele Bereiche der Geisteswissenschaften einen erheblichen Einfluss ausgeübt. Sein Denken wurde zunächst vor allem in Deutschland rezipiert, wo die Tradition der »Historik« – sie reicht mit Droysen bis ins 19. Jahrhundert zurück – fest etabliert und bis heute lebendig ist. An der Universität Bielefeld wurde Kosellecks Theorie der Geschichte von Jörn Rüsen[2] und Willibald Steinmetz[3] fortgeführt. 2008 hat das Deutsche Literaturarchiv Marbach seinen Nachlass erworben. In Frankreich wurde Koselleck ab den 1980er Jahren dank Institutionen wie die EHESS, Übersetzungen[4] und Autoren, die sein Werk in Anspruch nahmen,

---

[1] Vgl. O. Brunner, W. Conze, R. Koselleck (Hg.), *Geschichtliche Grundbegriffe: Historisches Lexikon zur politisch-sozialen Sprache in Deutschland*, 8 Bände, Stuttgart, Klett-Cotta, 1972–1997.
[2] Als Kosellecks Nachfolger in Bielefeld hat J. Rüsen zahlreiche geschichtstheoretische Arbeiten veröffentlicht. Vgl. u.a. *Historik: Theorie der Geschichtswissenschaft*, Köln, Böhlau, 2013.
[3] Vgl. e.g. W. Steinmetz, Michael Freeden, Javier Fernández-Sebastián (Hg.), *Conceptual History in the European Space*, New York/Oxford, Berghahn, 2017.
[4] R. Koselleck, *Le règne de la critique*, übersetzt von Hans Hildenbrand, Paris, les Editions de Minuit, 1979; *Le futur passé. Contribution à la sémantique des temps historiques*, übersetzt von Jochen Hoock und Marie-Claire Hoock, Paris, Éditions de l'EHESS, 1990; *L'expérience de l'histoire*, hrsg. von Michael Werner, übersetzt von

etwa Paul Ricœur[5] unter den Philosophen oder, unter den Historikern, François Hartog[6], allmählich bekannt. In den Vereinigten Staaten, wo Koselleck am Ende seiner Karriere einige Seminare abgehalten hat, in New York und Chicago, wurde 1985 die erste Übersetzung, und zwar *Vergangene Zukunft*[7], veröffentlicht und von Hayden White, der auch das Vorwort zu einer Auswahl der 2002 erschienenen Artikel[8] verfasste, begeistert besprochen[9]. Das wachsende Interesse an Koselleck jenseits des Atlantiks zeigt sich auch in der jüngsten Übersetzung von *Zeitschichten*[10] von Sean Franzel und Stefan-Ludwig Hoffmann unter dem Titel *Sediments of Time*, die eine ausführliche Einleitung enthält[11].

Manche Aspekte von Kosellecks Denken sind heute gut bekannt, vor allem im Bereich der Geschichtstheorie. Zu den bereits existierenden Werken, die Koselleck gewidmet sind gehören insbesondere die Bücher von Niklas Olsen (*History in the Plural*[12]) und Gennaro Imbriano (*Le due modernità*[13]), die Sammelbände *Begrif*-

---

Alexandre Escudier, in Zusammenarbeit mit Diane Meur, Marie-Claire Hoock und Jochen Hoock, Paris, Hautes Études, Gallimard, Seuil, 1997.

[5] P. Ricœur, *Temps et récit*, 3 Bände, Paris, Seuil, 1983, 1984,1985, *La mémoire, l'histoire, l'oubli*, Paris, Seuil 2000.

[6] F. Hartog, *Régimes d'historicité. Présentisme et expérience de l'histoire*, Paris, Seuil, 2003. Weitere EHESS-Mitglieder, die sich für Koselleck interessiert und ihn bekannt gemacht haben, sind François Furet, Sabina Loriga, Jacques Revel und der Germanist Michael Werner.

[7] R. Koselleck, *Vergangene Zukunft. Zur Semantik geschichtlicher Zeiten*, Frankfurt/Main, Suhrkamp, 1979.

[8] R. Koselleck, *The Practice of Conceptual History: Timing History, Spacing Concepts*, transl. by Todd Presner, Kerstin Behnke, and Jobst Welge, Stanford, Stanford University Press, 2002.

[9] H. White, »Reinhart Koselleck. *Futures Past: On the Semantics of Historical Time*, Translated by Keith Tribe, Cambridge, MIT Press, 1985, p. xxvi, 330«, *The American Historical Review*, 92/5, December 1987, S. 1175–1176.

[10] R. Koselleck, *Zeitschichten, Studien zur Historik*, Frankfurt/Main, Suhrkamp, 2000.

[11] Sean Franzel und Stefan-Ludwig Hoffmann, »Introduction: Translating Koselleck«, in *Sediments of Time, On Possible Histories*, Stanford, Stanford University Press, 2018, S. IX–XXI.

[12] N. Olsen, *History in the Plural. An Introduction to the Work of Reinhart Koselleck*, New York, Berghahn Books, 2012.

[13] G. Imbriano, *Le due modernità. Critica, crisi e utopia in Reinhart Koselleck*, Roma, DeriveApprodi, 2016.

*fene Geschichte*¹⁴, *Zwischen Sprache und Geschichte*¹⁵ und *Reinhart Koselleck als Historiker*¹⁶, sowie, in französischer Sprache, eine Sonderausgabe der Zeitschrift *Revue Germanique Internationale*, die von Jeffrey Andrew Barash und Servanne Jollivet herausgegeben worden ist¹⁷.

Das Hauptziel dieses interdisziplinären Sammelbandes besteht darin, in erster Linie die Rezeption des Koselleck'schen Denkens auf internationaler Ebene zu studieren und das Spektrum der Themen und Perspektiven, in denen es angegangen wird, zu erweitern. Er bringt Spezialisten seines Werkes (Geschichtstheoretiker, Germanisten, Historiker, Philosophen usw.) zusammen, die ihre unterschiedlichen Lese- und Interpretationsweisen von Koselleck vorstellen und diskutieren und dabei seinen Beitrag und seine Originalität untersuchen. Dabei sollen nicht nur die theoretischen und methodologischen Aspekte seiner Arbeit, sondern auch seine Rolle für die empirische Forschung beleuchtet werden. Mit diesen unterschiedlichen Ansätzen richtet sich der Band an Historiker, Philosophen und Geisteswissenschaftler, die sich für historische Semantik und Begriffsgeschichte interessieren.

Indem er die Aufgabe übernimmt, Kosellecks Werk in der Vielfalt und Komplexität seiner Dimensionen zu besprechen, will dieser Band auch seine Grenzen und blinden Flecken sichtbar machen und seine Überlegungen in den von ihm selbst untersuchten Bereichen weiterführen. Er prüft Wege, auf denen sein Denken neu formuliert und sogar von einem Gebiet oder einer Disziplin auf ein anderes übertragen werden könnte. Dies erweist sich als besonders wichtig im Hinblick auf das zukunftsträchtige Feld der Begriffsgeschichte, das über einen engen nationalen Kontext hinaus auf verschiedene Formen des Transfers und auf die Vielzahl von Netzwerken und Zirkulationsweisen ausgedehnt wird, die es in einem globalen Rahmen charakterisieren. Zugleich unterzieht dieser Band Kosellecks Reflexion

---

[14] Hans Joas, Peter Vogt (Hg.), *Begriffene Geschichte – Beiträge zum Werk Reinhart Kosellecks*, Berlin, Suhrkamp, 2011.
[15] Carsten Dutt, Reinhard Laube (Hg.), *Zwischen Sprache und Geschichte. Zum Werk Reinhart Kosellecks*, Göttingen, Wallstein, 2013.
[16] Manfred Hettling, Wolfgang Schieder (Hg.), *Reinhart Koselleck als Historiker. Zu den Bedingungen möglicher Geschichten*, Göttingen, Vandenhoeck & Ruprecht, 2021.
[17] J. A. Barash und S. Jollivet (Hg.), *Revue Germanique Internationale*, 25, 2017, »Reinhart Koselleck«, https://journals.openedition.org/rgi/1647.

zu Problemen wie die menschliche Geschichtlichkeit und ihre zeitlichen Modi, oder zum traumatischen Erbe des 20. Jahrhunderts, einer genaueren Betrachtung. Darüber hinaus werden die Möglichkeiten der Wiederaneignung seiner Ideen analysiert und untersucht. Inwieweit bietet sein Denken eine Quelle für neue Formen kritischer Theorie, die von der Diagnose des »Präsentismus« (Hartog), der »Beschleunigung der Geschichte« (Rosa) und ganz allgemein von den tiefgreifenden Diskontinuitäten inspiriert sind, die durch die Transformationen der gegenwärtigen Welt hervorgerufen werden?

Der Band ist im Hinblick auf drei Hauptthemen organisiert[18]. Der erste Teil zielt darauf ab, die Verbindung zwischen »Erfahrung der Geschichte und Anthropologie« hervorzuheben. Wenn Koselleck vor allem für seinen Beitrag zur Begriffsgeschichte bekannt ist, so umfasste seine theoretische Reflexion auch die Auseinandersetzung mit verschiedenen Formen historischer Temporalität, die ihn Anfang der 1980er Jahre zur Erarbeitung einer Theorie der geschichtlichen Erfahrung führte. Die Einführung dieses Begriffs der Erfahrung in die Geschichtstheorie hat eine strategische Funktion. Bei der Förderung der Begriffsgeschichte hat Koselleck in gewisser Hinsicht den Geist des *linguistic turn* integriert: Er hat versucht, die von den Akteuren der Geschichte und Historikern verwendeten Wörter, Ausdrücke und Terminologien zu thematisieren und explizit zu machen. Dies ist zweifellos der Grund, warum Hayden White an seinem Ansatz interessiert war. Doch Koselleck widersetzte sich den Gefahren eines Konstruktivismus, der die Geschichte auf Texte und Dokumente reduziert, auch wenn sie von der Fiktion unterschieden sind. In seinem Vortrag zu Ehren von Hans-Georg Gadamers 85. Geburtstag formuliert er diese These mit der Behauptung, dass die Geschichtstheorie nicht in der Hermeneutik aufzuheben sei[19]. In diesem Zusammenhang wird der Begriff der Erfahrung verwendet, um die komplexe Verflechtung von Geschichte und Sprache zu charakterisieren. Mit anderen Worten: Sprache ist das Medium der Geschichtserfahrung, durch das allein sie ausgedrückt und weitergegeben werden kann, aber für Koselleck erschöpft sich der Inhalt der Geschichte nicht in ihr.

Erfahrung ist somit ein Schlüsselbegriff, dessen Hauptbedeutungen Daniel Brauer ausführlich erläutert, ebenso wie ihre Ent-

---

[18] Der Leser findet am Ende des Bandes die weiter entwickelten Zusammenfassungen der Beiträge in Deutsch, Englisch und Französisch.
[19] R. Koselleck, »Historik und Hermeneutik«, in *Zeitschichten*, S. 97–118.

wicklung in Kosellecks Werk, vom wegweisenden Artikel »›Erfahrungsraum‹ und ›Erwartungshorizont‹« (1975) über den Aufsatz »Erfahrungswandel und Methodenwechsel« (1988) bis hin zu »Erinnerungsschleusen und Erfahrungsschichten« (1992)[20]. Einige spezifischere Merkmale der geschichtlichen Erfahrung in der Moderne, wie sie von Koselleck konzipiert wurde, werden ebenfalls untersucht. Jeffrey Andrew Barash unterstreicht einen wesentlichen Aspekt der historischen Erfahrung: das Gedächtnis. Mag Kosellecks Interpretation der historischen Identität ihn auch dazu geführt haben, dem Konzept des »kollektiven Gedächtnisses« zu entsagen, so ist seine Auffassung von historischer Zeit und radikaler Diskontinuität mit diesem Begriff doch vereinbar. Die gegenwärtige Sorge um das kollektive Gedächtnis ist nicht auf eine Form des »Präsentismus« beschränkt; sie liefert neue Erkenntnisse über das menschliche Geschichtsverständnis. Servanne Jollivet beschäftigt sich mit der Frage der geschichtlichen Erfahrung aus anderen Perspektiven: die Wiederholungsstrukturen oder die unveränderlichen Elemente, die der Geschichte immanent sind, und die Idee einer Pluralität von zeitlichen Artikulationen menschlicher Geschichtlichkeit, die eine Neubewertung früherer Debatten zum Thema Historismus und Historizität erlaubt. Koselleck sieht in der Beschleunigung im technischen und politischen Sinne eine der grundlegenden historischen Kategorien der Moderne. Christophe Bouton bietet eine Synthese von Kosellecks Überlegungen zu diesem Thema und untersucht dann zwei mögliche Erweiterungen der These, wonach die Erfahrung der Moderne durch Beschleunigung gekennzeichnet ist, zum einen in der Soziologie von Hartmut Rosa und zum anderen in den Publikationen zum Anthropozän. In der späteren Periode seiner Arbeit erweiterte Koselleck seine Untersuchung der historischen Erfahrung um Reflexionen zur Ikonographie[21], zur Fotografie und vor allem zur historischen Anthropologie, die mit Kriegsdenkmälern verbunden sind. Diese neuen, wenig bekannten Themen werden im letzten Beitrag dieses ersten Teils von Lisa Regazzoni aufgegriffen.

---

[20] R. Koselleck, »›Erfahrungsraum‹ und ›Erwartungshorizont‹ – zwei historische Kategorien«, in *Vergangene Zukunft*, S. 349–375; »Erfahrungswandel und Methodenwechsel. Eine historisch-anthropologische Skizze«, in *Zeitschichten*, S. 27–77; »Erinnerungsschleusen und Erfahrungsschichten«, in *Zeitschichten*, S. 265–284.
[21] Vgl. Hubert Locher, Adriana Markantonatos (Hg.), *Reinhart Koselleck und die politische Ikonologie*, Berlin, Deutscher Kunstverlag, 2013.

Das Projekt des Wörterbuchs *Geschichtliche Grundbegriffe*, das Koselleck in Bielefeld durchführte, eröffnete ein weit über die Ideengeschichte hinausreichendes Untersuchungsfeld: den Bereich der Begriffsgeschichte oder, wie er selbst diese Disziplin beschrieb, die Erforschung der Semantik und der politisch-sozialen Sprache, der sich der zweite Teil »Begriffsgeschichte und Historische Semantik« widmet. Carsten Dutt schlägt eine systematische Rekonstruktion von Kosellecks bahnbrechendem Ansatz zur Begriffsgeschichte vor. Er zeigt, dass das Koselleck'sche Modell von Begriffshistoriographie nicht nur eine historische Semantik, sondern auch eine historische Pragmatik ist, die die politisch-soziale Wirksamkeit von Begriffen unterstreicht, und wirft ein Schlaglicht auf einige Fortbildungen dieses Programms im 21. Jahrhundert, die seine noch unausgeschöpften historiographischen Potentiale aufweisen. Die Begriffsgeschichte hat auch eine literarische Dimension. Koselleck interessierte sich immer für die Wörter, die Metaphern, mit denen die Begriffe ausgedrückt und eingekapselt werden. Diese Dimension wird in zwei Beiträgen untersucht. Jan Eike Dunkhase nimmt eine Aussage Kosellecks über seine Kriegsjahre als Ausgangspunkt. Koselleck war als Wehrmachtssoldat während des Zweiten Weltkriegs an die Ostfront geschickt und von den Sowjets gefangen genommen worden. Unter diesen Umständen musste er im Mai 1945 mit Tausenden anderen deutschen Kriegsgefangenen zwei Tage lang zu Fuß nach Auschwitz marschieren[22]. Er beschrieb seine Begegnung mit Auschwitz als eine dieser Erfahrungen, »die sich als glühende Lavamasse in den Leib ergießen und dort gerinnen«[23]. J. E. Dunkhase konzentriert sich auf diese vulkanische Metapher und fragt dann nach ihrer Bedeutung in der Geschichtstheorie. Aus einer anderen Perspektive, die Kosellecks Interesse an Goethe zum Leitmotiv hat, untersucht Marie-Claire Hoock die Verbindungen zwischen Begriffsgeschichte, Linguistik und Literatur. Für Koselleck war die Literatur nicht nur eine unerschöpfliche Quelle für die Begriffsgeschichte, sondern auch eine Gelegenheit, ihre Methoden zu erneuern und die sich verschiebenden Grenzen zwischen Geschichte und Fiktion neu zu hinterfragen. Die letzte Studie in diesem

---

[22] Vgl. S. Franzel und S.-L. Hoffmann, »Introduction: Translating Koselleck«, S. XXVIII.

[23] R. Koselleck, »Glühende Lava, zur Erinnerung geronnen. Vielerlei Abschied vom Krieg: Erfahrungen, die nicht austauschbar sind«, in *Frankfurter Allgemeine Zeitung*, 6. Mai 1995.

Teil befasst sich mit der Verwendung der Begriffsgeschichte und historischen Semantik bei Lesern, die nicht unbedingt Spezialisten auf diesem Gebiet sind. In einer für die Koselleck-Rezeption in Frankreich ziemlich repräsentativen Weise erklärt Bertrand Binoche damit, wie er die Begriffsgeschichte und die Geschichtstheorie in seiner eigenen Arbeit über die Philosophien der Geschichte entdeckt hat. Kosellack bot zugleich eine These über die Moderne, bibliographische Materialien und methodologische Ressourcen an, die es insbesondere ermöglichten, über die Begriffsarchäologie à la Foucault hinauszugehen.

Der dritte Teil dieses Sammelbandes ist der Beziehung zwischen »Geschichtstheorie und politischer Theorie« gewidmet. Wir haben das Privileg, zu den Beiträgen dieses Teils den des Historikers Jochen Hoock zählen zu können, der einige Jahre lang an der Universität Heidelberg Kosellecks Assistent war. J. Hoock stellt Kosellack in den Kontext der Generation von 1945, klärt seine Beziehung zu Carl Schmitt und analysiert die politische Dimension seines Denkens. Alexandre Escudier, der Kosellecks Nähe, aber auch seine Distanz zum Denken Schmitts aufzeigt, verteidigt die These eines kontinuierlichen Neo-Hobbesianismus bei Kosellack seit *Kritik und Krise* (1954), und untersucht die tiefe Verstrickung seiner Geschichtsontologie und seiner politischen Ontologie. Ausgehend von *Vergangene Zukunft* zeigt Gennaro Imbriano, dass Kosellecks Theorie der Pluralität geschichtlicher Zeiten eng mit seiner Theorie des Politischen verbunden ist: alle möglichen Geschichten werden durch den Konflikt bestimmt. Durch eine anthropologische Neubearbeitung des politischen Konflikts ist es möglich, die Idee einer einheitlichen Zeitlichkeit der Geschichte zu entwickeln.

Die Texte, aus denen sich dieser Band zusammensetzt, sind zum Teil das Ergebnis der interdisziplinären Tagung »Présences du passé. Histoire et théorie de l'histoire à partir de Kosellack/Presences of the Past. History and Historical Theory from the Perspective of Reinhart Kosellack«, die in Paris an der École Normale Supérieure vom 21. bis 22. März 2019 organisiert wurde. Wir möchten uns ganz herzlich bei den Personen und Institutionen bedanken, die diese Tagung und die daraus resultierende Publikation unterstützt haben: Isabelle Kalinowski, Direktorin des Forschungszentrums »Pays Germaniques« (UMR 8547 des CNRS), Dominique Pradelle, Direktor des Husserl-Archivs in Paris, Michel Espagne, und Annabelle Milleville.

I. Erfahrung der Geschichte und Anthropologie

Daniel Brauer

The Structure and Evolution of Koselleck's Theory of Historical Experience[1]

The debates on historical theory over the last years, above all since the 1970s, have revolved around two main themes that are somehow opposed and, at the same time, complementary. I am referring to what is usually considered the »linguistic turn in the philosophy of history« in the figure of so-called narrativism, on the one hand, and to the memorialist turn, on the other. The former has to do with the inevitably narrative structure of historical discourse, and it has challenged basic assumptions of the historiographical canon, particularly its purported similarity to scientific discourse and its claims to truth and objectivity. In its extreme versions, such as that of Hayden White, historiography is likened to a literary genre, where the boundaries between reality and fiction become blurred. On the other hand, the so-called »memory boom« (Jay Winter)[2] has given a prominent place to the notions of memory, but it has also —in line with the debate on the significance of such events as the Shoah— led to a revision of the concepts of testimony and experience.

This notion of experience suggests what we might call a third paradigm of the discussion, which I will address in the framework of Koselleck's thought, since it plays a central role in his historiographical theory. I will first analyze the concept of »space of experience« introduced in the 1975 article »›Space of Experience‹ and ›Horizon of Expectation‹: Two Historical Categories«[3]. Then I will trace Kosel-

---

[1] I would like to thank the organisers of the 2019 International Koselleck-Conference in Paris, particularly Jeffrey Barash, Christophe Bouton and Servanne Jollivet. I also thank Heinz Wismann for his comments.
[2] See Jay Winter, »The Generation of Memory: Reflections on the ›memory Boom‹ in Contemporary Historical Studies«, *Archives & Social Studies: A Journal of Interdisciplinary Research* Vol. 1, march 2007, pp. 363 sq.
[3] Reinhard Koselleck, *Futures Past. On the Semantics of Historical Time*, translated and with an Introduction by Keith Tribe, New York, Columbia University Press, 2004, pp. 255–275 (R. Koselleck, »›Erfahrungsraum‹ und ›Erwartungshorizont‹: Zwei his-

leck's revisions of this concept in his later thought, in which he never ceased to rework until his death.

1. Space of experience

Reinhart Koselleck's contributions to these debates fall within an extensive previous intellectual career, throughout which he undertook both a critical rehabilitation or radicalisation of the assumptions of historicism and a search for a new foundation for the discipline of history in the tradition of Droysen's *Historik*.[4] It is precisely under this project that he searches for formal structures, or epistemic constants to overcome at the same time the aporias of relativism.[5]

One of the central themes in this project that Koselleck repeatedly takes up in several writings concerns the development of *a theory of historical time* that makes it possible to understand the relationship between language and reality, individual and social action, the first-person perspective of protagonists and witnesses and third-person writing in historical accounts. It is in this context that the notion of *experience* plays a decisive role.

The recent debate between John Toews[6] and Joan Scott[7] on the notion of experience, as well as Martin Jay's examination of the history of the problem,[8] have shown that the concept of experience, far from being capable of providing an unquestionable assumption,

---

torische Kategorien« [1975], included in R. Koselleck, *Vergangene Zukunft. Zur Semantik geschichtlicher Zeiten*, Frankfurt/Main, Suhrkamp, 1979, pp. 349–375).

[4] Droysen's classic text is: Johann Gustav Droysen, *Historik. Vorlesungen über Enzyklopädie und Methodologie der Geschichte*, edited by Rudolf Hubner, Darmstadt, Wissenschaftliche Buchgesellschaft, 1977. On the permanence and the main issues that Koselleck's project seeks to solve, see the interesting article by Christophe Bouton, »The Critical Theory of History: Rethinking the Philosophy of History in the Light of Koselleck's Work«, *History and Theory*, 55 (May 2016), p. 163–184.

[5] Particularly useful for reconstructing the intellectual journey of Koselleck's work has been the book written by Niklas Olsen, *History in the Plural. An Introduction to the Work of Reinhart Koselleck*, New York/Oxford, Berghan, 2012.

[6] John Toews, »Intellectual History after the Linguistic Turn. The Autonomy of Meaning and the Irreducibility of Experience«, *American Historical Review*, 92, 4, 1987, pp. 906 sq.

[7] Joan W. Scott: »The Evidence of Experience«, *Critical Inquiry*, 17, 4, 1991.

[8] Martin Jay, *Songs of Experience. Modern American and European Variations on a Universal Theme*, Berkeley and Los Angeles, University of California Press, 2005.

should be revised and clarified, since it has been understood in many different ways —even with contradictory meanings.[9]

However, while some of the concepts associated with Koselleck's notion of experience are quoted again and again, such as his well-known distinction between »space of experience« *(Erfahrungsraum)* and »horizon of expectation« *(Erwartungshorizont)*, his conception of the structure of experience has scarcely been studied, and in Jay's book it does not cover more than a few marginal notes.

Is there any such thing as a »historical experience« or an »experience of the (historical) past«? And, if the answer is positive, how might it be described? In fact, it is common to refer to an »aesthetic experience« or a »religious experience«. Is there anything similar with regard to history? In such a case, what is its relationship with history as a discipline?

In light of this broad debate, how might we understand the notion of experience as a whole proposed by Koselleck and, in particular, his conception of a specifically historical experience? It is in answer to this question that Koselleck articulates the opposition between the »space of experience« and the »horizon of expectation« which he introduced in his famous 1975 essay.[10] The opposition proposes a play of »formal« concepts that make it possible to think of »historical time« *(geschichtliche Zeit)*.[11] Koselleck attributes to these concepts an analogous role partly to Kantian categories, insofar as they establish the »conditions of possibility« for thinking of history, partly to anthropological invariants in a sense inspired by Martin Heidegger's existential analytic.[12]

---

[9] For this discussion, see the useful article by John H. Zammito, »Reading Experience. The Debate in Intellectual History among Scott, Toews, and La Capra«, in *Reclaiming Identity. Realist Theory and the Predicament of Postmodernism*, edited by Paula M. L. Moya and Michael R. Hames-García, Berkeley and Los Angeles, University of California Press, 2000, pp. 279–311.

[10] See note 2.

[11] On Koselleck, see the issue of *Revista Anthropos*, 223/2009, devoted to his thinking: *Reinhart Koselleck. La investigación de una historia conceptual y su sentido socio-político*, compiling a number of helpful and interesting articles by various authors. About what could be thought of as Koselleck's involvement in the aforementioned debate over his last years, see Faustino Oncina Coves' article int his issue: »Koselleck y el giro icónico en la historia conceptual«, pp. 71–81.

[12] Despite Koselleck's criticism of the inadequacy of Heideggerian categories for historical thinking. See: R. Koselleck, »*Historik* and Hermeneutics« in R. Koselleck, *Sediments of Time. On Possible Histories*, translated and edited by Sean Franzel and

The way in which these categories operate is described in a central thesis referring to Kant's well-known statement defining his »transcendental idealism«: »The conditions of possibility of real history are, at the same time, conditions of its cognition.«[13] Nevertheless, the analogy with Kantian transcendentalism should not make us overlook an important difficulty, since what is at stake for Kant is not the reality of events or, rather, of »objects« themselves, but the way in which we can understand or access them as part of our possible »experience«. Taken literally, Koselleck's formula would seem to lead to an absolute historical idealism, although there is no doubt that this is not his intention. A key difference from Kant's suggestion is, first of all, that here experience is understood differently in regard to *time*. In fact, while experience is a temporal process, time itself is for Kant the result of a priori conditions of cognition, insofar as, together with space, it is —as we know— a pure form of sensibility. In this sense, for Kant there is no experience of time itself, but only of what is shown in it, while for Koselleck both time and space are empirically given and our concepts do not apply to them mechanically or according to the rules of a pre-established »schematism«. Rather, concepts themselves that claim to account for phenomena do not entirely correspond to them, leading to their transformation over the course of history, so we do not have any such thing as a fixed »table of categories«, but provisional concepts in which —using a geological metaphor dear to Koselleck— experiences are »deposited«. This can be clearly seen already in the very expression »space of experience«, where experience is construed as having a thickness or territory of its own, different from physical space, which, like the time of expectation, we may qualify with Husserl as »immanent«.[14]

Like Kant too, Koselleck, at what might be considered an early stage of his thinking, took experience to be a complex process composed of heterogeneous parts, empirical data and concepts represent-

---

Stefan-Ludwig Hoffmann, Stanford, Stanford University Press, California, 2018, pp. 41–59.

[13] R. Koselleck, »›Space of Experience‹ and ›Horizon of Expectation‹«, p. 258.

[14] Edmund Husserl, *Vorlesungen zur Phänomenologie des inneren Zeitbewusstseins*, edited by Martin Heidegger, Tübingen, M. Niemeyer, 1980. Koselleck's reflections on historical time are inspired by the phenomenological tradition from Husserl to Gadamer, but they are clearly a reworking, partly a response to Heidegger's existential analytic.

ing timeless *(zeitlos)* invariants, for they apply to various circumstances beyond the specific spatio-temporal situation.[15]

While for Kant (both pure and empirical) concepts are in themselves timeless, insofar as they pertain to intellectual acts, Koselleck suggests from the beginning a different orientation, since what is at stake is not only the universality and applicability of concepts to the temporal stream external to them, but the temporal dimension of concepts themselves to the extent that they involve a temporal index in their own content.

In Koselleck's texts there is no such thing as a table of categories. The concepts making up the historian's conceptual inventory are manifold and show a different degree of universality and conditionality with respect to time; some of them even appear to be valid for all periods of time, for example the play of oppositions such as: »friend and foe« (Schmitt), »master and servant« (Hegel), »the heterogony of purposes; the shifting relations of time and space with regard to units of action and potential power *(Machtpotential)*; and the anthropological substratum for generational change in politics.«[16]

The repertoire of concepts to which Koselleck refers in this text and others that permit historical reconstruction is extensive and not all the concepts, as stated by Christophe Bouton, are on the same level.[17]

The other side of the binomial, inspired in this case by Gadamer's work, i.e., the concept of a »horizon of expectation«, explicitly refers to something that is dynamic and changing. While »experience« is associated with the present and the past, »expectation« ushers in the dimension of the future. However, it is worth noting that,

---

[15] R. Koselleck, »On the Need for Theory in the Discipline of History«, in R. Koselleck, *The Practice of Conceptual History: Timing History, Spacing Concepts*, trans. by Todd Samuel Presner and Others, Standford, Stanford University Press, 2002, p. 2 sq. (»Über die Theoriebedürftigkeit der Geschichtswissenschaft«, in R. Koselleck, *Zeitschichten. Studien zur Historik*, Frankfurt/Main, Suhrkamp, 2000, pp. 299 sq.).
[16] *Ibid.*, p. 2–3.
[17] This is why Bouton proposes a typology that distinguishes between (1) »singular concepts« such as »Reformation«, »French Revolution«, »Enlightenment«, etc., (2) »general categories« such as »tendency«, »crisis«, »freedom«, etc., and finally, (3) »universal categories«, comprising »conditions of historical experience«, the most important of which is precisely the play of oppositions between »space of experience« and »horizon of expectation«, even though the latter do not meet the requirement of universality and necessity characterising Kant's categories (see C. Bouton, »The Critical Theory of History«, pp. 176 sq.).

like in Aristotle's concept of time, the present or »now« does not appear as a separate unit, but as a transition »between« past and future.

The »formal« and »metahistorical« nature of these categories is clearly shown by the fact that there is no single entry in his monumental *Geschichtliche Grundbegriffe*[18] for »experience« or for »expectation«. These concepts are not construed there as changing notions but as cognitive anthropological invariables.

While Koselleck's thinking cannot be identified with previous and subsequent historicism, which he himself has criticised, this does not mean that in his view these categories are not at all affected by the historical process. *What for Koselleck changes historically —in this text— are not these concepts themselves, but the relationship between them.* As we will see, however, *his conception of experience itself also changes* throughout his intellectual career.

How then, in light of our discussion thus far, does Koselleck interpret »experience« and the »subject« of experience? What is the relationship between this interpretation of experience and the historian's task?

It is worth noting that, in the seminal article discussed here, »›Space of Experience‹ and ›Horizon of Expectation‹«, the concept of experience diverges quite clearly from that presented in the positivist tradition, which identifies it with the direct recording of sensory data. In this regard, we may draw some consequences from the brief and somewhat vague definition Koselleck provides: »Experience is present past, whose events have been incorporated and can be remembered [*Erfahrung ist gegenwärtige Vergangenheit, deren Ereignisse einverleibt worden sind und erinnert werden können*]«.[19] Here the clear distinction between his position and that of empiricism and positivism becomes immediately apparent, since both of these currents associate experience with something present and given to perception, while Koselleck is thinking of *presence of the past* —which, for that tradition, we are able to experience directly.

Several further points are in order in regard to this conception of experience. First, the subject of the experience is not made clear. The

---

[18] R. Koselleck, Werner Conze, Otto Brunner (eds), *Geschichtliche Grundbegriffe. Historisches Lexikon zur politisch-sozialen Sprache in Deutschland*, Stuttgart, Klett Cotta, 1972–1977, 9 vols.
[19] R. Koselleck, »›Space of Experience‹ and ›Horizon of Expectation‹«, p. 259.

author warns us indeed that experience, though always pertaining to a historically situated individual, is not a purely personal phenomenon, but is also intersubjective, for the »experiences« of others might well be constitutive of one's own.[20] Second, experience is something that in Koselleck's view can »accumulate« (»*sammeln*«), that is, it implies a collection process and, accordingly, it is also an apparently irreversible path that is causally connected with the events that have caused it.

Although, as the author has shown, the classical topos of *historia magistra vitae* collapses in late modernity *(Sattelzeit)*, due precisely to the abyss that emerges between what he calls the »space of experience« and the »horizon of expectation«[21], there is however a »lesson« that should not be ignored in regard to the *experience of this break*. The result is the emergence of the view of an open, secular history that resulted in the creation of the modern concept of history as a collective process in the singular, involving the various conceptions of »progress« that are inextricably associated with it.

Third, for Koselleck »experience« has to do not so much with the present — as asserted by classical empiricism[22]— but with the past, which somehow appears to be incorporated (»*einverleibt*«) in it. Although the notion of »experience« does not match the phenomenon of memory, the fact that it should be possible to »remember« the past implies that what the author calls the »space of experience« is, above all, a dense present in which reflection takes place and, hence, judgment to which one continually returns concerning experienced and remembered events of the past. This »space« appears not as something merely passive, but as a workshop where thought is involved in a process of (re)working of recent events and of searching for a retrospective understanding of their meaning.

Here we recognize the full extent of the difference between Koselleck's notion of experience and that of Kant, for in place of Kant's timeless transcendental subject, we find the biography of a physically and historically situated subject.

---

[20] *Ibid.*
[21] R. Koselleck, »Historia Magistra Vitae. The Dissolution of the Topos into the Perspective of a Modernized Historical Process«, in *Futures Past*, pp. 26–42 (»Historia Magistra Vitae. Über die Auflösung des Topos im Horizont neuzeitlich bewegter Geschichte«, in R. Koselleck, *Vergangene Zukunft*, pp. 38–66).
[22] Unlike memory and imagination.

The possible subjects of such an experience who may be considered to be »historical« are actors and witnesses, historians and the readers of their texts. The distinction between »space of experience« and »horizon of expectation« might in principle apply to any of them. Koselleck suggests most firmly that the subject of experience is first of all the protagonist or witness of events, and that the historical narrative cannot avoid taking them into account in the reconstruction of the past. In this sense, Koselleck's methodological approach seems to be clearly individualistic.

At the same time, Koselleck's novel correction of Heidegger's »analytic of *Dasein*« lies precisely in its extension towards the social and political realm, which leads him to engage an original symbiosis of the conceptual repertoire both of Carl Schmitt and of Karl Löwith.[23] In accord with this correction, *history*, even when not written with a capital H to embrace the vicissitudes of humankind as a whole, is still in its plurality *always a collective and trans-subjective enterprise*. Both experience and the expectations it arouses are situated in a given period and place, and the schemes through which the subject understands himself are given by the shared language and culture of his time.

While Koselleck also makes use of sociological concepts both in his historical and metahistorical writings in order to show the intersubjective matrix of historical experience, what he has in mind is neither the transcendental subject nor the anthropological structure of a human condition, but the experience of an individual *as a member of a generation*, a consciousness intersubjectively based on the horizon of contemporary understanding. In doing so, he resorts to the notion of »generation« taken up by Heidegger from Dilthey, but scarcely developed in *Being and Time*.[24]

---

[23] About the influence of Löwith and Schmitt on Koselleck's thinking, see Jan Eike Dunkhase, *Absurde Geschichte. Reinhart Kosellecks historischer Existentialismus*, Marbach, Deutsche Schillergesellschaft, 2015, p. 7 sq., 11 sq.

[24] Martin Heidegger, *Sein und Zeit*, Tübingen, M. Niemeyer, 1967 (11th edition), p. 20, and p. 385 note 1. On this topic, see Jeffrey Barash, *Martin Heidegger and the Problem of Historical Meaning*, New York, Fordham University Press, 2003 (2nd ed.), p. 169–71. There is also no entry for the concept of »generation« in the *Geschichtliche Grundbegriffe*. A useful history of this notion can be found in Julián Marías, *El método histórico de las generaciones*, Madrid, Revista De Occidente, 1967, even though the focus of the exposition is Ortega y Gasset's theory of this notion.

In fact, what characterises experience in its emphatic sense is that it is a turning point around which biography rearranges itself. But such experience, which for an individual might be, for example, the birth or death of a loved one, is not yet »historical«. For this to happen, another element must be involved. Experience must be engaged in a process shared with contemporaries and, from the level of public life, it must penetrate into private life. The German word for »contemporary« accurately conveys this idea: *Zeitgenosse*, literally »time-companion«. What is assumed is the belief in a collective historical process, not history with a capital H—which Koselleck himself denounced as a construction of Enlightenment—, but a historical reality governing the »current« situation in which the consciousness of each individual is involved.

In the final analysis, the opposition of the complementary concepts, »space of experience« versus »horizon of expectation«, would seem above all to belong to a world of ideas shared by the historian with his contemporary reader, which generally proves to be more appropriate for interpreting recent history —the history that both Herodotus and Thucydides considered to be capable of the greatest truthfulness— than for the reconstruction of fragments of the past.

The »metahistorical« character of this opposition of bipolar categories seeks to describe the human »historical« condition, but it does not necessarily concern the remote past with which the historian deals, since no direct »experience« or memory can be obtained from that past, which proves to be as alien or unexpected as an unknown future. The historian's aim is rather to reconstruct the subjective perspective, the way in which contemporaries in each case would understand their historical situation vis-à-vis the past and the foreseeable future, as Koselleck himself did in an exemplary manner in *Kritik und Krise*.[25]

History books present a picture of the historical past that bring together individual actions and anonymous social processes (such as the rate of industrial production or the population growth), or events resulting from decisions consequences of which can only partly be accounted for in terms of those decisions (wars, revolutions, religious movements, etc.). Their meaning cannot be reduced to the way in which individuals »experience« them.

---

[25] R. Koselleck, *Critique and Crisis. Enlightenment and the Pathogenesis of Modern Society*, Cambridge, MIT Press, 1988.

2. Changes in perspective

Koselleck himself was aware of the need to clarify obscure or unsatisfactory aspects of the play of categories proposed,[26] for he takes up this issue some years later in his 1988 article: »Transformations of Experience and Methodological Change: A Historical-Anthropological Essay«.[27]

It comes as a surprise that from the very beginning he should explain that »What is sought after, found, and represented as historical truth never depends solely on the experiences that a historian has, or solely on the methods that he uses«[28]. *I think that here we find not only an attempt at clarifying concepts, but also a major change of perspective.*

First, the term »experience« is no longer presented merely as a transcendental-anthropological concept, but it is analysed in its historical changes based on the Grimm brothers' dictionary. The word »experience« is now seen in its historical dimension, no longer meaning an active process of research —matching its original sense ἱστορεῖν as understood by Herodotus—, but denoting in Modernity something passive, receptive, identified with sensory perception. Both senses are later combined in the Kantian notion of experience.

Second, in this paper *the quasi transcendental approach is finally abandoned* in favour of the search for anthropological constants not in the sense of Heideggerian ontological categories, but of a conception —perhaps closer to Arnold Gehlen — whereby »the anthropological presuppositions are themselves subject to a certain amount of historical change«[29].

Koselleck draws on Fernand Braudel's distinction of between »durations« — the short term of political events, the intermediate term of economic and social processes and the long term of geogra-

---

[26] In his »Hinweise auf die temporalen Strukturen begriffsgeschichtlichen Wandels« (1991), now included in R. Koselleck, *Begriffsgeschichten*, Frankfurt/Main, Suhrkamp, 2010, pp. 86–98, Koselleck not only argues that since the publication of his *Geschichtliche Grundbegriffe* his theories of conceptual history have been continually changing, but also that it would be »painful« and »disappointing« if, after »so many years of thinking« about the subject, this were not the case (p. 86).

[27] In R. Koselleck, *The Practice of Conceptual History*, pp. 45–83 (»Erfahrungswandel und Methodenwechsel. Eine historisch-anthropologische Skizze«, in R. Koselleck, *Zeitschichten*, **pp. 27–77**).

[28] R. Koselleck, »Transformations of Experience and Methodological Change«, p. 45.

[29] *Ibid.*, p. 50.

phical and historical structures. Here he establishes not only the historical account but also, three types of experience: individual, generational and transgenerational. These different times now delimit the various »spaces« of »experience«. But, while in the case of individuals we can undoubtedly refer to a personal experience that is at the same time shared with others — Koselleck's »original experience« *(Urerfahrung)* —, the concept becomes less precise when it refers to generational experience.

The historical present is a space where several generations coexist. Their experience is different and —as the author admits— not integrated, since there is no unity within each generation, given for example that the victim's experience is not the same as that of the oppressor. The same event may be experienced in different ways.

What appears most clearly here is a cognitive factor that is not associated with mere testifying to what happened, but involves a retrospective reflection on events and, hence, multiple readings calling for a task of self-reinterpretation of what has been experienced.[30]

Third, this difference is even more strongly emphasised in the case of the experience of »political generational units«, where »experience« itself is diluted and the author even grants that it is a complicated »assembly«, the product of »historical reflection«, which escapes »immediate experience«. Paradoxically, it is precisely this that Koselleck calls »historical experience«. What we usually associate with the notion of experience, that is, a form of direct access by the subject —whether perceptive or intellectual—to a reality that appears before us in the flesh, is lost. It gives way to a construction involving many cognitive and theoretical factors, claims of truth, work with archives and documents, etc.[31]

What Koselleck now calls »historical experience« as a development of intergenerational knowledge seems to have more to do with historical cognition in general, or at least with the historian's reliance on discipline-related knowledge that is existentially rooted in his time, rather than with some form of experience that is anthropologically grounded or based on mere empirical data. What is at stake is

---

[30] See also the 1986 article: »Sozialgeschichte und Begriffsgeschichte«, published again now in R. Koselleck, *Begriffsgeschichten*, p. 18.

[31] In his late writings, even the more personal experience seems already to be diluted or levelled out, merely because it is narrated, and hence less authentic: See the article: »Sluices of Memory and Sediments of Experience: The Influence of the Two World Wars on Social Consciousness«, in R. Koselleck, *Sediments of Time*, pp. 207 sq.

not only evidence, but also the criteria for assessing it. »*Historical experience*« *presupposes forms of knowledge that has accumulated and been revised over generations.* While personal experiences are the source of the stories we tell and are told, the human past as a space of intergenerational experiences is, in Koselleck's view, not likely to be directly experienced by anyone in particular. This »experience« involves both cognitive factors, such as imagination and reflection, and empirical data, but also, of course, the »historical method«.

Koselleck further explores this trend towards contextualisation and, hence, relativisation of an experience considered not so much a direct access to reality but a complex process in the article »Erinnerungsschleusen und Erfahrungsschichten. Der Einfluss der beiden Weltkriege auf das soziale Bewusstsein«.[32] Here, experience itself appears to be stratified and conceived in terms of conditions preceding its production. Its sense becomes gradually clearer through later reflection and revision concerning its consequences. Taking as an example the experience of war, Koselleck differentiates in it synchronic and diachronic elements. The former also entail a reworking process ranging from the direct perception of facts to their comparison with others and their classification depending on the event structures (»*Ereignisstrukturen*«). The perception of facts proves different according to preconditions of reception, six of which are mentioned by the author: 1) belonging to a linguistic community, 2) previous religious beliefs, 3) membership of a certain polity, 4) here, again, generational belonging, 5) gender and family and, finally, 6) criteria of social class and stratum.[33] Other factors should be added, including social role, etc.

Koselleck adds a »diachronic« dimension to this »synchronic« and multiply »stratified« approach to »experience«. It ranges from »lived experience« *(Erlebnis)* and its recollection to the retrospective and never final conceptual processing based on subsequent events, such as the protagonists' status as one of the victors or the vanquished. Here the author no longer talks about the »space of experience« *(Erfahrungsraum)* but, in a more differentiated manner, about multiple »spaces of consciousness« *(verschiedene Bewusstseinsräume)* that cannot simply refer to a »primary experience« *(Primärerfahrung).*

---

[32] *Ibid.*
[33] *Ibid.*, p. 208 sq.

What Koselleck now calls experience is a process that not only concerns the recording of events as moments of consciousness, but as belated occurrences, leaving room for *retrospective and intersubjective interpretation from various possible viewpoints concerning its meaning.*

It is now in the temporal thickness of this process rather than in the mere specific perception of events or in their recollection that the anthropological roots for understanding a historical account are to be found.

The historical past is a complex of events, of forms of action and consciousness, anonymous processes, etc., which for its protagonists and witnesses can only be experienced in a fragmentary, provisional way. Not only because subjects cannot know the result of the processes to which their own actions belong, but also because experience implies a process of retrospective reflection, of reinterpretation of what has been lived, requiring a different time from that of events and taking into account factors that are associated with a socially, culturally and linguistically conditioned point of view.

However, this relativisation or contextualisation of original lived experience does not lead for the author to a relativism or to a mere perspectivism, as he states in one of his late writings, specifically an article published in the *Frankfurter Allgemeine Zeitung* in May 1995 significantly entitled: »Glühende Lava, zur Erinnerung geronnen. Vielerlei Abschied vom Krieg: Erfahrungen, die nicht austauschbar sind«.[34]

Here we encounter a new geological metaphor: experience not only has a number of »strata«, but there are parts to it that never solidify; they persist as »hot lava«, latently running below the surface. Here again, the experiences of war, in this case autobiographical experiences towards the war's end, give rise to the development of a notion that is very close to the concept of trauma. But here it is not the psychological character of experience that stands in the forefront, but its uniqueness, its non-transferable nature that accounts for its originality. There is no closure to the possibility of interpretation of experience which is always in conflict with the language that expresses it, continually leading beyond it. On the one hand, war ex-

---

[34] R. Koselleck, »Glühende Lava, zur Erinnerung geronnen. Vielerlei Abschied vom Krieg: Erfahrungen, die nicht austauschbar sind«, in *Frankfurter Allgemeine Zeitung*, 06.05.1995.

periences must always be revisited, »because primary experiences are not enough to account for the whole truth«.³⁵ On the other hand, »the irreducible character *(Unaustauschbarkeit)* of a primary experiential knowledge cannot be surpassed *(überbieten)*«³⁶ and Koselleck subsequently adds a phrase —a play on words that is hard to translate — representing a paradoxical acknowledgment of the role of direct experience: »Wissen ist besser als Besserwissen«.³⁷

Conclusion

As we have seen, the notion of experience in Koselleck does not have a univocal meaning throughout his intellectual career. These variations go hand in hand with a process of continuous exploration that aims to clarify concepts while remaining faithful to his own autobiographical experiences, as well as to the critical thinking taken up again and again in regard to the historian's workshop. Still, even in its various senses and nuances, what Koselleck calls experience maintains its inalienable »veto right« vis-à-vis historical narratives.³⁸

---

³⁵ *Ibid.*: »So gibt es Kriegserfahrungen, die immer wieder neu gemacht werden müssen, weil die Primärerfahrungen nicht hinreichen, um die ganze Wahrheit zu verbürgen.«
³⁶ *Ibid.*: »Aber die Unaustauschbarkeit eines primären Erfahrungswissens läßt sich nicht überbieten.«
³⁷ *Ibid.*
³⁸ On this »right« that appears in occasional late writings (quoted by N. Olsen, *History in the Plural*, pp. 292 sq.), see R. Koselleck, »Gebrochene Erinnerung? Deutsche und polnische Vergangenheiten«, *Das Jahrbuch der Deutschen Akademie für Sprache und Dichtung* 2000, pp. 19–32 and *Neue Zürcher Zeitung*, 2001, 22–23/9.

Jeffrey Andrew Barash

Überlegungen über Historische Zeit, kollektives Gedächtnis und die Endlichkeit des historischen Verstehens im Ausgang von Reinhart Koselleck

Die Reichweite, die Komplexität und die Unvorhersehbarkeit der Veränderungen, die sich während der vergangenen Jahrzehnte vollzogen haben, haben uns dazu gezwungen, den Geltungsanspruch und den Zweck des historischen Verstehens neu zu denken und uns damit jenseits der traditionellen politischen, sozialen und wirtschaftlichen Kategorien und der großen Narrative nationaler und weltgeschichtlicher Entwicklungen, die diese befördert haben, zu begeben. In diesem zeitgenössischen Kontext, der durch die düsteren Ereignisse des Zweiten Weltkriegs eingeleitet wurde, können wir nicht mehr unhinterfragt vom »Sinn« der Geschichte sprechen, sondern müssen, um Reinhart Kosellecks treffenden Ausdruck zu verwenden, die Sinnlosigkeit oder den »Unsinn der Geschichte« in Betracht ziehen.[1]

Als geschichtliche Phänomene bewirken Umwandlung, Umsturz und Diskontinuität nicht nur merkliche Veränderungen der menschlichen Lebensumstände, sondern sie machen zugleich die unerbittlichen *Perspektivverschiebungen* sichtbar, durch die diese Umstände erfasst und interpretiert werden. Sie unterstreichen die Verbindung zwischen der Sprache und anderen Formen des symbolischen Verstehens und dem Kontext, in dem sie entstehen, und zeigen zudem die *Grenzen* des Verstehens auf, die sich ergeben, wenn man es unternimmt, die Spezifität einer Zeit ausgehend von einem ihr fremden Kontext zu verstehen. Mit schnellem Wandel, Verlagerung und Diskontinuität verändert sich fortwährend die sozial vorherrschende Perspektive, die die Kontingenz und Endlichkeit des historischen Verste-

---

[1] Reinhart Koselleck, »Vom Sinn und Unsinn der Geschichte«, in *Vom Sinn und Unsinn der Geschichte. Aufsätze und Vorträge aus vier Jahrzehnten*, hrsg. von Carsten Dutt, Frankfurt/Main, Suhrkamp, 2010, S. 9–31. Für ihre sehr hilfreichen Vorschläge im Bereich deutscher Stilfragen möchte ich mich bei Dr. Linda Schaumann herzlich bedanken.

hens bei seinem Unterfangen verdeutlicht, die Vergangenheit in Bezug auf die Gegenwart zu begreifen.

Auf den folgenden Seiten werde ich diese erhöhte Sensibilität für die Endlichkeit des Geschichtsverständnisses weiter untersuchen, um eine Verschiebung in dessen Interpretation hervorzuheben: Diese besteht darin, dass ein stärkerer Fokus auf die Veränderlichkeit der sozialen Perspektive eine neue Aufmerksamkeit auf die *zeitliche* Struktur, die den Kontinuitäten und Diskontinuitäten, welche den Verlauf der Geschichte zugrunde liegen, hervorruft. Im Verzicht auf die kühne Behauptung der Geschichtsphilosophie, dass die Einheit der Geschichte als Gesamtprozess zu begreifen sei, konzentriert sich eine bescheidenere Geschichtsdeutung auf Verschiebungen in der Wahrnehmung historischer Zeit. Dieses Phänomen legt zuerst die folgende Frage nahe: Wie könnten wir in einer Zeit radikaler Veränderung und Diskontinuität mit der Vergangenheit Zusammenhänge historischer Zeit identifizieren, durch die soziale Identitäten konfiguriert werden? Wie wäre, angesichts der Grenzen, die Verschiebungen in sozialen Perspektiven der Möglichkeit des historischen Verstehens auferlegen, ein zeitenübergreifender Zusammenhang von sozialen Identitäten und kollektiver Geschichtserfahrung zu konzipieren?

Reinhart Kosellecks Theorie der historischen Zeit, die sich im Laufe der Zeit verändert hat, wird uns als Leitfaden dienen, um das gegenwärtige Problem der Endlichkeit des historischen Verstehens in Bezug auf die Diskontinuität geschichtlicher Zeiten näher zu deuten. Um Kosellecks Theorie zu verdeutlichen, beginne ich mit zwei früheren theoretischen Positionen, die meiner Meinung nach wie seine Theorie im 20. Jahrhundert eine paradigmatische Rolle gespielt haben. Sie haben sehr einflussreiche Ansätze zur Frage nach dem zeitübergreifenden Zusammenhang der Geschichte und der kollektiven Identitäten geliefert. Dies wird im zweiten Teil meiner Analyse zu einer Betrachtung des geschärften Bewusstseins für die Kontingenz und Variabilität der historischen Perspektive, die die Quelle der heutigen kritischen Bewertung traditioneller Vorstellungen von historischer Zeit ist, führen, und alternative Deutungsmöglichkeiten des Phänomens des sozialen Zusammenhalts offenlegen. In diesem Licht interpretiere ich die intensive zeitgenössische Beschäftigung mit dem Phänomen des kollektiven Gedächtnisses. Wenn das kollektive Gedächtnis tatsächlich eine Quelle des sozialen Zusammenhalts darstellt, dann nicht, weil es die menschliche Pluralität mit der Klammer der substanziellen Einheit versähe, sondern insofern, als es das Gruppenbewusstsein der Vergangenheit in einem spezifischen menschlichen *Zeithorizont* umgrenzt. Ein Verständnis der Konturen dieses Horizonts, so werde ich im letzten Teil argumentieren, bietet einen neuen Ansatz für eine kritische Bewertung der traditionellen Geschichtstheorie, der es uns erlaubt, das historische Verstehen in einer zeitgenössischen Perspektive neu zu definieren.

1. Die Deutung der historischen Zeit und ihre Verwandlung im Laufe des 20. Jahrhunderts

Im späten 19. und frühen 20. Jahrhundert hat Wilhelm Dilthey kritische Einsicht in die Grenzen der Erfassbarkeit der Geschichte als Gesamtprozess geboten und, in diesem Zusammenhang, die Voraussetzungen der dominierenden Geschichtsphilosophien in Frage gestellt. In seinem epochalen Werk *Einleitung in die Geisteswissenschaften* (1883) hat Dilthey die Idee ausgearbeitet, dass jede historische Epoche an einer eigenen Weltanschauung orientiert ist, die durch die Verankerung ihrer Perspektive in einer bestimmten Gegenwart die Möglichkeit einschränkt, über den Bereich dieser Perspektive hinaus den Sinn der Geschichte als Ganzes zu erahnen. Dilthey untergrub damit den hegelschen Anspruch, die Geschichte durch die Bewegung des Absoluten Geistes als Gesamtprozess zu begreifen, und widerlegte zugleich den Positivismus von Auguste Comte, der annahm, auf der Grundlage von allgemeinen Gesetzen der historischen Entwicklung den Sinn der Geschichte als Gesamtprozess verstehen zu können. Im Rahmen seiner bahnbrechenden »Kritik der historischen Vernunft« lenkte Dilthey das theoretische Anliegen von solch gigantomanischen Geschichtskonstruktionen ab, und wandte sich der erkenntnistheoretischen Untersuchung der Bedingungen des Geschichtsverständnisses zu. Im Mittelpunkt dieser Untersuchung stand die anthropologische Bedeutung von Verlagerungen der zeitlichen Wahrnehmung, durch die das Geschichtsverständnis in der abendländischen Kultur entstand.

In seinem Werke *Einleitung in die Geisteswissenschaften* führte Dilthey die Entstehung eines neuartigen Geschichtsbewusstseins im Westen auf die Lehren der christlichen Theologie zurück. Das Christentum führte mit der Abkehr von der griechisch-römischen Mythologie und durch die Nuancierung metaphysischer Vorstellungen von einer festen, unveränderlichen Wahrheit die Idee eines historischen In-Erscheinung-Tretens der Wahrheit ein, die sich in der sukzessiven Offenbarung der Gottheit manifestiert. Nach den historischen Ankündigungen des Messias im jüdischen Alten Testament erschien Christus in der menschlichen Geschichte, um alle frühere Offenbarung einzulösen und damit zu ersetzen.

Wie Dilthey feststellte, verstand diese Deutung der heiligen Wahrheit als ein historisches Ereignis die Einheit der gesamten Menschheitsgeschichte als einen schicksalhaften Plan, der von einem Anfang bis zu einem Ende führt. Wie Dilthey bemerkte, war die Gestalt dieser Geschichte weit davon entfernt, die zeitliche Form einer Ursache-Wirkungs-Kette zu konstituieren, und nahm eher die zeitliche Abfolge einer die Geschichte übergreifenden Teleologie an.[2]

Man kann die Wirkung dieser teleologischen Doktrin auf das intellektuelle und öffentliche Leben wie auch auf die künstlerische Vorstellungskraft im Laufe der Jahrhunderte kaum überschätzen. Das Thema der Präfiguration, das die Erzählung des Alten Testaments im zeitlichen Rahmen des Neuen Testaments umschließt, wird in der Tradition der abendländischen Malerei anschaulich dargestellt, wie es in den Jahrzehnten nach Dilthey von Kunsthistorikern wie Erich Auerbach und Erwin Panofsky reichlich illustriert wurde.[3] Der Prophet Jona, der drei Tage und Nächte im Bauch eines Wals verbrachte, wurde von Matthäus (12: 39–40) ausdrücklich als Symbol für die Auferstehung Christi zitiert. In ähnlicher Weise lieferte die historische Zeit der christlichen Eschatologie ein zentrales Motiv für die traditionelle abendländische Kultur. Man denke zum Beispiel an das bewegende Altarbild des Jüngsten Gerichts von Rogier Van der Weyden in den Hospices de Beaune in Burgund, Frankreich (1443–1452), wo die Inschrift unter der Lilie des zu Gericht sitzenden Christus die Einheit der Geschichte, vom Anfang bis zum Ende der Zeit, verkündet: »Kommet, Gesegnete meines Vaters, empfangt als Vermächtnis das Reich, das seit dem Anfang der Welt für Euch vorbereitet wurde.«

---

[2] Wilhelm Dilthey, *Einleitung in die Geisteswissenschaften. Versuch einer Grundlegung für das Studium der Gesellschaft und der Geschichte*, Gesammelte Schriften, Band 1, Göttingen, Teubner, 1973, S. 234–254; 334.

[3] Vgl. in dieser Hinsicht Erich Auerbach, »Figura«, in *Gesammelte Aufsätze zur romanischen Philologie*, Bern und München, Francke, 1967, S. 84.

Wie Dilthey betonte auch Karl Löwith in seinem Buch *Weltgeschichte und Heilsgeschehen* (1949) die Originalität des christlichen Geschichtsbildes als zentrales Paradigma für die Interpretation der Geschichtszeit in der westlichen Tradition. Für Löwith führte die christliche Eschatologie im Bruch mit der altgriechischen Konzeption der Geschichte in Analogie zu den Naturphänomenen des Wachstums und Untergangs als zyklische Bewegung die vorherrschende Konzeption der historischen Zeit ein, die bis weit in die Zeit der Aufklärung und Säkularisierung hinein wirken sollte. Das teleologische Geschichtsmuster, das die Geschichtsvorstellungen der Aufklärung bestimmte, war für Löwith insofern eine säkularisierte Form des Christentums, als es auf den immanenten Bereich der Geschichte die teleologische Ausrichtung der historischen Zeit, die die ursprüngliche christliche Lehre mit dem Plan der Vorsehung identifiziert hatte, projizierte. Hegels *Phänomenologie des Geistes* brachte diese aufklärerische Interpretation der Zeit der Geschichte zu ihrem letzten Ausdruck, indem sie Gott in den immanenten Bereich des historischen Werdens stellte und postulierte, dass jede Phase der geschichtlichen Bewegung die vorhergehenden Phasen umfasst und überholt und zur immer tieferen Selbsterkenntnis des Geistes führt. In Übereinstimmung mit dieser berühmten Säkularisierungsthese neigte Löwith dazu, alle modernen Geschichtsphilosophien als säkularisierte Projektionen einer frühchristlichen Geschichtsauffassung zu betrachten; und während Hans Blumenberg zwar die Ableitung moderner Geschichtsauffassungen aus christlichen Quellen rundheraus kritisierte,[4] bestritt er dennoch nicht Löwiths zentrale Prämisse, dass die historische Zeit linear und zukunftsorientiert ausgerichtet sei, welche auf verschiedenen Ebenen sowohl von der traditionellen christlichen Eschatologie als auch von der modernen Geschichtsphilosophie aufgegriffen wird. Welche Verwandtschaftsbeziehungen auch immer den traditionellen christlichen und modernen Geschichtsauffassungen zugeschrieben werden mögen, es ist doch eine analoge *lineare* Orientierung, die sich in modernen Geschichtsauffassungen des Fortschreitens zu immer höheren Formen menschlicher Entwicklung als paradigmatischer Idee der Geschichtsphilosophie ausdrückt. Löwith schrieb dieses Modell allen Formen »progressiven« Geschichtsdenkens von der Aufklärung bis zu Hegel und Marx zu. Und, darüber

---

[4] Hans Blumenberg, *Die Legitimität der Neuzeit*, Frankfurt/Main, Suhrkamp, 1996, S. 35–38.

hinaus, waren wohl auch nach Löwith theoretische Orientierungen des 20. Jahrhunderts, die, wie etwa Oswald Spenglers Geschichtsauffassung in *Untergang des Abendlandes* oder Martin Heideggers Deutung der Geschichte als Vertiefung der Seinsvergessenheit, die Geschichte als Niedergang beschrieben, als Umkehrungen der progressiven Modelle zu verstehen, insofern sie der Geschichte eine einheitliche Richtung, wenn auch eine der Regression, des Verbergens oder der Verschleierung, zuschreiben. All diese Geschichtsauffassungen, sei es gemäß des Fortschritts oder des Niedergangs, haben nach Löwith ungerechtfertigte Prämissen zugrundegelegt, nach denen Geschichte als ein einheitlicher linearer Prozess zu begreifen wäre, der sich in einem immanenten Bereich entfaltet.[5]

Die neueren Arbeiten von Reinhart Koselleck bieten eine dritte paradigmatische Theorie der historischen Zeit an. Nach Koselleck lag die große Innovation der Aufklärung in der Art und Weise, wie ausgehend von einem bestimmten Erfahrungsraum die geschichtliche Entwicklung des Menschen auf einen zukünftigen Erwartungshorizont projiziert wurde, zu welchem, wie man glaubte, diese Entwicklung führen würde. Das Neue dieser neuzeitlichen Geschichtsbetrachtung, die sich im 18. Jahrhundert vollzog, besteht darin, dass sie sich wesentlich von dem Geschichtsverständnis vergangener Zeiten, die auf eine langfristige Kontinuität zwischen Gegenwart und Zukunft rechnen konnten, unterscheidet. In der Neuzeit brach nach Koselleck zwischen gesammelten Erfahrungen und zukünftigen Erwartungen eine Kluft auf, die im Laufe der Zeit immer größer wurde. In der Neuzeit ist im Vergleich zum gegenwärtigen Erfahrungsraum eine qualitativ andersartige Zukunft zu erwarten. Da diese Erwartung einer völlig neuen Zukunft in mehrfacher Weise als *Fortschritt* gedeutet wurde, entsprach sie zugleich einer spezifisch neuzeitlichen Idee der Geschichte. Die Geschichte wurde als immanenter Prozess, als übergreifendes, zusammenhängendes Ganzes gedeutet – als »Kollektivsingular« in Kosellecks Terminologie. Sie leitete die neuartige moderne Auffassung der Einheit der historischen Zeit ein und eröffnete den Weg für eine Deutung der Geschichte als objektiver, selb-

---

[5] Karl Löwith, *Meaning in History*, Chicago, University of Chicago Press, 1949, S. 1–19; Karl Löwith, »Die Dynamik der Geschichte und der Historismus«, *Weltgeschichte und Heilsgeschehen: Zur Kritik der Geschichtsphilosophie, Sämtliche Schriften*, Band 2, Stuttgart, Metzler, 1983, S. 307–323; vgl. auch Jeffrey Andrew Barash, »The Sense of History: On the Political Implications of Karl Löwith's Interpretation of Secularization«, *History and Theory*, nr. 1, Band 37, 1998, S. 69–82.

ständiger Akteur, der Veränderung und Entwicklung hervorbringt. Die Geschichte nahm die Form eines aktiven Entwicklungsprozesses an, einer autonomen Einheit, die, anstelle des Vorsehungsplans der traditionellen christlichen Theologie, die zeitliche Struktur und die wesentliche Orientierung für die menschliche geschichtliche Entwicklung lieferte.[6] Diese Orientierung öffnete den Weg zu jener Annahme, die so oft von modernen Ideologien unterhalten wird, dass die Geschichte als einheitlicher Prozess durch den Menschen vereinnahmt und seiner Kontrolle unterworfen werden könnte. Und der illusorische Charakter dieser Annahme zeigt sich, nach Koselleck, gerade wo »menschliche Voraussicht und Pläne und ihre Durchführung im Ablauf der Zeit immer auseinandertreten.« Auch da, wo einflussreiche Individuen in einem gewissen Sinne die Geschichte »machen«, bleibt doch der Zukunftshorizont immer offen, weil die Geschichte als einheitlicher Zusammenhang nie in einer voraussehbaren Weise beherrscht werden kann.[7]

Es würde den begrenzten Raum dieses Beitrags sprengen, die Interpretationen der historischen Zeit, die Wilhelm Dilthey, Karl Löwith und Reinhart Koselleck in verschiedenen Jahrzehnten des 20. Jahrhunderts entwickelt haben, im Detail zu untersuchen. Die kurze Skizze, die ich gezeichnet habe, reicht jedoch aus, um zu veranschaulichen, was ich für eine wichtige Entwicklung unserer eigenen Gegenwart halte: Alle genannten Autoren haben mit ihrer jeweiligen Theorie der historischen Zeit die Unzulänglichkeit früherer Geschichtsmodelle herausgestellt, welche eine gemeinsame Annahme teilten, nämlich dass sich Geschichte entfaltet als ein autonomer Prozess, der sich als eine einheitliche Bewegung auf ein voraussehbares Ziel zubewegt. Nach meiner Hypothese weist die Aufmerksamkeit, die diese Autoren, jeder in seiner eigenen Weise, auf das Phänomen der historischen Zeit legen, auf ein Bewusstsein der Kontingenz und der Diskontinuität der Geschichte hin, das sich mit dem Beginn des 21. Jahrhunderts noch gesteigert hat. Heute, in einer zunehmend globalisierten Welt, hat die Beschleunigung und disruptive Kraft der

---

[6] R. Koselleck, »Über die Verfügbarkeit der Geschichte«, »›Erfahrungsraum‹ und ›Erwartungshorizont‹ – zwei historische Kategorien«, in *Vergangene Zukunft. Zur Semantik geschichtlicher Zeiten*, Frankfurt/Main, Suhrkamp, 1979, S. 260–277, 349–375.
[7] R. Koselleck, »Über die Verfügbarkeit der Geschichte«, in *Vergangene Zukunft*, S. 272 f.

Veränderungen eine völlig neue Perspektive auf die Zeit der Geschichte eröffnet.

Diese Hypothese findet eine gewisse Unterstützung in der Entwicklung, die Kosellecks eigene theoretische Ausrichtung in der letzten Periode seines Schaffens genommen hat. In den Jahren vor seinem Tod im Jahre 2006 wandte sich Koselleck zunehmend einer weniger euro- und sogar weniger anthropozentrischen Konzeption der Zeit der Geschichte zu. Dies kam vor allem in seiner Rede »Der Aufbruch in die Moderne oder das Ende des Pferdezeitalters«, die er anlässlich der Verleihung des Historikerpreises, der ihm 2003 von der Stadt Münster zuerkannt wurde, hielt, zum Ausdruck. Nachdem er seine Rede mit der Feststellung begann, dass »die sogenannte Moderne eben auch kein einheitliches oder klares oder klar definiertes Zeitalter ist«[8], organisierte er das zeitliche Schema der Moderne in Bezug auf eine ihrer zentralen, wenn auch oft vernachlässigten Folgen: das Verschwinden der primären Rolle des Pferdes, nicht nur als Transportmittel, sondern als Akteur, der in verschiedenen Bereichen des menschlichen Lebens tätig war, vom Sport, Krieg, Landwirtschaft und Kunst bis hin zur mythischen und religiösen Symbolik. Indem er die historische Periodisierung in die Zeit vor und nach der Domestizierung des Pferdes einteilte, die schließlich zur Abwertung seiner Rolle in der Moderne führte, verortete Koselleck den Beginn des technologischen Zeitalters, das die unmittelbare Medienkommunikation, den Schnellverkehr und die automatisierte Kriegsführung einführte, in einer Entwicklung, die rein menschliche Kategorien des Fortschritts oder des Niedergangs vermied, denn er stellte das Obsolet-Werden der Pferdenutzung in einen zeitlichen Rahmen, der keine offensichtliche Richtung und kein Ziel hat. Wie das Dahintreiben der Geschichte konnte das Obsolet-Werden der Pferdenutzung keiner übergreifenden Orientierung oder Absicht zugeordnet werden.

Diese Perspektive wurde in der neueren Arbeit von Ulrich Raulff, *Das letzte Jahrhundert der Pferde: Geschichte einer Trennung* (2015) erweitert und vertieft. Eine der bemerkenswerten Schlussfolgerungen dieses Werkes ist, dass die moderne Auffassung von Geschichte als einheitlichem Prozess und autonomem Akteur, die

---

[8] R. Koselleck, »Der Aufbruch in die Moderne oder das Ende des Pferdezeitalters«, *Historikerpreis der Stadt Münster 2003. Prof. Reinhart Koselleck: am 18. Juli 2003 im Festsaal des Rathauses zu Münster*, Münster, Münster Presse- und Informationsamt, 2003, S. 25.

die Geschichtsphilosophie belebte, ihren geographischen Geltungsbereich im Allgemeinen auf Europa und Kleinasien und auf literarische Kulturen beschränkte. Das Ende des Pferdezeitalters entspricht einer zunehmenden Beschäftigung der Archäologie und Ethnologie bis zur Paläobiologie und anderen Disziplinen mit weiteren geographischen Regionen und nicht-anthropologischen Faktoren, die die menschliche Geschichte geprägt haben, so dass auch solche nichtmenschlichen Faktoren wie das Pferd in ihrer historischen Rolle untersucht werden.[9]

Der Begriff vom Ende des Pferdezeitalters erlaubte es Reinhart Koselleck und Ulrich Raulff, den beispiellosen Charakter der historischen Situation, in der wir uns heute befinden, zu unterstreichen. Diese Situation lässt sich weiter qualifizieren im Hinblick auf François Hartogs Begriff des »Präsentismus«, wie er ihn in seinem Werk *Régimes d'historicité. Présentisme et expériences du temps* (2003) entwickelt hat. Wie Hartog diesen Begriff versteht, signalisiert »présentisme« eine neuartige zeitgenössische Orientierung an der historischen Zeit, die sich am Ende des 20. Jahrhunderts auszubreiten beginnt. Er hinterfragt die fortdauernde Relevanz von Kosellecks früherer Theorie der historischen Zeit im Hinblick auf das Verhältnis zwischen Erfahrungsraum und Erwartungshorizont.[10] Wenn Kosellecks Modell nach Hartog auch der Entstehung einer beispiellosen historischen Zeiterfahrung im 18. und 19. Jahrhundert sehr genau entspricht, so hat es doch seine frühere Bedeutung in unserer heutigen Welt verloren. Hartog stellt in seinen Ausführungen implizit auch die anhaltende Bedeutung von solchen Geschichtsmodellen, wie sie Dilthey oder Löwith analysiert haben, in Frage, welche die Geschichte als einen einheitlichen, auf ein Ziel gerichteten Entwicklungsprozess verstanden haben.

Nach Hartogs Argument hat sich die heutige Erfahrung der Geschichte über ihre modernen Formen hinausentwickelt und ist in eine Ära des Präsentismus, als ein neuartiges »Regime der Geschichtlichkeit«, eingetreten. Zu unserer Zeit weicht die traditionelle lineare Erfahrung der Geschichte, als einheitliche Bewegung von Vergangenheit und Gegenwart bis zur Zukunft, zurück, um einem Fokus auf die

---

[9] Ulrich Raulff, *Das letzte Jahrhundert der Pferde: Geschichte einer Trennung*, München, Beck, 2015, S. 398–399.
[10] François Hartog, *Régimes d'historicité. Présentisme et expériences du temps*, Paris, Seuil, 2003, S. 28–30.

Gegenwart, als dem einförmigen zeitgenössischen Erfahrungsmodus der Geschichte, Platz zu machen. Nach diesem Argument hat das lineare Modell der Geschichtsphilosophie in der heutigen Welt seine Plausibilität verloren, ebenso wie moderne Ideologien, die klassen- oder nationenbezogen langfristige Kontinuitätslinien zwischen Vergangenheit und Gegenwart zu etablieren suchten und spezifische Orientierungen für die Zukunft lieferten. In dieser Perspektive betraf der Niedergang der Geschichtsphilosophie und der traditionellen Ideologien, die auf linearen Modellen der historischen Zeit beruhten, nicht nur liberale und marxistische Ideologien; denn auch der traditionelle Konservatismus, der das Erbe der Vergangenheit in Blick auf die Zukunft zu erhalten suchte, setzte die Einheit der Geschichte als Prozess voraus. Ganz in die Geschäfte der Gegenwart aufgehend, ordnen unsere zeitgenössischen Gesellschaften sowohl die historische Vergangenheit als auch die antizipierte Zukunft der kurzfristigen Sicht unter, die nur aktuelle Projekte umfasst.[11]

Hartogs Begriff des Präsentismus liefert einen wichtigen Hinweis für die Beurteilung einer allgegenwärtigen Erfahrung geschichtlicher Zeit. In der Tat kümmert sich die heutige Zeit hauptsächlich darum, was gerade wissenschaftlich und technologisch up-to-date ist und privilegiert die Kenntnis aktueller Ereignisse, während sie abwertet, was in der jeweiligen Situation als überholt erscheint. Trotz der Verdienste von Hartogs Begriff des Präsentismus berücksichtigt er meiner Meinung nach nicht ausreichend die zeitgenössischen Einstellungen zum Verhältnis zwischen Vergangenheit und Gegenwart in der Gliederung der geschichtlichen Zeit. Mir scheint, dass er vor allem eine der Hauptabsichten der gegenwärtigen Geschichtsbeschäftigung übersieht: die Suche nach einem Zusammenhang mit der Vergangenheit als Quelle der sozialen Identität und des sozialen Zusammenhalts. In extremeren Formen hat diese Suche zu nostalgischen, quasi-mythischen Versuchen geführt, sich ein vergangenes Credo anzueignen, das den religiösen Fundamentalismus oder die neuen Formen des populistischen Nationalismus schürt. Wie unsere gegenwärtige Situation gut verdeutlicht, schließt der Akzent, den diese extremistischen Bewegungen auf die Vergangenheit legen, keineswegs

---

[11] F. Hartog, *Régimes d'historicité. Présentisme et expériences du temps*, S. 28–29, 119–27.

die Akzeptanz der neuesten Technologien und der Kultur der Massenkommunikation aus.[12]

In einem zeitgenössischen Kontext, in dem die Geschichtsphilosophie und die traditionellen Ideologien kein plausibles Verständnis von Kontinuität und Wandel der Geschichte mehr liefern, hat die erneute Frage nach der zeitlichen Dynamik der sozialen Identität in einer Situation der raschen Veränderung und Dislokation die Untersuchung der Quellen der sozialen Kontinuität und der Ursachen ihres Vergänglichwerdens inspiriert. Dies erklärt meiner Meinung nach die Tatsache, dass das Thema des kollektiven Gedächtnisses, nicht nur als Vermögen zur Bewahrung vergangener Erfahrungen, sondern vor allem als Organ des sozialen Zusammenhalts und als Horizont des pluralen Zusammenlebens in der Zeit, in den Vordergrund des zeitgenössischen Diskurses gerückt ist. In einer Welt, in der die Linien der Kontinuität mit der Vergangenheit fraglich geworden sind, stellt sich die Frage, wie diese scheinbar nebulöse Funktion des kollektiven Gedächtnisses zu verstehen ist. Meine Absicht im folgenden Teil dieses Aufsatzes ist nicht die Vielfalt der Definitionen des kollektiven Gedächtnisses der letzten Jahre Revue passieren lassen. Ich werde eher versuchen, den spezifischen Ort des kollektiven Gedächtnisses, als *zeitlicher* Bereich, von traditionellen Modellen der historischen Zeit zu unterscheiden. Dies wird mir erlauben, eine tiefere Quelle der gegenwärtigen Erfahrung geschichtlicher Kontingenz und Endlichkeit zu erschließen, die ein so grundlegender Aspekt unserer heutigen Situation geworden ist.

2. Kollektives Gedächtnis und die Endlichkeit des historischen Verstehens

Mein Fokus auf den Begriff des kollektiven Gedächtnisses als Mittel zur Verdeutlichung der Endlichkeit und Kontingenz der geschichtlichen Zeit mag aufgrund der Schwierigkeit, diesen Begriff zu definieren, unmittelbar problematisch erscheinen. Der Versuch, das

---

[12] Diesem Thema habe ich eine detaillierte Analyse in meinem Buch *Collective Memory and the Historical Past* gewidmet (Chicago and London, University of Chicago Press, 2016, S. 115–124); vgl. dazu auch Christophe Bouton, »Hartog's Account of Historical Times and the Rise of Presentism«, *History. The Journal of the Historical Association*, vol. 104, 360, April 2019, S. 309–330.

»kollektive Gedächtnis« zu deuten, hat zu einer Vielzahl heterogener Formulierungen geführt, die vor allem von Reinhart Koselleck scharf kritisiert wurden. Ich erinnere in diesem Zusammenhang an die Vehemenz, mit der er in seiner Rede zur Erinnerung an die deutsche Kapitulation am 8. Mai 1945, »Der 8. Mai zwischen Erinnerung und Geschichte«, den Begriff des kollektiven Gedächtnisses ablehnte. In dieser Rede, die in seiner Essaysammlung *Vom Sinn und Unsinn der Geschichte* veröffentlicht wurde, schrieb er:

> Die von Durkheim, Halbwachs und anderen Soziologen beschworenen Kollektiva mit gemeinsamer Erinnerung oder gemeinschaftlichem Gedächtnis sind sprachliche Konstrukte, quasireligiöse Ideologeme, die die *unio mystica* einer Glaubensgemeinschaft in nationale Referenzsysteme überführen sollen. Befragen wir sie ideologiekritisch, stoßen wir auf kollektive Bedingungen der je eigenen Erinnerungen. Solche kollektiven Bedingungen sind zahlreich: sprachlich, politisch, ökonomisch, religiös, mental, sozial, generationsspezifisch und dergleichen mehr. Derartig plural abgeschichtete Bedingungen rufen Erfahrungen hervor und begrenzen sie zugleich, ermöglichen Erfahrungen und versperren sie.[13]

Kosellecks Aussage bringt uns zum Kern der Sache. Könnte es möglich sein, das, was er für den ursprünglichen Status der persönlichen Erinnerung hält, angesichts der Tatsache, dass Gruppen als solche sich nicht erinnern, ebenso wenig wie sie ein substanzielles, autonomes Wesen haben, zuzugeben und zur gleichen Zeit den Begriff der kollektiven Erinnerung, den Koselleck so stark in Frage stellt, doch anzunehmen? Hier müssen wir den spezifischen Sinn, den ich dem kollektiven Gedächtnis, als Indikator für die *zeitliche* Endlichkeit des Menschen, zuschreibe, näher verfolgen.

Beginnen wir mit einem Verweis auf den von Maurice Halbwachs ausgearbeiteten Begriff des kollektiven Gedächtnisses, der die explizite Zielscheibe von Kosellecks Kritik war. Das Neue an Halbwachs' Theorie des kollektiven Gedächtnisses war seine Privilegierung der *lebendigen* Erinnerung, die Kollektive in ihren spezifischen Interaktionsmilieus miteinander teilen. Das so verstandene kollektive Gedächtnis entfaltet sich sowohl auf der Ebene kleiner Gruppen wie auch auf jener großer Kollektive. Im Umgang mit dem in diesem

---

[13] R. Koselleck, »Der 8. Mai«, *Vom Sinn und Unsinn der Geschichte,« S. 257.

Sinne verstandenen gelebten Gedächtnis erkannte Halbwachs den ursprünglichen Status des persönlichen Gedächtnisses, das auf direkten Erfahrungen in der alltäglichen Lebenswelt beruht, an, während er zugleich der erinnerten Erfahrung, welche die Mitglieder verschiedener Generationen verbindet, eine grundlegende Rolle zuerkannte. Auf der Ebene der von Generationen geteilten und verfertigten Erinnerung tritt die spezifische *zeitliche* Form, die dem kollektiven Gedächtnis mit Blick auf die historische Zeit eignet, in Erscheinung.

Halbwachs betonte den Prozess des allmählichen Verblassens der generationalen Erinnerungssphären, der sich mit dem Verschwinden dieser Generationen vollzieht. Die ältesten Mitglieder einer Reihe von sich in ihrer zeitlichen Existenz überschneidenden Generationen sind, solange sie noch leben, ein lebendiges Zeugnis einer Vergangenheit, welche die jüngeren Generationen selbst nicht erfahren konnten. Ihre Lebensweise und der Bestand an erinnerten Erfahrungen, die sie vermitteln können, stehen zwar kurz vor dem Verschwinden, haben aber immer noch Bestand und gestalten insofern die Erinnerung der jüngeren Generationen mit. Das Verschwinden dieser älteren Generationen führt über den bloßen Verlust von Individuen und ihren persönlichen Erinnerungen hinaus zur Verflüchtigung eines ganzen Lebenskontextes früherer Generationen. Der Verlust dieser Generationen führt zu einer entscheidenden Verschiebung des Zeithorizonts, der jedoch weitgehend unbemerkt bleibt. In der skizzierten Weise beschrieb Halbwachs die Ablösung der Generationen. Durch das Verschwinden jeder zuvor lebenden Generation verschwindet auch der zeitliche Kontext, in dem sie gelebt hatte, insofern dieser in ihrer Erinnerung bewahrt war und folglich mit ihnen zusammen vergeht.

Halbwachs veranschaulicht diese Bewegung des kollektiven Gedächtnisses an einem besonders anschaulichen Beispiel. Er zitiert eine Passage aus Stendhals autobiografischem Roman *La vie de Henri Brulard*, in welcher dieser seine Erinnerung an seinen Großvater, der lange vor der Französischen Revolution in Grenoble geboren wurde, wiedergab. Obwohl Stendhal das Leben seines Großvaters aus seiner persönlichen Perspektive wiedergab, behielt er dabei Worte, Gesten und Stilmittel seines Großvaters bei, die dieser mit einer ganzen vorrevolutionären Welt geteilt hatte und welche in der Zwischenzeit verschwunden war. Wie Halbwachs in seinem Kommentar zu Stendhals Beschreibung seines älteren Verwandten schreibt:

> Es sind nicht nur Tatsachen, sondern frühere Seins- und Denkweisen, die sich auf diese Weise in der Erinnerung fixieren [...] Oft ist es, weil das Gesicht eines älteren Elternteils in gewisser Weise durch all das, was es uns von einer Epoche und einer antiquierten Gesellschaft offenbart hat, geschmückt ist, dass es sich in unserer Erinnerung nicht als eine etwas ausgelöschte körperliche Erscheinung, sondern im Relief und in der Farbe einer Person auszeichnet, die im Mittelpunkt eines ganzen Porträts steht, das er wieder aufnimmt und verdichtet.[14]

In einer neueren Epoche können wir in diesem Sinn das Verschwinden der verschiedenen Nutzungsweisen des Pferdes als ein Beispiel des Verlustes generationaler Erfahrung ausweisen. Es ist kein Zufall, dass Ulrich Raulff sein Buch *Das letzte Jahrhundert der Pferde* mit den Worten beginnt: »Wer in der Mitte des zwanzigsten Jahrhunderts auf dem Land geboren wurde, wuchs in einer alten Welt auf.«[15]

Der tiefe Bruch, der durch den Verlust aller lebendigen Erinnerung an die Vergangenheit verursacht wird, kann nicht durch das kollektive Gedächtnis überbrückt werden, das nur so weit reicht wie seine lebenden Quellen. Auf dieser Grundlage können wir eine klare Unterscheidung zwischen dem kollektiven Gedächtnis und der historischen Vergangenheit treffen. Nach dem Verlust aller lebendigen Quellen des kollektiven Gedächtnisses kann nur noch die Entschlüsselungsarbeit des Historikers den Kontext der verlorenen Zeit rekonstruieren, dies aber auch nur indirekt und stückweise.

Meine kurze Darstellung von Halbwachs' Theorie des kollektiven Gedächtnisses macht bereits die Distanz zwischen der von ihm aufgedeckten zeitlichen Dimension des Gedächtnisses und den von Dilthey, Löwith und Koselleck beschriebenen breiten abendländischen Ideen historischer Zeit, die ich im ersten Teil meines Aufsatzes skizziert habe, deutlich. Diltheys Idee eines einzigartigen Charakters abendländischer Geschichtskonzepte, wie sie sich im Gefolge der jüdisch-christlichen Eschatologie formierten, Löwiths Deutung der Aufklärung und nach-aufklärerischer Geschichtsphilosophien, die die christliche Eschatologie neu orientierten, indem sie die Idee der Vorwärtsbewegung der Geschichte übernahmen und sie auf den im-

---

[14] Maurice Halbwachs, *La mémoire collective*, Paris, Presses Universitaires de France, 1968, S. 51.
[15] U. Raulff, *Das letzte Jahrhundert der Pferde*, S. 7.

manenten Geschichtsbereich projizierten, Kosellecks Theorie der Entstehung der modernen Konzeption der Geschichte als autonomer Prozess, der die Geschichte in einem gegebenen Erfahrungsraum auf einen neuartigen zukünftigen Erwartungshorizont entwirft: All diese Ideen gehören zu einer Ordnung, die in scharfem Kontrast zu dem von Maurice Halbwachs erarbeiteten Zeitschema des kollektiven Gedächtnisses steht. Die Idee, dass die Geschichte trotz ihrer Vielgestaltigkeit als ein übergreifender autonomer Prozess aufzufassen sei, wird durch Betonung der radikalen Diskontinuität untergraben, welche sich anhand des Umstands verdeutlicht, dass mit dem Tod früherer Generationen und also mit dem Verschwinden lebendiger Zeitzeugenschaft das Verständnis einer Zeit vom Gesichtspunkt der lebenden Erinnerung verloren geht und dass der Lauf der Zeit die Vergangenheit zunehmend verschleiert. Nur die sorgfältige historische Untersuchung kann den Versuch unternehmen, diese verlorene Zeit stückweise zu rekonstruieren, um seinen lebendigen Kontext wenigstens zu erahnen.

3. Kollektives Gedächtnis und Zukunftserwartung

Meine Annäherung an die spezifischen zeitlichen Konturen des kollektiven Gedächtnisses, die es von der Zeit der Geschichte unterscheiden, erfordert eine Neuformulierung von Halbwachs' Theorie. Diese Neuformulierung beginnt mit einer Verschiebung der Analyseebene, auf der der Begriff des kollektiven Gedächtnisses eingesetzt wird. Wo Koselleck an der Sinnhaftigkeit des Begriffs des kollektiven Gedächtnisses zweifelte und bereit war, sich allenfalls auf »kollektive Bedingungen der je eigenen Erinnerungen« zu beziehen, die er im Hinblick auf eine heterogene Sammlung transzendentaler Voraussetzungen, einschließlich sprachlicher, religiöser, politischer, ökonomischer und anderer Faktoren, behandelte, würde ich diese Konfigurationsfunktion allgemeiner der Ordnung der Symbole und der symbolischen Interaktion zuschreiben. Wo außerdem Halbwachs diesen Begriff in erster Linie in Bezug auf die sozialen Rahmenbedingungen kleinerer Gruppen wie Familien und anderer Vereinigungen ausgearbeitet hat, erfordert meine Betonung der Ordnung der Symbole, dass wir den primären Fokus der Untersuchung auf den weiten Bereich des sozialen Lebens und also des öffentlichen Raums verlagern. Diese Verlagerung basiert auf der Überlegung, dass die Mitteilung dessen, was kollektiv erlebt und erinnert wird, über den klar umgrenzten Rahmen kleinerer sozialen Gruppen hinaus in erster Linie durch Sprache und andere öffentlich verständliche Symbole vermittelt wird, die alle Formen sozialer Interaktion voraussetzen.

Symbole in diesem Sinne sind weder bloße Zeichen oder Signale, noch sind sie sekundäre Zusätze zu dem, was bereits gegeben war; sie sind spontane Mittel, um der Erfahrung eine raum-zeitliche Form und eine logische Ordnung zu verleihen. In einem urbanen Umfeld, zum Beispiel, mache ich mich sofort, d. h. noch bevor ich explizit über diese reflektiere, mit den räumlichen Unterschieden zwischen privaten Grundstücken und öffentlichen Parks oder halböffentlichen Einkaufszentren vertraut. Auch gibt mir die Hintergrundmusik, die ich in einem Flughafen oder Supermarkt, einem Restaurant oder einer Kirche höre, unmittelbar Aufschluss über das mich umgebende soziale Milieu. Symbole, in Form von Sprache, Gesten, Verhaltensweisen oder Körperhaltungen, sind Sedimentationen, die durch die Erinnerung verinnerlichte Erfahrung vermitteln und dem aktuell Erfahrenen instantan eine Auslegung zukommen lassen. Was ich als kollektives Gedächtnis bezeichne, entsteht aus einem Netzwerk von symbolischen Konfigurationen, die auf einer Vielzahl von verschiedenen Ebenen sozialer Interaktion verwoben sind und zeitgleich eingesetzt werden.

Eine zweite Neuformulierung des Konzepts des kollektiven Gedächtnisses führt mich dazu, nicht nur die aktiven Funktionen des Gedächtnisses hervorzuheben, sondern auch die *passiven*, die der symbolischen Bedeutungsstiftung zugrunde liegen und dem kollektiven Gedächtnis im Bereich der Öffentlichkeit Zusammenhalt verleihen. Jenseits der Erinnerung, die in einem sozialen Zusammenhang explizit gestiftet wird, weist das Konzept der Passivität auf die *impliziten* Schichten der gemeinsamen Erinnerung hin. In diesem Rahmen betrifft das kollektive Gedächtnis nicht nur Gedenken, die Zurschaustellung von Memorabilien und historischen Artefakten in Museen, ihre Aufbewahrung in Archiven oder die Weitergabe eines historischen Erbes, sondern vor allem die großen Bedeutungsreservoirs, die latente Deutungsquellen nähren und Gruppenidentitäten stiften und zusammenhalten. Weit entfernt von monolithischen Strukturen sind solche kollektiv gehaltenen symbolischen Konfigurationen, die sich in die passiven Bereiche eines gegebenen sozialen Kontextes erstrecken, immer »fragmentiert,« denn ihre Interpretation variiert je nach der Gruppe, die sie wahrnimmt und sie ins Gedächtnis ruft. Sie sind zugleich einer ständigen Neubearbeitung und allmählichen Auslöschung unterworfen, nachdem die lebenden Generationen untergegangen und ihre Spuren in die entlegenen Bereiche der historischen Vergangenheit gerückt sind. Selbst dort, wo Sprache und andere Symbole über Jahrhunderte hinweg ihre allgemeine Verständlichkeit behalten, evozieren die Spezifikationen, die lebende Gruppen ihnen zuschreiben, einen eigenen, für ihren Lebenskontext spezifischen Sinn. Diese Spezifikationen unterliegen einer bemerkenswerten, oft kaum wahrnehmbaren Variabilität, die sich beim Übergang einer zeitgenössischen Gruppe in die Vergangenheit jenseits aller lebendigen Erinnerung ergibt.

Diese konstante, wenn auch meist stillschweigende Variabilität der symbolischen Strukturen, die bis in die tiefsten passiven Ebenen menschlicher Erfahrung und Erinnerung reichen, erklärt die Perspektivwechsel, durch die zeitgleiche Gruppen, trotz ihrer Fragmentierung, in einem gemeinsamen Kontext verbunden bleiben. Indem sie mit demselben Kontext verbunden sind, schränkt die Gleichzeitigkeit der Perspektive ihr kollektives Verständnis dessen ein, was über ihren Rahmen hinausgeht. Sie charakterisiert das, was ich als die *Endlichkeit* des kollektiven Gedächtnisses bezeichnet habe, welche die ursprüngliche Matrix der *Geschichtlichkeit* von menschlichen Gruppen ist. Wo überschwängliche Ansprüche den endlichen Gültigkeitsanspruch, welcher der Erinnerung eignet, übersehen, fallen sie leicht der Illusion anheim, dass die geschichtliche Vergangenheit wie ein Objekt lebendiger Erinnerung abgerufen und der Gegenwart zur Verfügung gestellt werden könnte. Gleichwohl wirken Veränderungen der symbolischen Strukturen, die dem sozialen Zusammenhalt zugrunde liegen und die historische Perspektiven im Laufe der Zeit konstituieren, auf oft unmerkliche und unvorhersehbare Weise, wenn sie die Dechiffrierbarkeit der Vergangenheit problematisch machen. Solche Veränderungen, die die implizite Art und Weise, in der wir erleben und uns kollektiv erinnern, orientieren, wenn sie sich zuweilen auf spürbare Einflüsse zurückführen lassen, beweisen uns doch klar die Fraglichkeit des Schemas allgemeiner Geschichtsteleologien oder anderer globaler Annahmen, die Geschichte als einen einheitlichen Prozess betrachten. Sie untergraben die Grundlage einer von der Geschichtsphilosophie vorgeschlagenen übergreifenden Erkenntnis und machen langfristige Pläne oder Projekte gesellschaftlicher Gestaltung unsicher. Im Zuge des radikalen und schnellen Wandels, der die Grenzen des menschlichen Geschichtsverständnisses immer stärker in den

Blickpunkt rückt, gehören die ideologischen Projekte, die den Anspruch erheben, den übergreifenden Sinn der Geschichte zu erfassen und ihre zeitliche Richtung zu lenken, zu den unerfüllbaren Bestrebungen der Moderne.

An diesem Punkt führt uns jedoch das Problem unserer erhöhten Sensibilität für die Kontingenz und Endlichkeit des historischen Verständnisses dazu, die Reichweite unserer Untersuchung über das Feld des kollektiven Gedächtnisses, das sich der Vergangenheit zuwendet, über die Gegenwart der lebenden Generationen hinaus zu erweitern, um die Zukunft zu antizipieren. Hier führt uns unsere Einsicht in die Kontingenz und Endlichkeit von sozialen Perspektiven zu neuen Auffassungen der zukünftigen Entwicklung der Geschichte. Es erfordert, dass wir uns mit praktischen Prinzipien kollektiven Handelns in einem langfristigen historischen Kontext befassen, der nie auf eine sichere Grundlage in einem streng empirischen Verständnis hoffen kann. Diese Behauptung wirft jedoch ein schwerwiegendes Problem auf, das ich abschließend aufgreifen möchte.

Wenn, wie ich gezeigt habe, der sich verändernde Horizont des kollektiven Gedächtnisses, das von den gegenwärtig lebenden Generationen bewahrt wird, scharfe und oft unerwartete Grenzen des historischen Verständnisses offenbart, wie könnten dann langfristige praktische Prinzipien des kollektiven Handelns gerechtfertigt werden? Wie könnte es, angesichts der radikalen Geschichtlichkeit des menschlichen Verstehens, die durch Verschiebungen in den symbolischen Artikulationen der kollektiven Erfahrung und des kollektiven Gedächtnisses hervorgerufen wird, möglich sein, transhistorische Projekte zu gestalten, die die Lebensspanne aufeinanderfolgender Generationen überbrücken? Es würde über die Grenzen dieser kurzen Analyse hinausgehen, diese Frage im Detail zu beantworten, und ich werde meine Ausführungen auf die Identifizierung eines Modells des historischen Verstehens beschränken, das meiner Meinung nach unserer heutigen Situation angemessen ist. Ein beispielhaftes praktisches Prinzip in diesem Sinne legt mir das Modell der historischen Zeit nahe, das Hans Jonas' Konzeption der Verantwortung für die Sicherung des fortwährenden Überlebens zukünftiger Generationen einführt.

In Vorwegnahme der Gefahr, die unsere fortgesetzte Zerstörung der Umwelt und unsere unablässige Vernichtung von Ressourcen für künftige Generationen bedeutet, fordert dieses Prinzip das gegenwärtige Ergreifen von Maßnahmen, um der durch die jüngsten Verfehlungen veranlassten, beispiellosen Situation zu begegnen. Wie er selbst betont hat, leitet Jonas ein neuartiges Verständnis der historischen Zeit ein, wenn er den Umstand adressiert, dass kollektive Handlungen in der Gegenwart, wo sie langfristige Folgen mit sich bringen, eine Deutung der Zeit erfordern, die in der Lage ist, die potentiellen Gefahren, die den zukünftigen Generationen auferlegt werden, zu antizipieren. Diese Antizipation ist insbesondere da von Bedeutung, wo die unverantwortliche öffentliche Politik der Gegenwart nicht durch eine konzertierte politische Aktion umgelenkt wird. Die historische Einsicht von Jonas zeichnet sich hier durch ihre sehr originelle Art und Weise aus, die »Zeitspanne« zu berücksichtigen, die die langfristige Antizipation der Verantwortung fordert.[16] Sie unterscheidet sich damit deutlich von der Gesamtvision der Geschichtsphilosophie und der traditionellen Ideologie, da sie eine Sichtweise der menschlichen Unsicherheit und der Verletzlichkeit der Natur angesichts einer ungewissen Zukunft integriert, die der Endlichkeit der historischen Perspektive des Menschen entspricht. Sie muss auch von allen Formen illusorischer Begeisterung unterschieden werden, die oft ausgreifende Zukunftsprojekte inspirieren. Da, wo solche Projekte durch messianische und utopische Bestrebungen angeregt werden, lenken sie von den Modalitäten verantwortlichen Handelns ab, da sie die uns bekannten zeitlichen Existenzbedingungen in einer historischen Welt übertreffen. Letztlich entwirft das Prinzip Verantwortung eine Idee der Endlichkeit des Menschen, die die kritischen Implikationen einer Theorie nur bestätigt und verstärkt, die aufgrund der begrenzten zeitlichen Artikulationen des kollektiven Gedächtnisses das eingeschränkte Vermögen des Menschen, seine Geschichte zu verstehen, betont.

---

[16] Hans Jonas, *Das Prinzip Verantwortung. Versuch einer Ethik für die technologische Zivilisation*, Frankfurt/Main, Suhrkamp, 1984, S. 46.

Servanne Jollivet

Critique et réappropriation du concept d'historicité par Reinhart Koselleck

Née de la rencontre de l'anthropologie structurale qui émerge au milieu des années 1970 et de la théorie de l'histoire développée par Reinhart Koselleck, la notion de »régime d'historicité«, introduite par François Hartog dans les années 1980, s'est imposée depuis une quinzaine d'années dans le domaine historiographique jusqu'à devenir incontournable. Issue initialement du champ philosophique, la notion d'historicité a néanmoins une assez longue histoire depuis Hegel, le plus souvent associée à l'historisme et cristallisant les critiques à l'adresse des courants qui s'en réclament. En contribuant à ce transfert d'un usage purement philosophique au domaine historique, Reinhart Koselleck a assurément joué un rôle décisif dans cette généalogie, ce qui explique en grande partie comment la notion a ensuite pu s'imposer aussi bien auprès des historiens que des anthropologues. De la correspondance échangée dans les années 1950 avec Carl Schmitt jusqu'au débat avec Hans-Georg Gadamer en 1985, nous nous proposons ici de retracer ce cheminement, de sa critique de l'historicité et de l'usage qui en est fait par Heidegger, puis par le courant herméneutique, à la théorie de la temporalité développée par Koselleck pour en explorer les structures. À y regarder de près, on s'aperçoit en effet que c'est dans la lignée de la critique qu'en fait notamment Karl Löwith que Koselleck inscrit sa propre réappropriation de la notion. C'est justement sur le sol de cette critique qu'il va, non pas abandonner la notion, mais au contraire poursuivre et en radicaliser les ambitions afin de nourrir le projet théorique qui le porte depuis ses jeunes années.

L'historicité et son contexte d'émergence

Si l'on examine son contexte d'émergence, on constate que c'est initialement dans le champ philosophique que la notion d'historicité *(Geschichtlichkeit)* se déploie. Selon la généalogie qu'en donne Leonhard Renthe-Fink dans la monographie qu'il consacre à ce terme, on en trouve en effet une première occurrence au début du XIXe, dans un passage des leçons sur l'histoire de la philosophie de Hegel[1]. Un siècle plus tard, on retrouve de nouveau mention de ce terme sous la plume du Comte Yorck von Wartenburg, dans sa correspondance avec Wilhelm Dilthey. Dans une lettre datée du 4 juin 1895, Yorck souligne que leur visée commune est bien »de comprendre l'historicité«[2], à savoir ce fondement premier, inapparent et »ontologique« qui serait au fondement de toute histoire, ce qu'il pensait lui-même, dès 1886, comme »virtualité«, avant de reprendre le terme hégélien. Exceptées ces deux mentions, c'est surtout à partir des années 1920 et le contexte dit de »crise« ou »problème de l'historisme«, pour reprendre l'expression d'Ernst Troeltsch[3], que la notion tend progressivement à s'imposer, principalement dans le domaine philosophique, et plus précisément chez Martin Heidegger, qui dès ces années hisse la notion au rang de catégorie fondamentale.

Dès ses premiers cours consacrés à la phénoménologie de la religion en 1921, Heidegger recourt en effet lui-même à cette notion, qu'il présente comme »l'un des éléments de sens les plus significatifs et fondamentaux«[4] pour repenser l'existence. La terminologie reste néanmoins assez flottante et la perspective est encore loin d'être systématisée. Au début des années 1920 l'analyse oscille ainsi, pour caractériser l'existence, de la notion diltheyenne de »vitalité« *(Lebendigkeit)* à celle, nourrie par sa lecture de la physique aristotélicienne, de »mobilité fondamentale« *(Grundbewegtheit)*. La découverte de cette correspondance, et de l'œuvre de Yorck, qu'il considère alors »instinc-

---

[1] L. Renthe-Fink, *Geschichtlichkeit. Ihr terminologischer und begrifflicher Ursprung bei Hegel, Haym, Dilthey und Yorck*, Göttingen, Vandenhoeck & Ruprecht, 1964.
[2] W. Dilthey, Y. von Wartenburg, *Briefwechsel zwischen Wilhelm Dilthey und dem Grafen Paul Yorck von Wartenburg 1877–1897* [*Briefwechsel*], Halle-sur-Saale, Niemeyer, 1923, p. 185. La correspondance est éditée par Erich Rothacker.
[3] E. Troeltsch, *Der Historismus und seine Probleme*, Aalen, Scientia, 1961.
[4] M. Heidegger, *Phänomenologie des religiösen Leben* [GA 60], Francfort/Main, Klostermann, 1995, p. 323.

tivement en avance d'un demi-siècle sur son temps«[5], s'avère décisive. Comme il s'en expliquera par la suite, c'est cette thématisation de l'historicité par Yorck qui va lui permettre de reprendre et de radicaliser le projet diltheyen en direction d'une approche résolument ontologique. Dès sa parution en 1923, cette correspondance attire ainsi l'attention de Martin Heidegger, alors jeune *Dozent* recruté à l'Université de Marbourg, qui se propose aussitôt d'en rédiger la recension pour la *Deutsche Vierteljahresschrift für Literaturwissenschaft und Geistesgeschichte*, revue fondée par Paul Kluckhohn et Erich Rothacker. La recension ne paraîtra finalement pas, mais Heidegger s'attelle néanmoins à une analyse détaillée de la notion, qui sera ensuite reprise dans le volume 64 de la *Gesamtausgabe*[6], reprise dans ses grandes lignes l'année suivante dans les *conférences de Cassel* (1925)[7], puis dans le paragraphe 72 de *Être et Temps*.

Comme il s'en explique dans une des conférences de Cassel en 1925, en mobilisant la notion d'historicité, Heidegger s'autorisait ainsi à radicaliser le geste diltheyen en s'appuyant sur le levier de la critique qu'en donnait Yorck von Wartenburg. Tout en maintenant l'exigence d'une historicisation radicale, l'introduction de la notion d'historicité lui permettait de réaffirmer le caractère encore fondamental du projet phénoménologique présenté dans *Être et Temps*. Comme il l'écrit, c'est justement ce fondement dernier que Dilthey n'aurait pas été en mesure d'approcher, rivé à »l'expérience historique« et incapable d'»interroger l'historicité elle-même [qui n'est autre que] la question relative au sens de être, à l'être de l'étant«[8].

Si l'on regarde de près l'usage qui en fait par Heidegger à partir du milieu des années 1920, on voit bien que l'introduction de la notion d'historicité lui permet d'inclure l'histoire dans son analyse pour ainsi dire sans en payer le prix. Sa démarche vise en effet plus à en

---

[5] »Briefe Heidegger / Rothacker«, janvier 1924, in *Dilthey-Jahrbuch* 8 (1992), p. 181–232.

[6] M. Heidegger, »Anmerkungen zum Dilthey-Yorck Briefwechsel«, in *Der Begriff der Zeit* [GA 64], Francfort/Main, Klostermann, 2004.

[7] M. Heidegger, *Kasseler Vorträge/ Les conférences de Cassel* (1925), trad. J.-Claude Gens, Paris, Vrin, 2003.

[8] *Ibid.*, p. 171. C'est également ce qu'il écrit à la même époque, dans son cours de 1925 consacré aux *Prolégomènes sur l'histoire du concept de temps* : »J'aimerais ici présupposer selon la conception que je m'en fais que Dilthey n'a certes pas posé la question de l'être et n'avait pas non plus les moyens de le faire, mais que cette tendance était pourtant en lui bien vivante«, in *Prolegomena zur Geschichte des Zeitbegriffs* [GA 20], Francfort/Main, Klostermann, 1979, p. 173.

dégager les fondements qu'à la penser de manière empirique. Comme il s'en explique lui-même, il s'agit de remonter de l'histoire à ses »sources cachées«, à son fondement dernier, condition de possibilité de toute histoire. Il s'agit, écrit-il, d'»élaborer l'être de l'historicité, *l'historicité et non l'historique*, l'être et non l'étant, l'effectivité et non l'effectif«[9]. Cette élaboration ne pouvant se faire de manière empirique, c'est donc à sa source, en l'occurrence à ses conditions de possibilité dernières qu'il propose de remonter, ce à quoi il s'attelle dans l'analyse du *Dasein* développée dans *Être et Temps*. Le mouvement est ici régressif, lui permettant de remonter de condition en condition, de la question de l'histoire (du monde) à »l'être-historique que nous sommes«, jusqu'à la structure originaire qui la rend possible, l'historicité. Une fois rapportée à la »détermination ontologique la plus originaire du *Dasein*« qu'est la temporalité, l'historicité peut alors apparaître comme un mode spécifique, écrit Heidegger, de »temporation de la temporalité«, avant d'être reconduite, en dernière analyse, à notre être-pour-la-mort *(Sein-zum-Tode)* qui en constituerait le »fondement celé«. Si l'histoire est donc initialement introduite pour »concrétiser« l'analyse, elle se retrouve ultimement »purement »déduite« de la temporalité originaire du *Dasein*«[10]. Remontant de condition en condition, Heidegger en vient ainsi à reconduire l'histoire à la finitude fondamentale du *Dasein*, et finalement à en réduire la portée à une pure structure, à une »question purement *ontologique*«[11]. L'introduction de la notion d'historicité *(Geschichtlichkeit)* peut ainsi lui servir de garde-fou, lui permettant d'introduire l'histoire comme un paramètre essentiel de son analyse tout en évitant sa relativisation. Au moins jusqu'à *Être et Temps*, ce recours à l'historicité participe en effet de ce que l'on pourrait nommer une »transcendantalisation« ou »formalisation« de l'histoire, dont Heidegger ne tardera d'ailleurs à reconnaître lui-même les limites.

Comme il l'admet à la toute fin d'*Être et Temps*, cette »construction existentiale de l'historicité« n'est pas sans poser problème. Ce recours à l'historicité ne ferait en effet que »régler d'un geste le problème de l'histoire«[12]. En la reconduisant à l'historicité comme à sa

---

[9] M. Heidegger, *Kasseler Vorträge/ Les conférences de Cassel*, p. 171. Il s'agit ce faisant de »cultiver l'esprit du comte Yorck afin de mieux servir l'œuvre de Dilthey«, in M. Heidegger, *Sein und Zeit*, Tübingen, Max Niemeyer Verlag, 1986[16], p. 404.
[10] *Sein und Zeit*, p. 377 ; *ibid.*, p. 386 pour la citation suivante.
[11] *Ibid.*, p. 403.
[12] *Ibid.*, p. 376–377.

condition première, l'analyse parvient à une sorte de structure indépassable ou d'invariant ultime. Non seulement ce recours à l'historicité ne résoudrait en rien l'aporie – cette énigme de la mobilité dont il parlait dans les années 1920 – mais viendrait renforcer le caractère encore fondamental de son projet dont il tend pourtant à s'affranchir.

Dans la lignée de la critique löwithienne

Si l'on passe en revue les critiques qui ont été formulées à son encontre, dès les années 1950, on constate que c'est là le reproche le plus prégnant adressé à Heidegger, d'avoir évité les conséquences relativistes de cette historicisation en recourant à une perspective radicalement anhistorique. Son élève Karl Löwith s'attelle à cette critique dans trois articles publiés dans la *Neue Rundschau* entre 1951 et 1953, après son retour en Allemagne et sa nomination à Heidelberg, textes qu'il reprendra ensuite dans son livre *Heidegger – penseur en temps de détresse*[13]. Comme il le montre, ce recours serait d'autant plus paradoxal qu'il vise à reconduire l'histoire à une »possibilité dernière« *(Grundmöglichkeit)*, sorte de fondement ou d'invariant »non relatif«, soustrait à toute historicisation. L'historicité est ainsi hissée au rang de condition dernière, elle-même soustraite à une »histoire du monde« qu'elle rendrait possible, d'où le recours *in fine* à une perspective éminemment anhistorique. Prise à parti, la position de Heidegger serait ainsi emblématique de l'ambivalence qui grève cette démarche et ce recours à la notion d'historicité.

Comme Löwith le souligne, Heidegger aurait bien vu »qu'après la première guerre mondiale il n'y a de fait plus de *nunc stans* et rien de permanent, et en ce sens le recours à la temporalité, mais également à l'historicité est bien un signe des temps«[14]. En reconduisant l'histoire à l'historicité comme à la structure qui la rend possible, et l'historicité elle-même à la temporalité, elle-même reconduite, en dernière analyse, à notre être-vers-la-mort, Heidegger serait néanmoins parvenu à assurer à son analyse une sorte de »stabilité pré-histo-

---

[13] K. Löwith, *Heidegger, Denker in dürftiger Zeit*, Göttingen, Vandenhoeck & Ruprecht, 1960.
[14] K. Löwith, *Mein Leben in Deutschland vor und nach 1933. Ein Bericht*, Berlin, Springer, 2007, p. 183.

rique«[15]. En faisant de la mort la pierre de touche de sa théorie de l'historicité, il ferait suspendre l'histoire à une condition prétendument ›naturelle‹, elle-même totalement anhistorique. Comme il le souligne, le cœur du problème ne serait pas tant le diagnostic que la solution proposée par Heidegger, à travers cette ultime reconduction à la mort – au »fait toujours identique qu'est la mort naturelle«[16] selon ses termes – érigée en condition absolue.

S'il la nuance lui-même quelque peu, c'est également cette même critique que Löwith mobilise presque vingt ans plus tard dans les *Entretiens de Heidelberg*, en 1969. Il approfondit en effet cet argument en le généralisant et l'extrapolant à l'ensemble de la philosophie moderne, dont la pensée heideggérienne serait emblématique. Sous le titre »Vérité et historicité« l'intervention de Karl Löwith, présentée lors du colloque organisé par Hans-Georg Gadamer à Heidelberg les 12–16 septembre 1969, se donnait ainsi pour tâche de retracer les dérives de la notion d'historicité une fois délestée de sa gangue spéculative et pour ainsi dire sortie du cadre de la métaphysique hégélienne. Comme il le montre, une fois relativisée, la notion de vérité subit une dégradation inévitable, débouchant sur un relativisme auquel toutes les philosophies post-hégéliennes, de Dilthey à Heidegger en passant par Croce, Jaspers jusqu'à Gadamer se trouvent alors confrontées. Comme il le souligne dans sa conférence de 1969

> Comment peut-on alors différencier un vrai jugement d'un faux si l'historicité est considérée comme dernier critère ? Nous sommes désormais tellement habitués à comprendre historiquement tout et n'importe quoi […] qu'il ne nous reste justement que la réflexion historique pour rendre de nouveau possible une pensée pré- ou anhistorique.[17]

S'il ne développe pas ici cette dimension »anhistorique«, véritable leitmotiv de son œuvre qui le mènera ultimement à se tourner vers

---

[15] K. Löwith, *Heidegger, Denker in dürftiger Zeit*, p. 188.
[16] *Ibid.*, p. 67.
[17] Nous renvoyons ici aux *Entretiens de Heidelberg* organisés par Gadamer en 1969, qui s'ouvrent avec la conférence de Löwith : »Wahrheit und Geschichtlichkeit«, in Hans Georg Gadamer (éd.), *Vérité et historicité. Entretiens in Heidelberg 12–16 septembre 1969*, La Haye, Nijhoff, 1972, p. 6–20, ici p. 16. Ricœur participe à ces entretiens en qualité de répondant de Löwith, alors que Koselleck y prend part en tant que discutant, »Bemerkungen zu dem Referat von Richard McKeon«, in *Ibid.*, p. 49–51.

la cosmologie grecque, c'est davantage sur la crise générée par la pensée historique qu'il entend s'appesantir, dans la lignée du diagnostic nietzschéen. Reconstituant à grands traits la généalogie qui aurait mené à cet écueil, en montrant notamment son origine dans la pensée hégélienne, c'est à une critique sans concession de l'historisme que Löwith s'attelle. Comme il le montre, de la pensée hégélienne à Heidegger, dans un mouvement progressif d'immanentisation, ce sont progressivement tous les garde-fous qui auraient sauté, entraînant une relativisation progressive de la vérité, comme on la trouve sans équivoque chez Heidegger. »Tirant toutes les conséquences de cette historicisation de la pensée, avec une clarté effrayante«, ce dernier montrerait, écrit-il, »la dissolution à l'œuvre du caractère et de l'exigence scientifique en philosophie.«[18] Reprise dans ses grandes lignes, c'est précisément cette critique que l'on retrouve dès le début des années 1950 sous la plume du jeune Koselleck, critique que l'on retrouve d'un bout à l'autre de son œuvre, jusqu'à la discussion avec Gadamer au début des années 1980.

Participant lui-même à ce colloque, avec Paul Ricoeur, Julius Ebbinghaus, Lucien Goldmann, Julius Ebbinghaus, Lucien Goldman notamment, Koselleck prolonge le diagnostic proposé par Löwith. Dans une courte contribution, il entend souligner l'ambivalence de ce mouvement d'historicisation, la notion d'historicité venant peu à peu se substituer à la notion d'une Histoire surplombante. Comme il l'écrit :

> Le concept d'»historicité« s'est imposé à mesure que l'»histoire en soi« était de plus en plus mise en question en tant qu'unité de sens. L'»historicité« venait ainsi, pour ainsi dire, absorber toutes les significations métahistoriques de l'histoire. [...] L'»historicité« est une catégorie formelle (au sens que la recherche historique donne à ce terme). Elle indique le caractère changeant, et non le changement ; la temporalité, et non un temps historique concret. À travers cette palette de significations, elle cherche à prendre congé du relativisme lié à la perspective historique, quelle que soit sa détermination.[19]

En véhiculant et prenant en charge »les significations métahistoriques« qui étaient jusque-là attachées au concept d'Histoire, la notion

---

[18] *Ibid.*, p. 19.
[19] *Ibid.*, p. 50–51.

d'historicité aurait ainsi permis d'offrir une solution au problème de l'historisme, et de dépasser les conséquences relativistes de cette historicisation tout azimut. Garante d'une continuité mise à mal par la remise en cause du grand récit historique, elle viendrait substituer à la croyance en l'histoire comme totalité celle d'une détermination ontologique permettant de rapporter les multiples expressions historiques à un fondement commun. La notion d'historicité nous permettrait ainsi, écrit Koselleck, »de sortir de l'impasse, à partir du moment où l'on renonce à l'usage, naïf et omniprésent qui était jusque là fait d'une ›histoire en soi‹«[20].

Correspondance avec Carl Schmitt (1953)

S'il reprend ici le diagnostic qu'en donne Löwith, la source première est à chercher du côté de l'influence de Carl Schmitt qui a profondément marqué les deux penseurs. La correspondance que Koselleck échange avec lui dès 1953 permet en effet déjà de circonscrire dès ces années sa position initiale et les motivations profondes qui sous-tendent ses toutes premières recherches. Dans une longue lettre datée du 21 janvier 1953, il remercie ainsi Carl Schmitt, dont il suivait alors les séminaires à Heidelberg, de lui avoir permis de prendre conscience de l'un des problèmes récurrents propre à la discipline historique, notamment la difficulté à articuler considérations historiques et une perspective plus systématique. Engagée dans une critique plus ou moins implicite de l'historiographie héroïque mise à mal au sortir de la guerre, la science historique de l'après-guerre payait ainsi le prix de sa distanciation par un retour au positivisme. Selon Koselleck pourtant, l'historien ne pouvait se contenter d'accumuler les faits et en rester au seul matériau empirique. Le besoin dans l'après-guerre d'une refondation qui fasse davantage place à la réflexivité historique devait s'accompagner d'une critique sans concession de l'historisme.

Dans cette lettre, Koselleck y explicite ainsi son propre projet en l'opposant expressément à l'historisme, jugé insuffisamment radical et en partie responsable de l'isolement des historiens au sortir de la seconde guerre :

---

[20] *Ibid.*

> L'historisme est parvenu au constat résigné que tous les événements et valeurs historiques doivent être considérés comme »relatifs« en un sens absolu. C'est ici qu'interviennent – comme je le constate – toutes les analyses qui portent sur l'historicité. Il faudrait justement pousser cette intuition, encore très historiographique, jusqu'à une ontologie historique, qui n'est certes pas nouvelle d'un point de vue méthodologique, mais inaugure un travail sur les concepts qui permet de couper l'herbe sous les pieds des philosophies de l'histoire, et d'apporter ainsi une réponse à notre situation concrète.[21]

S'il mobilise l'historicité pour sortir de l'aporie, l'historisme ne continuerait pas moins d'être part intégrante du problème. Malgré les tentatives mises en œuvre pour dépasser les conséquences relativistes induites par l'historicisation, non seulement il aurait finalement échoué dans ses tentatives de dépassement de la crise, mais serait partie prenante d'une crise qu'il aurait lui-même contribué à générer.

Koselleck entend donc reprendre et étayer la critique de Carl Schmitt à l'adresse d'un courant selon lui paradigmatique de la modernité libérale née à la fin du XVIIIe. Héritier en cela de la philosophie de l'histoire, non seulement l'historisme ne serait pas parvenu à s'émanciper des présupposés spéculatifs, mais s'apparenterait plus largement à une »sorte de résidu de la puissance et pérennité de la pensée bourgeoise propre au XVIIIe siècle«[22]. Présupposer l'historicité comme structure permanente et substantielle, ne serait finalement que le reliquat d'une métaphysique de l'histoire qui aurait perduré. Si la crise de légitimation des sciences historiques s'ancre dans une crise plus profonde, générée par l'historisme, c'est donc à la source qu'il faut remonter, en un geste qui s'apparente plus à une refondation et une radicalisation qu'à un dépassement proprement dit. Pour lutter contre la position d'isolement et de surplomb qui caractérise les philosophies de l'histoire, Koselleck en appelle ainsi à regagner une réflexivité qui faisait jusque là défaut à la science historique, et qui doit désormais en passer par un examen minutieux et systématique des concepts sur lesquels elle s'appuie. En d'autres termes, c'est seulement en radicalisant les postulats de l'historisme qu'il devient pos-

---

[21] Reinhart Koselleck, Carl Schmitt, *Der Briefwechsel*, J.-E. Dunkhase (éd.), Berlin, Suhrkamp, 2020, p. 11.
[22] *Ibid*.

sible de dépasser l'écueil du relativisme que l'historisme ne parvient à surmonter qu'en recourant à une solution encore spéculative.

Ce projet, qu'il présente ici sous les traits d'une »ontologie historique« *(Geschichtsontologie)* préfigure ainsi de manière programmatique le vaste chantier auquel Koselleck va s'atteler les deux décennies suivantes à travers son projet d'un *Dictionnaire des concepts historiques fondamentaux*[23]. Comme il le souligne, la seule solution pour »sortir« de l'historisme – assimilé ici au relativisme – serait donc encore d'en radicaliser le geste, autre façon de »dépasser l'histoire par l'histoire« à travers un travail minutieux de recontextualisation des concepts. C'est seulement en prenant en vue l'historicité des concepts dont la science historique fait usage qu'il sera possible de libérer la pratique historique des »présupposés tacites des philosophies de l'histoire«, rivés à des modèles encore transcendants et spéculatifs.

D'où la nécessité, comme Koselleck le souligne, dans sa lettre à Carl Schmitt, »d'éclairer les concepts, de les reconduire constamment à la situation qui est la leur«. Et d'ajouter: »Cette méthode est sans doute la seule solution qui s'offre à la science historique, si elle veut réussir à sortir de l'historisme«[24]. L'attention portée aux concepts, tels celui d'historicité, permettrait ainsi de rendre visible des structures de fond, elles-mêmes non perceptibles à l'échelle événementielle ou du vécu historique. Cela présuppose non seulement de reconnaître, comme le fait l'historisme, l'historicité de toutes choses, mais le caractère historique de toute situation, contexte ou structure, à savoir la variabilité dans le temps de ce que nous prenions jusqu'ici pour des structures permanentes et inaltérables.

Deux ans après les *Entretiens de Heidelberg*, c'est ce même argument que l'on retrouve dans le texte »Wozu noch Historie?« (1971):

> La découverte même de l'historicité comme catégorie existentiale pour caractériser la finitude humaine et ce qui est en changement permanent ne fait que repousser le problème : l'historicité est également un symptôme de ce qui reste irréductible lorsque l'on pense l'histoire.[25]

---

[23] Otto Brunner, Werner Conze, Reinhart Koselleck (éd.), *Geschichtliche Grundbegriffe. Historisches Lexikon zur politisch-sozialen Sprache in Deutschland*, Stuttgart, Klett-Cotta, 9 vol., 1972–1997.
[24] R. Koselleck, C. Schmitt, *Der Briefwechsel*, p. 9–10.
[25] R. Koselleck, »Wozu noch Historie?«, in *Historische Zeitschrift*, vol. 212, fév. 1971, p. 13. Le texte est repris in *Vom Sinn und Unsinn der Geschichte: Aufsätze und Vorträge aus vier Jahrzehnten*, Berlin, Suhrkamp, 2010, p. 32–51.

Comme le souligne de nouveau ici Koselleck, il ne suffit pas en effet d'»existentialiser« pour ainsi dire l'histoire pour sortir d'une conception objectivante, substantialiste ou »naturaliste«, ce faisant homogène et linéaire du temps historique. Ce recours à la notion d'historicité déboucherait au contraire selon lui sur une »ontologie anhistorique«[26], ce qui serait une autre manière de déployer une »métahistoire« *(Metahistorie)*, fût-ce sous une forme non spéculative. Alors même qu'elle est prétendument dépassée, la dimension métahistorique propre à la philosophie de l'histoire y serait ainsi totalement réinvestie.

»Du besoin théorique de la science historique« (1972)

Dans le texte intitulé »Sur le besoin théorique de la science historique« (1972)[27], Koselleck revient amplement sur cette notion d'historicité et l'ambivalence dont elle est porteuse. S'il entend souligner ce qui pose problème à travers cette notion, en reprenant notamment la critique et l'argument de Löwith, pointant l'usage *a priori* et anhistorique de la notion, par là sa paradoxale anhistoricité, sa perspective est néanmoins bien plus nuancée. Dans ce texte, qui vise à présenter le programme théorique de la réforme en cours à la faculté de sciences historiques de Bielefeld, texte qui sera ensuite repris dans le volume *Zeitschichten*, ce qui lui importe est davantage de souligner l'intérêt théorique et les potentialités de la notion d'historicité, ainsi que de revaloriser l'approche théorique dans le champ historiographique.

Koselleck revient ainsi sur l'avancée que représente l'introduction de cette catégorie pour la science historique, mais également sur les difficultés qu'elle soulève. Comme il le souligne, ce n'est en effet pas par hasard qu'émerge la notion d'historicité dans le contexte de

---

[26] Günter Scholtz souligne également le paradoxe qui consiste à ce qu'un tel »historisme radical débouche sur une ontologie anhistorique, ce en quoi il s'autocontredit«, in Günter Scholtz, »Zum Historismusstreit in der Hermeneutik«, *Historismus am Ende des 20. Jahrhunderts: eine internationale Diskussion*, Berlin, Akademie Verlag, 1997, p. 204.
[27] R. Koselleck, »Über Theoriebedürftigkeit der Geschichtswissenschaft« (1972), in *Theorie der Geschichtswissenschaft und Praxis des Geschichtsunterrichts*, W. Conze (éd.), Stuttgart, Klett, 1972, p. 10–28, repris in *Zeitschichten*, Frankfurt/Main, Suhrkamp, 2000, p. 298–316.

ladite »crise de l'historisme«, contexte de remise en cause des postulats transcendants sur lesquels reposait jusqu'ici la science historique. Dans un contexte d'historicisation tout azimut, le recours à la notion d'historicité aurait ainsi permis à la science historique de sortir des apories posées par le »problème de l'historisme«, pour reprendre l'expression d'Ernst Troeltsch, et de réaffirmer la transcendance de son objet et de son domaine propre. Dès les premières lignes de ce texte Koselleck en rappelle ainsi les principaux enjeux :

> La discussion actuelle sur ce qu'on appelle historicité s'est imposée avec les défis théoriques qui sont nés de la crise de l'historisme ; avec le concept d'historicité, on tente de mettre un terme au processus permanent de relativisation qui est reproché à l'historisme. L'historicité rend la relativité absolue, pour ainsi dire, si l'on me permet d'utiliser pour une fois ce non-concept. L'influence de Heidegger est ici indéniable, même s'il n'a pas lui-même contribué à faire avancer la discussion au sein de notre discipline.[28]

L'un des problèmes posés par l'introduction de cette notion, et son transfert du domaine philosophique, tel qu'en fait notamment usage Heidegger, au domaine historique serait justement, comme le souligne de nouveau ici Koselleck, le recours à une catégorie elle-même anhistorique, ainsi que la difficulté de faire dériver l'histoire d'une structure purement formelle :

> Avant *Être et Temps*, il a été quasiment fait abstraction de l'histoire. L'historicité est traitée comme une catégorie de l'existence humaine, et pourtant aucune structure intersubjective ou transindividuelle n'est encore thématisée. Bien que Heidegger souligne comment on passe de la finitude du *Dasein* à la temporalité de l'histoire, il ne va pas plus loin. C'est la raison pour laquelle, derrière cet usage d'une catégorie pourtant féconde comme l'est celle d'historicité, d'un côté, le danger d'une ontologie transhistorique de l'histoire guette derrière la catégorie, pour le moins fructueuse, qu'est l'historicité. De l'autre, il me semble que ce n'est pas une coïncidence si, dans le rapport de la philosophie heideggérienne à l'histoire – où elle prend la couleur eschatologique d'une histoire de l'être – on continue de trouver des schémas

---

[28] *Ibid.*, p. 299.

philosophico-historiques traditionnels, tels celui d'émergence ou de décadence.[29]

De fait, l'analyse heideggérienne oscillerait d'un côté entre une perspective »solipsiste«, réduisant l'histoire au seul périmètre de l'existence finie et, de l'autre, une reconstruction quasi-mythologique de l'histoire sous les traits de l'»oubli de l'être« *(Seinsvergessenheit)*, dont on voit mal comment elle parvient encore s'articuler avec l'existence. Koselleck s'en justifiera plus amplement quelques années plus tard, à l'occasion du 85ᵉ anniversaire de Hans-Georg Gadamer, où il reprendra cette critique d'une réduction herméneutique, ou existentiale de la perspective historique.

Ce qui lui importe dans ce texte, c'est donc davantage de revenir sur les potentialités de la notion d'historicité, ce qui l'amène à renouer, presque vingt plus tard, avec le projet d'ontologie historique qu'il exposait déjà, de manière encore intuitive, à Carl Schmitt au début des années 1950. Un passage, particulièrement éclairant, nous permet ici de voir le chemin accompli durant ces deux décennies et, partant du travail accompli sur les concepts historiques, comment ce projet a progressivement trouvé à se concrétiser :

> Quoi qu'il en soit, l'historicité et les catégories qui lui sont assignées peuvent être utilisées pour dégager et libérer une théorie de l'histoire *(Historik)*, une métahistoire qui examine non pas le mouvement, mais la mobilité, non pas le changement au sens concret du terme, mais la changeabilité. On trouve ainsi une quantité de critères formels de ce type pour rendre compte de la manière dont les hommes agissent et ce qu'ils subissent dans l'histoire, et qui servent en même temps à l'analyser de manière transversale et en s'extrayant du temps.
>
> Le fait que l'historicité puisse nous aider à circonscrire les conditions de possibilité des histoires en général, n'amoindrit pas la place qui revient à la recherche historique. Elle libère au contraire l'historien du reproche qui lui est fait d'exercer sa prétendue subjectivité, et à laquelle il ne pourrait échapper, dans la mesure où »l'histoire« a constamment une longueur d'avance sur l'historien et la science historique […] De même que l'histoire comme narration a eu ses propres historiens, la science historique est parvenue aujourd'hui à un concept d'historicité qui permet de circonscrire en même temps les conditions

---

[29] *Ibid.*

de possibilité de l'histoire en général et de la science historique au sens étroit.[30]

Du domaine philosophique à l'introduction de la notion d'historicité en histoire, l'intérêt d'un tel transfert serait d'avoir servi de point de départ pour fonder »une théorie de l'histoire *(Historik)*, une méta-histoire«, en permettant de dégager certains critères et conditions formelles de possibilité valables pour toute histoire. Comme il le souligne, c'est justement cette transversabilité qui permettrait à l'historien de s'extraire de son propre contexte, sans pour autant adopter une position transcendante ou de surplomb.

Critique de l'herméneutique (1985)

C'est précisément sur le sol de cette ambition, et de cette critique adressée à Heidegger, que Koselleck entreprend de pointer les limites de l'approche herméneutique, notamment celle que développe Gadamer dans la lignée de l'herméneutique heideggérienne. Dans la conférence donnée le 16 février 1985 à l'occasion du 85ᵉ anniversaire du philosophe, conférence qui sera publiée deux ans plus tard, suivie de la réponse de Gadamer, sous le titre »Théorie de l'histoire et herméneutique«[31], Koselleck saisit ainsi l'opportunité de bien distinguer son propre projet, visant à asseoir les fondements d'une anthropologie historique, du projet herméneutique présenté vingt-cinq ans plus tôt par Gadamer dans *Vérité et méthode*.

Ainsi qu'il le souligne d'emblée, comme lui, Gadamer a bien en vue d'édifier une théorie de l'histoire qui puisse, écrit-il, »thématiser les conditions de possibilité de toute histoire, et prendre ainsi en compte les apories de la finitude de l'homme dans sa temporalité«[32]. Loin d'en rester à la multiplicité des formes empiriques prises par l'histoire, leur visée serait donc bien de s'en extraire pour parvenir au niveau plus fondamental de ce qui les rend possible: »une théorie de l'histoire qui ne tente pas de connaître empiriquement les histoires

---

[30] *Ibid.*, p. 299–300.
[31] R. Koselleck, H.-G. Gadamer, *Hermeneutik und Historik*, Winter, Heidelberg, 1987, repris in *Zeitschichten*, p. 97–118, trad. A. Escudier, »Théorie de l'histoire et herméneutique«, in: R. Koselleck, *L'expérience de l'histoire*, Paris, EHESS, 1997, p. 181–199.
[32] *Ibid.*, p. 182.

passées, mais qui s'interroge sur les conditions de possibilité de l'histoire«[33]. À ceci près que ce que Gadamer édifie à partir de l'herméneutique facticielle développée par Heidegger dans les années 1920 ne peut suffire, aux yeux de Koselleck, à épuiser le projet d'une théorie de l'histoire qui excède la seule approche herméneutique.

Reprenant le reproche déjà adressé à Heidegger, ce que Koselleck entend ici pointer n'est rien moins que la réduction existentielle, consistant à réduire le sens de l'histoire à la seule compréhension que nous en avons. Ce qu'il souligne en premier lieu est la spécificité du rapport au temps propre à la perspective herméneutique. Si, comme il le rappelle, le postulat herméneutique reconnaît bien que tout acte de compréhension est toujours déjà fondamentalement lié au temps, il reste toujours lié à une situation temporelle spécifique ou, comme Koselleck l'écrit, »à l'esprit du temps qui détermine les hommes dans la synchronie«[34]. Étayée sur l'histoire des effets *(Wirkungsgeschichte)*, non seulement il ne serait pas possible, selon Gadamer, d'en déterminer l'origine de manière diachronique, mais celle-ci ne pourrait être expérimentée que dans le contexte d'une époque spécifique, ce qui permet à Gadamer »de ne plus considérer la relativité historique comme une limitation«[35], mais au contraire comme un atout permettant de »vaincre la menace du relativisme historique«[36]. Grâce à l'historicité, il devenait ainsi possible d'assumer la finitude sans y voir une faiblesse. C'était au contraire ce formalisme et le caractère encore transcendantal de l'analyse, cette »validité *a priori* et neutre«[37] octroyée à l'historicité, qui permettait de l'élever, comme le propose Gadamer, au rang de »principe herméneutique«.

Refusant de fonder sa propre anthropologie sur le sol d'une herméneutique, c'est justement sur ce point que s'oppose Koselleck. Non seulement la théorie de l'histoire, nous dit-il, ne peut se réduire à l'herméneutique telle que Gadamer l'esquisse, mais l'historien doit

---

[33] *Ibid.*, p. 183.
[34] *Ibid.*, p. 182.
[35] H.-G. Gadamer, *Wahrheit und Methode*, Tübingen, J. C. B. Mohr, 1960, p. 500.
[36] H.-G. Gadamer, *Neuere Philosophie II: Probleme, Gestalten, Gesammelte Werke* IV, 1987, p. 434: »Nous devons à Heidegger l'idée que l'herméneutique reste non seulement la méthode englobante des sciences humaines, ce qu'elle avait été depuis Schleiermacher, Boeckh et Dilthey, mais qu'elle imprègne au plus profond les possibilités de la philosophie elle-même, nous permettant de vaincre la menace du relativisme historique en procédant à une radicalisation de la question«.
[37] H.-G. Gadamer, *Wahrheit und Methode*, p. 267, trad. *Vérité et méthode. Les grandes lignes d'une herméneutique philosophique*, Paris, Seuil, 1996, p. 284.

pouvoir sortir ou excéder son horizon historique initial. Comme il le souligne dans ce texte, les déterminations introduites par Heidegger, notamment la notion d'historicité, seraient à cet égard insuffisantes

> pour développer une théorie de l'histoire qui permette de dériver les conditions de possibilité de l'histoire d'une conception fondamentale de la finitude et de l'historicité. C'est précisément ce dernier point qui me semble insuffisant [...] Les temporalités de l'histoire ne sont pas identiques; elles ne sont pas non plus totalement dérivables des modalités existentielles dérivées autour de la notion d'homme conçu comme *Dasein*.[38]

Si Koselleck entend critiquer toute réduction »existentiale« et herméneutique de l'histoire, c'est en effet parce qu'une telle approche, éminemment formelle, ne nous permettrait pas d'accéder à une dimension collective – une dimension »intersubjective ou transindividuelle«[39] comme il l'écrivait déjà en 1972 –, pourtant constitutive de l'objet et de l'expérience historique. Réduite à la compréhension que nous en avons, la perspective herméneutique nous empêcherait ce faisant d'accéder à des horizons de sens étrangers, la pluralité des formes et temporalités historiques ne pouvant justement être dérivée d'une conception fondamentale de la finitude et de l'historicité.

L'esquisse d'une anthropologie du temps historique : vers une pluralisation de l'historicité

Ainsi repensée, on comprend que la théorie de l'histoire repose chez Koselleck non pas sur une herméneutique, mais sur une anthropologie de l'expérience historique. Car ce que vise à terme Koselleck, c'est bien d'atteindre et de dégager les fondements anthropologiques de toute histoire possible – ce qui doit à terme constituer la base de la théorie de l'histoire qu'il entend édifier. L'anthropologie historique viendrait ainsi prolonger le projet théorique de l'*Historik* en lui permettant d'interroger réflexivement les concepts et catégories sur lesquelles son travail repose, comme c'est le cas de la notion d'historicité.

---

[38] R. Koselleck, »Théorie de l'histoire et herméneutique«, p. 184.
[39] R. Koselleck, »Über die Theoriebedürftigkeit der Geschichtswissenschaft«, in *Zeitschichten*, p. 299.

C'est justement contre cette réduction à l'existence que Koselleck va se proposer d'élargir la perspective, en transposant, à l'échelle de l'histoire, l'analyse à laquelle Heidegger soumet l'existence humaine. Comme il s'en explique dans le texte de 1985, »Théorie de l'histoire et herméneutique«, il s'agit en effet de compléter et d'élargir »la palette des catégories proposées«[40], en l'occurrence de repenser intégralement la table des existentiaux dégagée par Heidegger.

Parmi les déplacements opérés, le tout premier va ainsi consister à élargir l'analyse de la temporalité en montrant qu'elle ne peut se réduire à la seule temporalité de l'existence finie, réduite à son extension de la naissance à la mort. Comme il le souligne dans cet article, l'existence est en effet déterminée par une multitude d'horizons temporels, qu'ils soient contemporains ou plus éloignés dans le temps, ce qui entraîne un radical élargissement de la focale. L'idée, poursuit Koselleck, est en effet de transposer à l'échelle de l'histoire l'analyse à laquelle Heidegger soumet l'existence humaine et de poursuivre son analyse

> dans une direction qu'il n'avait pas envisagée lui-même – bref, de comprendre ce qui rend possible les histoires alors que Heidegger s'était satisfait de la catégorie d'historicité [insuffisante pour dégager] la fondation transcendantale de la diversité des histoires réelles.[41]

Le premier déplacement consiste ainsi à repenser en sa spécificité la temporalité historique en montrant qu'elle ne peut se réduire à la temporalité de l'existence finie, elle-même déterminée par divers horizons temporels, contemporains ou plus éloignés. L'enjeu pour Koselleck est donc bien de repenser le temps de l'histoire, en dégageant des structures susceptibles de valoir pour toute histoire possible. Le premier élargissement proposé par Koselleck vise ainsi la structure même de la temporalité, réduite par Heidegger à l'articulation des deux existentiaux antagonistes – l'être-jeté *(Geworfenheit)* et le projet *(Entwurf)* – érigés comme conditions dernières de l'expérience historique. Désireux d'étendre ces catégories pour en faire des »indices des changements du temps historique lui-même«[42], Koselleck se propose alors de les repenser sous les traits d'un binôme élargi cou-

---

[40] R. Koselleck, »Théorie de l'histoire et herméneutique«, p. 185.
[41] *Ibid.*, p. 193.
[42] R. Koselleck, »Champ d'expérience et horizon d'attente«, *Le futur passé, Contribu-*

plant ce qu'il nomme »l'espace d'expérience« *(Erfahrungsraum)* et »l'horizon d'attente« *(Erwartungshorizont)*. Ce sont ces deux structures qui, une fois différemment combinées comme les deux axes d'un repère, vont permettre de faire ressortir différents modes et types de temporalité qui sous-tendent chaque fois des rapports spécifiques au temps historique. Ce serait précisément dans cette tension, et selon le degré de tension entre expérience et attente, entre une ouverture au présent et les attentes et projections vers l'avenir, que le temps historique serait lui-même diversement généré. Comme Koselleck le souligne néanmoins, si elles permettent de penser la genèse du temps historique, ces deux catégories n'en sont pas moins purement formelles,

> »Expérience« et »attente« ne sont que des catégories formelles [...] Ce qui ne préjuge en rien d'une histoire passée, présente ou future à chaque fois concrète [...] Expérience et attente sont deux catégories qui, entrecroisant comme elles le font passé et futur, sont parfaitement aptes à thématiser le temps historique.[43]

À partir du moment où il en appelle à explorer différents modes d'être historiques ou façons de se rapporter à l'histoire, c'est la notion même d'historicité qu'il faut pour ainsi dire »complexifier« ou pluraliser, de telle sorte qu'il soit désormais possible de penser différents modes ou, selon l'expression qui a été ensuite proposée, »régimes d'historicité«.

Ce n'est donc pas à Koselleck que l'on doit l'introduction de cette notion, mais à François Hartog, notion passée à la postérité après la parution en 2003 de l'ouvrage *Régimes d'historicité : présentisme et expérience du temps*[44]. L'originalité de son approche est en effet d'avoir emprunté cette notion à l'anthropologue Marshall Sahlins, couplée à sa lecture des analyses de Koselleck, pour rendre compte des différentes formes historiques. On en trouve la première occurrence dans une note critique intitulée »Martin Sahlins et l'anthropologie de l'histoire«[45] (1983), notion qui sera ensuite retravaillée avec

---

tion à la sémantique des temps historiques, Paris, Editions de l'EHESS, 1990, p. 328, note 4.
[43] *Ibid.*, p. 310, trad. modifiée.
[44] F. Hartog, *Régimes d'historicité. Présentisme et expérience du temps*, Paris, Seuil, 2003.
[45] F. Hartog, »Martin Sahlins et l'anthropologie de l'histoire«, in *Annales : économies, sociétés, civilisation*, 6, nov.–déc. 1983, p. 1256–1263. Voir également C. Delacroix,

Gérard Lenclud[46], puis reprise *in extenso* dans l'ouvrage de 2003. À l'encontre de la catégorie finalement statique et quasi-figée d'historicité, la notion de »régime« doit ainsi permettre d'historiciser notre expérience et relation au temps. S'appuyant sur les travaux de Sahlins, Hartog montre ainsi comment notre rapport au temps, la manière dont nous avons d'articuler passé, présent et futur, dépend de la culture et du milieu dans lequel nous vivons. L'intégration de la perspective anthropologique permet ainsi d'étendre l'analyse diachronique mise en œuvre par Koselleck à une dimension synchronique, ce qui permet de pluraliser la notion de »régime d'historicité« en fonction non seulement des époques, mais également des cultures données. Il s'agit, comme il le souligne, non plus de se rapporter à l'historicité comme à une structure immuable, mais d'»historiciser l'historicité elle-même en s'attachant aux formes différentes d'historicité«[47] et à ses différentes manifestations culturelles. Définie comme »la modalité de conscience de soi d'une communauté humaine«, la notion de régime d'historicité a ainsi l'avantage d'intégrer la dimension collective tout en évitant l'écueil encore fondamental et trop formel dans lequel tombait la théorie de l'historicité.

Vers un usage plus nuancé de la notion de »régime d'historicité«

Mais, de l'historicité aux dits »régimes d'historicité«, ne serait-ce pas là encore introduire une lecture globalisante, qui présupposerait un rapport au temps, une expérience de la temporalité dominante pour tel ou tel »régime« et époque donnée ? Cette conception unitaire et homogène, selon les cultures et époques, n'est-elle pas solidaire d'une approche encore linéaire et totalisante, dont Koselleck s'évertuait lui-même à sortir ? Si notre rapport différencié au temps est ce qui dicte le régime dans lequel nous nous trouvons, ne faut-il pas alors nuancer la perspective, en reconnaissant la complexité et pluralité de ces diffé-

---

»Généalogie d'une notion«, in C. Delacroix, F. Dosse, P. Garcia (éd.), *Historicités*, p. 29–45 ; L. Bantigny, »Historicités du 20ᵉ siècle. Quelques jalons sur une notion«, in *Vingtième siècle* 117, janv.–mars 2013, p. 13–25.
[46] F. Hartog, G. Lenclud, »Régimes d'historicité«, in A. Dutu, N. Dodille (éd.), *L'état des lieux en sciences sociales*, Paris, L'Harmattan, 1993, p. 18–38.
[47] »Sur la notion de régime d'historicité. Entretien avec François Hartog«, in C. Delacroix *et al.*, *Historicités*, p. 142.

rents »régimes d'historicité« ? Certaines propositions ont ainsi été avancées visant à substituer aux »régimes« des notions volontairement plus dynamiques, telles celles de »trajectoires«[48], ou encore d'orientation, remettant en cause l'uniformité postulée des différents découpages historiques, comme y invite notamment Jacques Revel[49].

Dans un entretien publié en 2009 dans le volume collectif *Historicités*, Hartog reconnaît lui-même que ce qu'il entend sous le terme de »régime« a surtout une valeur heuristique. Comme il le souligne

> Le régime d'historicité aide à explorer cette tension [entre expérience d'expérience et horizon d'attente] ou, mieux, les formes diverses prises par cette tension, hier et aujourd'hui, ici et là. En ce sens, il participe du métahistorique, mais vise l'historique. Il est un outil, un artefact, dont la finalité est heuristique. Ce n'est pas le point de départ d'une théorie de l'histoire […] La notion n'a pas la généralité d'une condition de possibilité, mais elle n'est pas non plus simplement dénotative. Son statut est intermédiaire : elle travaille sur les tensions entre expérience et attente, les informe, les nomme, permet les comparaisons.[50]

Pluraliser sous cette forme la notion d'historicité, c'est envisager différents modes d'expérience et d'usage du temps historique selon les lieux et les époques et s'autoriser ainsi à relativiser notre propre rapport au temps. D'un point de vue anthropologique, cela nous permet de dégager différents types de rapports au temps et à l'histoire et, sur un plan diachronique, de retracer une histoire de ces formes successives dans l'espace et le temps. En examinant les rapports au temps, parfois concurrents et antagonistes, au sein d'une même époque ou société, les tensions entre les différentes orientations temporelles, ce sont donc bien des historicités multiples qui se dégagent, historicités liées à tel ou tel contexte donné.

---

[48] C'est ce que propose notamment Maxime Raymond-Dufour dans son article »Les trajectoires dans le temps : réflexions sur le concept de »régime d'historicité««, in F. Dosse et al., *Les courbes du temps : trajectoire, histoire et mémoire. Trajectoire conceptuelles, entre archéologie et circulation*, vol. 15, 2014.
[49] J. Revel, »Pratique du contemporain et régimes d'historicité«, in *Le Genre humain* 35, 2000, p. 13–20.
[50] »Entretien avec François Hartog«, p. 140–142. Voir également *Régimes d'historicité*, p. 39.

Pour conclure

En introduisant une structure pour rendre compte du devenir historique, la notion d'historicité nous fait assurément basculer du côté de l'élément synchronique au détriment des changements et processus temporels. À cet égard, et jusqu'à un certain point, la critique qu'en donne Koselleck, dans la lignée de Löwith, semble assez légitime. Faut-il alors pour autant abandonner l'idée d'historicité ? Ne faut-il pas plutôt tenter de la redéfinir ou, comme s'y attelle François Hartog, d'en repenser les multiples formes, comme une catégorie purement heuristique et finalement ouverte ? Plus que de renvoyer à un mode d'être anthropologiquement uniforme, à une structure, par définition imperméable au changement, peut-être est-ce en direction d'un pluralisme ou d'une pluralité d'historicités qu'il faut se tourner, pluralité et multiplicité de modes d'être historiques qui sont comme autant de façons de vivre et d'appréhender l'histoire.

S'il n'introduit pas lui-même la notion de »régime d'historicité«, Koselleck aura ainsi contribué par sa critique, à approfondir et à pluraliser cette notion, rendant possible son transfert dans le domaine historique. Repensée de manière plurielle, on perçoit assez bien que cette notion de »régime d'historicité«, aussi perfectible ou provisoire soit-elle, ouvre à la possibilité de faire émerger une multitude de temporalités et d'échelles d'observation, permettant de maintenir les ambitions qui étaient celles d'une anthropologie historique tout en complexifiant le geste structuraliste. Une fois admise la coexistence de multiples régimes, eux-mêmes susceptibles d'entrer en tension, voire en contradiction, multitude de variations qui exclut la réduction à des structures prédéfinies, elles-mêmes non historicisées, on perçoit le chemin parcouru. De l'ouverture d'un temps propre à l'histoire, identifié par Koselleck à l'époque de la *Sattelzeit*, marquant, avec l'émergence de la société industrielle libérale, la libération de l'horizon d'attente qui permet peu à peu d'échapper au récit linéaire et homogène qui garantissait jusque-là la stabilité du cadre temporel, nous sommes ainsi renvoyés à une multitude de temporalités ouvertes et pour ainsi dire non fixées. Prolongeant le projet d'Hartog, certains ont ainsi proposé d'aller plus loin, en interrogeant notamment la coexistence simultanée de différents régimes d'historicité, leurs mutations et recoupements. Loin d'être réduit à une orientation dominante, chaque régime peut alors être pensé comme une trajectoire spécifique, ce qui permet de remettre en cause le caractère unifiant et global d'un régime à une époque ou selon une culture donnée.

Une fois pluralisée, et pour ainsi dire elle-même historicisée, la notion d'historicité viendrait ainsi plus humblement recouvrir celle de temps historique, non plus comme une catégorie métahistorique, mais dans le cadre d'un usage purement historique, et empiriquement fondé. Reste qu'avec cet élargissement c'est l'ambition même d'une anthropologie historique, dont Koselleck cherchait à dégager les fondements, qui devient obsolète, au profit d'une théorie des temps historiques bien plus féconde et complexe. Il ne s'agit donc plus de remonter de l'historicité aux structures temporelles qui la sous-tendent, comme il le propose pour fonder une nouvelle théorie de l'histoire, mais d'envisager une historicité des structures elles-mêmes, qui permet d'éviter l'écueil métahistorique dont Koselleck essayait de s'affranchir. On voit ici à quel point cette pluralisation et cet élargissement de la notion d'historicité en direction d'une pluralité de régimes vient confirmer et, en un sens, parachève le recul et la disparition de la conception monolithique et uniforme de l'Histoire dont Koselleck cherchait justement à s'extraire. L'intérêt croissant dans les études historiques pour la question de l'historicité vient ainsi, par-delà les critiques qui peuvent en être faites, attester de la justesse de ses intuitions, qui ont permis d'ouvrir de nouveaux champs de recherche, en histoire, mais également en anthropologie, et qui commencent tout juste à être explorés[51].

---

[51] »Le champ des historicités comparées est à peine défriché«, in M. Detienne, *Comparer l'incomparable*, Paris, Seuil, 2000, p. 80. Voir également Patrick Garcia, »Les régimes d'historicité: un outil pour les historiens? une étude de cas: la »guerre des races««, in *Revue d'histoire du XIXe siècle, Le temps et les historiens*, vol. 25, 2002.

Christophe Bouton

Die Beschleunigung der Geschichte bei Koselleck.

Eine Studie zu einer historischen Kategorie der Moderne[1]

Die von Hartmut Rosa popularisierte Idee, dass die Moderne von einer Erfahrung der Beschleunigung geprägt ist[2], wurde zunächst von Reinhart Koselleck in zwei Studien vorgelegt: »Gibt es eine Beschleunigung der Geschichte?« (1976), und »Zeitverkürzung und Beschleunigung. Eine Studie zur Säkularisation« (1985)[3]. Der Zweck dieses Beitrags ist es, den Begriff der Beschleunigung der Geschichte als geschichtliche Kategorie der Neuzeit bei Koselleck zu analysieren. Das Interesse dieser Kategorie liegt darin, dass sie sich am Schnittpunkt von drei seiner Hauptanliegen befindet: historische Semantik, Theorie der geschichtlichen Zeiten, und Theorie der Neuzeit/Moderne[4]. Sie bietet daher eine hervorragende Fallstudie, um Kosellecks Denken aufzufassen. Wir beginnen mit der Untersuchung der drei Typen der geschichtlichen Beschleunigung, die Koselleck unterschieden hat (§ 1): technische Beschleunigung (die Zunahme der Geschwindigkeit von Verkehr, Kommunikation und Produktion ab Mitte des 18. Jahrhunderts); politische Beschleunigung (die Zunahme des Tempos des sozialen Wandels ab der Französischen Revolution); und eschatologische Beschleunigung, i.e. das ältere Thema der Zeitverkürzung in der christlichen Eschatologie, das vom frühen Christentum bis zur lutherischen Reformation zu finden ist. Im Anschluss werden wir den Zusammenhang zwischen Beschleunigung und Moderne betrachten (§ 2): Können wir sagen, dass die Moderne durch die Erfahrung einer Beschleunigung der Geschichte gekennzeichnet ist? Wenn das der Fall ist, lässt sich diese Erfahrung nicht in die Säkularisationsthese einbeziehen? Mit anderen Worten: Wie kann, laut Ko-

---

[1] Für die Übersetzung dieses Texts bedanke ich mich herzlich bei Sylvia Kratochvil.
[2] H. Rosa, *Beschleunigung. Die Veränderung der Zeitstruktur in der Moderne*, Frankfurt am M., Suhrkamp, 2005.
[3] Wieder abgedruckt in R. Koselleck, *Zeitschichten, Studien zur Historik*, Frankfurt am M., Suhrkamp, 2000, S. 150–176 und S. 177–202.
[4] Ich werde diese beiden Begriffe weiter unten erläutern (§ 2.2,)

selleck, Beschleunigung in ihren technischen und politischen Formen etwas anderes sein als eine säkularisierte Version der eschatologischen Beschleunigung? Die Position Kosellecks – die Verbindung zwischen der Moderne und der Beschleunigung – wird dann mit den nachfolgenden Diskussionen zu diesem Thema verglichen: im Bereich der Soziologie und der Gesellschaftskritik, bei Rosa, und in den Debatten über das »Anthropozän«, wo die Kategorie der Beschleunigung in Form der »Great Acceleration«, auf die wir abschließend zu sprechen kommen, auf neue Weise mobilisiert wird (§3). Die Frage ist, inwieweit die Kategorie der Beschleunigung, die auf die Geschichte angewendet wird, ein relevantes heuristisches Werkzeug zum Verständnis dessen ist, was als die Moderne bezeichnet wird.

1. Politik, Technik, Apokalyptik

Das Thema der Beschleunigung der Geschichte kommt in der Spätzeit der Aufklärung auf. Es wird fortan, belegt mit unterschiedlichen Bedeutungen, die Moderne begleiten, sei es, um sie zu feiern oder um sie zu kritisieren. Anfang des 19. Jahrhunderts, im Zuge der Überlegungen, die die Französische Revolution angestoßen hat, wird der Gedanke einer sich beschleunigenden Geschichte zum einen von Chateaubriand[5] in Frankreich ausgesprochen, zum anderen, in Deutschland, von Joseph Görres, zwei Autoren, die man als »Kronzeugen« der Erfahrung der Beschleunigung bezeichnen kann: »Wollt Ihr aber bei ihr [der Geschichte] zur Schule gehen«, schreibt Görres, »dann nehmt die Revolution als Lehrerin; vieler trägen Jahrhunderte Gang hat in ihr zum Kreislauf von Jahren sich beschleunigt«[6]. Die Erfahrung der Beschleunigung ist nicht nur politischen Ursprungs, sie wird zugleich von wissenschaftlichen und technologischen Fortschritten bedingt. Koselleck zitiert hierzu einen Vortrag, den Werner von Siemens gehalten hat; er trägt den Titel: »Das naturwissenschaftliche Zeitalter«. Mit Enthusiasmus unterstreicht Siemens die Beschleunigung des Takts wissenschaftlicher Entdeckungen und technologischer Innovationen, die sich erst über Jahrhunderte erstreckt

---

[5] Siehe unten §1.1.
[6] J. Görres »Teutschland und die Revolution« (1819), zitiert bei R. Koselleck »Gibt es eine Beschleunigung der Geschichte?«, S. 166.

haben, dann über Jahre, um zuletzt in Jahrzehnten gemessen zu werden: »Dies klar erkennbare Gesetz ist das der stetigen Beschleunigung unserer jetzigen Kulturentwicklung«[7]. In seiner 1907 verfassten und 1918 erschienenen Autobiographie, *The Education of Henry Adams*, stellt der amerikanische Historiker Henry Adams ebenfalls die Beschleunigung als ein unverrückbares, die »dynamic theory of history« bestimmendes Gesetz auf, wenn auch mit einem pessimistischen Unterton. Er bedauert die Auswirkungen wissenschaftlichen und technischen Fortschritts, die, so nimmt er an, eine massive Zerstörung menschlichen Lebens zur Folge haben werden (er denkt an das Wettrüsten)[8]. In Frankreich ist es der 1948 erschienene und seitdem regelmäßig neu aufgelegte schmale Band von Daniel Halévy, *Essai sur l'accélération de l'histoire*, der auf dieses Thema aufmerksam gemacht hat[9]. Seine Schrift verleiht der Beschleunigung der Geschichte eine umfassende Bedeutung, gemeint sind sowohl technische Fortschritte als auch politische Umwälzungen, die mit der Zeit zunehmen. Auch wenn das Buch von Halévy keinen wesentlichen Einfluss auf den Wissenschaftsbetrieb nachweisen kann[10], so hat es doch die Idee der Beschleunigung herauskristallisiert und ausdrücklich verbreitet.

So wie sie uns heute erscheint, ist die »Beschleunigung der Geschichte« eine Formel, deren Handhabung erschwert wird durch die semantische Mehrdeutigkeit, die sich über mehr als zwei Jahrhunderte in ihr angesammelt hat. Koselleck, der bis zur Mitte des 18. Jahrhunderts zurückgeht, hat die verschiedenen Bedeutungsschichten, die sich in diesem Begriff abgesetzt haben, freigelegt. Dabei unterscheidet er innerhalb der Kategorie der Beschleunigung zwischen drei Auffassungen von ihrer Anwendung auf die Geschichte, die meist miteinander verschränkt sind: einer politischen, einer technologischen und einer eschatologischen Auffassung. In diesem begriffsgeschichtlichen Unterfangen ist er sowohl ein erprobter Führer als

---

[7] W. von Siemens, »Das naturwissenschafte Zeitalter« (1886), zitiert bei R. Koselleck »Zeitverkürzung und Beschleunigung«, S. 178.
[8] Vgl. R. Koselleck »Gibt es eine Beschleunigung der Geschichte?«, S. 164.
[9] D. Halévy, *Essai sur l'accélération de l'histoire*, Paris, Editions Self, 1948. Koselleck schreibt zu diesem Buch: »Zeittheoretisch unspezifisch, kulturgeschichtlich anregend«, »Zeitverkürzung und Beschleunigung«, S. 177, Fußnote 1.
[10] Siehe Pierre Savy, »L'*Essai sur l'accélération de l'histoire*, de Daniel Halévy (1948) : remarques critiques sur une référence centrale«, *Ecrire l'histoire*, 16, 2016, S. 77–82.

auch Zeuge, hat er doch, dreißig Jahre vor Rosa, in der Erfahrung der Beschleunigung selbst das Herzstück der Moderne erkannt.

1.1 Der politische Sinn der Beschleunigung der Geschichte

Im politischen Sinne bezeichnet die Beschleunigung der Geschichte eine erhöhte Frequenz sozialen Wandels und institutioneller Veränderungen in immer kürzeren Zeitabständen. Vor diesem Hintergrund übernimmt die Französische Revolution die Rolle eines »auslösenden Ereignisses« *(événement déclencheur)*[11]. Koselleck zitiert gerne die Rede Robespierres vom 10. Mai 1793, wo dieser erklärt: »Die Zeit ist gekommen, jeden zu seiner wahren Bestimmung aufzurufen. Der Fortschritt der menschlichen Vernunft hat diese große Revolution vorbereitet, und gerade Ihr seid es, denen die besondere Pflicht auferlegt ist, sie zu beschleunigen«[12]. Die Beschleunigung der Geschichte ist nicht nur im Rahmen des politischen Revolutionsprojekts gewollt, sie wird auch erlebt und in der rasanten Folge der Ereignisse durchlaufen. Konstituante, Nationalkonvent, Direktorium, Konsulat, Erstes Kaiserreich, Restauration unter Ludwig XVIII., Herrschaft der Hundert Tage, Rückkehr zur Restauration, Julirevolution von 1830, erneute Monarchie unter Louis-Philippe etc. Die schnelle Aufeinanderfolge von politischen Regimen in den vier revolutionären und postrevolutionären Jahrzehnten in Frankreich gleicht einer Achterbahnfahrt. Koselleck beruft sich auf mehrere Zeitzeugen, die diese politische Beschleunigung des 19. Jahrhunderts aus nächster Nähe erfahren konnten: Historiker wie der Engländer Anthony Froude oder die Deutschen Barthold Georg Niebuhr und Georg Gottfried Gervinus, von denen jeder das Gefühl ausspricht, dass die Welt sich immer schneller dreht. Er erwähnt auch Lamartine, der seit 1790 unter acht verschiedenen Regimen und zehn Regierungen gelebt hat und im Jahr 1851 schreibt: »[E]s gibt keine Gegenwartsgeschichte mehr; die Tage von gestern liegen scheinbar schon tief im Schatten

---

[11] Olivier Remaud, »Petite philosophie de l'accélération de l'histoire«, *Esprit*, 2008/6, S. 136.
[12] »Les progrès de la raison humaine ont préparé cette grande révolution, et c'est à vous qu'est spécialement imposé le devoir de l'accélérer«, zitiert bei R. Koselleck, *Vergangene Zukunft. Zur Semantik geschichtlicher Zeiten*, Frankfurt am M., Suhrkamp, 1989, S. 21.

der Vergangenheit versunken«[13]. Hinzugefügt werden kann noch das beredte Zeugnis von Chateaubriand, der in einer Sattelzeit zwischen zwei Epochen gelebt hat. Sein *Essai historique* von 1797 stellt gewagte Parallelen zwischen historischen und modernen Revolutionen auf, ganz nach dem klassischen Modell der Geschichte als Lehrmeisterin des Lebens *(historia magistra vitae)*, wonach die Gegenwart sich aus der Vergangenheit erhellt: »die Fackel vergangener Revolutionen in der Hand werden wir kühn in die Nacht zukünftiger Revolutionen treten«[14]. Chateaubriand vergleicht Athen mit Paris und London mit Karthago. Er muss jedoch am Ende feststellen, dass ein solches Unterfangen nicht mehr möglich ist. Im Vorwort zur 1826 erschienenen Neuauflage seines *Essai* gesteht er: »[O]ftmals musste ich in der Nacht das Bild auswischen, das ich tagsüber gezeichnet hatte: die Ereignisse liefen meiner Feder voraus; eine Revolution kam auf, die all meine Vergleiche über den Haufen warf«[15]. Die Verbindung zwischen (geschichtlicher) Beschleunigung und Revolutionen wird von Marx bestätigt, wenn er im Kontext der Französischen Revolution von 1848 schreibt: »*Die Revolutionen sind die Lokomotiven der Geschichte*«[16].

1.2 Die technischen Bedeutungen

Die politische Beschleunigung, die in der Epoche der Französischen Revolution einsetzt, wird mit der technischen und ökonomischen Beschleunigung jener anderen, der Industriellen Revolution des

---

[13] Lamartine, *Histoire de la Restauration*, Bd. 1, Paris, Pagnerre, Lecou, Furne, 1851, S. 1: »il n'y a plus d'histoire contemporaine; les jours d'hier semblent déjà enfoncés bien loin dans l'ombre du passé«; zitiert bei R. Koselleck, *Vergangene Zukunft*, S. 369.

[14] Chateaubriand, *Essai historique, politique et moral sur les révolutions anciennes et modernes, considérées dans leurs rapports avec la Révolution française*, in *Essai sur les révolutions – Génie du christianisme*, Paris, Gallimard, Bibliothèque de la Pléiade, 1978, S. 51: »le flambeau des révolutions passées à la main, nous entrerons hardiment dans la nuit des révolutions futures«.

[15] Chateaubriand, *Essai historique*, p. 15: »souvent il fallait effacer la nuit le tableau que j'avais esquissé le jour: les événements couraient plus vite que ma plume; il survenait une révolution qui mettait toutes mes comparaisons en défaut«. Vgl. R. Koselleck, *Vergangene Zukunft*, S. 63–64 und François Hartog, *Régimes d'historicité. Présentisme et expérience du temps*, Paris, Seuil, 2003, S. 85–92.

[16] K. Marx, *Die Klassenkämpfe in Frankreich 1848–1850*, Berlin, 1895, S. 90, zitiert bei Koselleck,»Gibt es eine Beschleunigung der Geschichte?«, S. 157.

19. Jahrhunderts, einhergehen. Es ist dieses Zusammenfallen zweier Arten von Beschleunigung, das in Kosellecks Augen die Besonderheit der Moderne ausmacht: »Erst seit der Französischen und der Industriellen Revolution beginnt der Satz von der Beschleunigung ein allgemeiner Erfahrungssatz zu werden«[17]. Zwar sind beide Formen von Beschleunigung unterschiedlichen Ursprungs, aber in Wahrheit ist es gerade deren Vereinigung, der die neue Erfahrung einer Beschleunigung *der Geschichte* entspringt.

Auf die Entwicklung der Wissenschaften und den technologischen Fortschritt bezogen, umfasst die Kategorie der Beschleunigung – die technische Beschleunigung – mehrere miteinander verflochtene Prozesse: 1) die gesteigerte Schnelligkeit des Transport- und Kommunikationswesens: der Personen- und Güterverkehr sowie der Informationsfluss werden über weite Räume hinweg immer schneller; 2) der Anstieg der maschinellen Produktionsrate: immer mehr Waren werden in immer kürzeren Zeitabschnitten hergestellt; 3) der gesteigerte Rhythmus von technologischen Innovationen; hierzu zählt auch die erhöhte Frequenz wissenschaftlicher Entdeckungen, wie sie häufig am Anfang technischer Fortschritte stehen.

Koselleck betont, dass die Beschleunigung, in ihrer technischen Form, auf einer »Denaturalisierung der Zeiterfahrung«[18] basiert. Ein solcher Erfahrungsmodus setzt bereits mit der vormodernen Erfindung der mechanischen Uhr im 14. Jahrhundert an, welche eine abstrakte, von der natürlichen Zeit, dem Wechsel von Tag und Nacht und dem Zyklus der Jahreszeiten unabhängige Zeit anzeigt. In den Betrieben des Mittelalters ermöglicht die mechanische Uhr eine gewisse Beschleunigung des Arbeitstakts: »und schon zeichnen sich die infernalischen Rhythmen ab«, wie Jacques Le Goff bemerkt hat[19]. Aber solange die Bevölkerung vorwiegend ländlich geprägt ist, betrifft diese neue Erfindung nur wenige Menschen. Die Zeit der Bauern ist noch nicht die denaturalisierte Zeit der mechanischen Uhr, die es auf Exaktheit und Produktivität abgesehen hat. Die Arbeitsteilung, die Arbeitszeit in Stunden, die beschleunigten Rhythmen werden sich weiterverbreiten und mit der Industriellen Revolution

---

[17] R. Koselleck, »Gibt es eine Beschleunigung der Geschichte?«, S. 160.
[18] Ebd., S. 153.
[19] J. Le Goff, »Au Moyen Age: temps de l'Église et temps du marchand«, (1960), in *Pour un autre Moyen Âge*, Paris, Gallimard, TEL, 1997, S. 55. Koselleck erwähnt diesen Artikel in »Gibt es eine Beschleunigung der Geschichte?«, S. 154.

durchsetzen[20]. Was das Transportwesen betrifft, so gab es in Europa erste Vorzeichen für eine Erfahrung einer technischen Beschleunigung ab Mitte des 18. Jahrhunderts, als die Geschwindigkeit von Pferdereisen sich erhöhte. Befahrbare Straßen wurden angelegt oder ausgebaut, die Kutschen perfektioniert, was für eine schnellere Beförderung auf dem Landweg sorgte. Ganz am Anfang des 19. Jahrhunderts kam in Amerika der Clipper in Gebrauch: »ein schmales Segelschiff mit hohen Masten, das den Weg von New York um das Kap Hoorn nach San Francisco (19000 km), statt bisher in 150 bis 190 Tagen, in 90 Tagen zurücklegte«[21]. Was das Kommunikationswesen angeht, so wurde die Postkutsche verbessert und Ende des 18. Jahrhunderts schließlich der optische Telegraf erfunden. Mithilfe von Lichtsignalen, die von einem Netzwerk von Türmen (sogenannten Semaphoren) ausgetauscht werden, können Informationen über hunderte von Kilometern schnell weitergeleitet werden. All diese Erfindungen aber stoßen an natürliche Grenzen: die Pferdekraft, die Windstärke, die Unberechenbarkeit des Wetters etc. Aus diesem Grund ist für Koselleck die Dampflokomotive – das »Dampfross«, wie sie anfangs genannt wurde – eher noch als die mechanische Uhr, in erster Linie Symbol für Ordnung und Regelmäßigkeit, das Emblem der technischen Beschleunigung in der Moderne. Und in der Tat, sie zeigt die Fähigkeit des Menschen auf, die Natur zu überwinden, um über Land ungeahnte Geschwindigkeiten zu erzielen. Die Eisenbahn ersetzt den Landweg, der für zu langsam befunden wird. Die Entwicklung des Zugwesens in Europa und der Welt hat ohne Zweifel dazu beigetragen, das Gefühl einer Beschleunigung – wo nicht der Geschichte, so doch der Gesellschaft – zu verbreiten, und das bis in die ländlichen Gegenden hinein, wo noch im 19. Jahrhundert der Großteil der Bevölkerung lebte. Die Eisenbahnlinien führen nämlich dicht an den Kleinstädten vorbei; auch wenn diese zunächst versuchen, sich von ihnen abzuschirmen, dringen sie doch nach und nach ins Inland vor und begleiten die Erschließung des Westens in Nordamerika. Im Laufe des 20. Jahrhunderts stützt die Wahrnehmung der technischen Beschleunigung sich weiterhin auf ein Spektrum neuer Transportmittel (Auto, Flugzeug, Rakete, TGV, der so-

---

[20] Vgl. E. P. Thompson, »Time, Work-Discipline, and Industrial Capitalism«, *Past & Present*, No. 38 (Dez., 1967), S. 56–97.

[21] R. Koselleck, »Gibt es eine Beschleunigung der Geschichte?«, S. 158.

genannte »Beschleuniger der Zukunft«[22]), wenn diese auch nicht mehr mit jenen Emotionen einhergehen, wie sie das »Dampfross« damals ausgelöst hat.

1.3 Beschleunigung als eschatologische Kategorie

Im Verlauf des 19. Jahrhunderts nähern sich politische und technische Beschleunigung an und definieren, jenseits ihrer Unterschiede, das »Gesetz der Beschleunigung« (wie Henry Adams es bezeichnend formuliert hat). Aber ist die Erfahrung einer Beschleunigung der Geschichte wirklich neu, charakterisiert sie die Moderne? Ist sie nicht vielmehr ein Leitmotiv der Geschichte, das bereits für frühere Epochen galt? Koselleck begegnet diesem Einwand mit einer Reflexion zur Säkularisierung. Er erinnert daran, dass das Thema der Beschleunigung in der Tat schon sehr alt ist, findet es sich doch in den apokalyptischen Diskursen von einer Beschleunigung der Endzeit, die bis zum frühen Christentum zurückreichen und in unterschiedlicher Form in den millenaristischen Theorien des Mittelalters sowie im Protestantismus Luthers und Melanchthons wieder auftauchen. Als »eschatologische Kategorie«[23] hat die Beschleunigung einen ganz eigenen Sinn, der weder mit einer beschleunigten Geschwindigkeit noch mit der Erhöhung einer Frequenz übereinstimmt: Er meint die »Zeitverkürzung« als göttlichen Eingriff, der dazu dient, das Jüngste Gericht vorzuziehen. In den Evangelien wird gesagt, dass der Wiederkehr Christi eine Zeit der Trostlosigkeit, der Katastrophen und der Kriege vorausgeht, die auf sein Kommen vorausweist. Um zu verhindern, dass die Auserwählten leiden oder sterben, verkürzt Gott diesen Zeitraum: »Und wenn der Herr diese Tage nicht verkürzt hätte, würde kein Mensch selig; aber um der Auserwählten willen, die er auserwählt hat, hat er diese Tage verkürzt.« (Markus 13 : 20). In apokalyptischer Perspektive ist folglich die Beschleunigung der Zeit ein Geschenk Gottes, das die Gläubigen dem Seelenheil näher bringt: »Und die Jahre werden verkürzt, werden gleichsam Monate, und Mo-

---

[22] Slogan der SNCF, der 2015 im Bahnhof von Bordeaux zu sehen war, als Renovationsarbeiten für die neue Hochgeschwindigkeitsverbindung anstanden.
[23] Vgl. dazu R. Koselleck, *Vergangene Zukunft*, S. 34 und »Zeitverkürzung und Beschleunigung«, S. 184 ff. und Alexandre Escudier, »Le sentiment d'accélération de l'histoire moderne«, *Esprit* 2008/6, S. 167–170.

nate zu Wochen, und Wochen zu Tagen, und Tage zu Stunden«[24]. Da niemand außer Gott weiß, wann das Jüngste Gericht kommt – »Von dem Tage aber und der Stunde weiß niemand, auch die Engel im Himmel nicht, auch der Sohn nicht, sondern allein der Vater« (Markus 13 : 32) – wird die Beschleunigung der Zeit zugleich zu einem Wunsch, zu einer Erwartung der Gläubigen, die Gott darum bitten, dass er die Endzeit, die Apokalypse, jenes mit der Erlösung aller Auserwählten gleichbedeutende Ereignis, schneller einläuten möge.

In den apokalyptischen Diskursen wird Gott als Herr über die Zeit dargestellt, der die Menschheitsgeschichte nach Belieben beschleunigen kann. Die Beschleunigung, so verstanden, wird als ein Vorzeichen der Endzeit und als Heilsweg aufgewertet. Als solche ist sie eine Kategorie, die es erlaubt, die zukünftige Geschichte vorzustellen und nur dies: eine »Erwartungskategorie«[25]. Das Neue an der Neuzeit, bemerkt Koselleck, ist zum einen, dass die Beschleunigung von Menschen gemacht ist[26]; zum anderen, dass sie auch eine »Erfahrungskategorie« darstellt, die auf einer empirischen Erfahrung konkreter Ereignisse beruht, darunter, als die zwei wichtigsten, die Französische und die Industrielle Revolution:

> Aus der Zeitverkürzung, die früher von außen her der Geschichte ein früheres Ende setzt, wird jetzt eine Beschleunigung bestimmbarer Erfahrungssektoren, die in der Geschichte selber registriert wird. Neu dabei ist, dass nicht mehr das Ende schneller herbeikommt, sondern dass, gemessen an den langsamen Fortschritten der vergangenen Jahrhunderte, die gegenwärtigen Fortschritte sich immer rascher einstellen.[27]

Politische und technische Beschleunigung sind zugleich Begriffe einer Erwartung, die sich von früheren Erfahrungen nährt: Man hofft, dass die von den vergangenen Revolutionen eingeleiteten politischen Fortschritte sich in Zukunft noch schneller verwirklichen

---

[24] Text aus der tiburtinischen Sibylle (4. Jahrhundert), zitiert in R. Koselleck, »Zeitverkürzung und Beschleunigung«, S. 177.
[25] R. Koselleck, »Gibt es eine Beschleunigung der Geschichte?«, S. 153.
[26] R. Koselleck, »Zeitverkürzung und Beschleunigung«, S. 183. Siehe auch »Gibt es eine Beschleunigung der Geschichte?«, S. 173: »Was in der Apokalypse von Gottes geheimem Ratschluss erwartet wird, soll nunmehr von den Menschen herbeigeführt werden«. Koselleck verweist hier auf Condorcet und Saint-Simon.
[27] R. Koselleck, »Gibt es eine Beschleunigung der Geschichte?«, S. 171.

werden; man erwartet, dass der Gang der wissenschaftlichen und technologischen Fortschritte sich beschleunigen wird. Könnte man daher sagen, dass diese moderne Kategorie von Beschleunigung, insofern sie bisweilen mit dem Versprechen eines irdischen Reichs von Glück und Frieden einhergeht, eine Form von Verweltlichung der eschatologischen Beschleunigung darstellt?

2. Neuzeit, Moderne, Säkularisierung

2.1 Beschleunigung und Säkularisierung

Was eine mögliche Verbindung zwischen Beschleunigung der Geschichte und Säkularisation angeht, so ist Kosellecks Standpunkt sehr differenziert. Er geht, ohne ihn zu nennen, von Karl Löwith aus[28], wenn er unterstreicht, dass die Geschichtsphilosophien als Säkularisierungen religiöser Auffassungen vom Jüngsten Gericht verstanden werden können. Säkularisation im doppelten Sinne: zum einen als eine »Verzeitlichung« des Heils, die an die Stelle der Zwei-Reiche-Lehre den Gedanken einer Weltgeschichte als »Weltgericht« setzt, zum anderen als ein vorausgesetztes christliches Erbe[29]. In diesem Zusammenhang erwähnt Koselleck zwei Passagen aus der Geschichtsphilosophie Kants, der die Hoffnung ausspricht, dass die Menschheit, in ihrer moralischen und rationellen Organisation, den Endzweck der Geschichte, das Reich des Weltfriedens, schneller herbeiführen wird[30]. Weiter stützt er die These der Beschleunigung als Säkularisation auf einen Lexikoneintrag aus dem Brockhaus von 1838, in dem die Eisenbahn als ein Werkzeug Gottes dargestellt wird,

---

[28] Vgl. K. Löwith, *Weltgeschichte und Heilsgeschehen. Die theologischen Voraussetzungen der Geschichtsphilosophie*, Kohlhammer, Stuttgart 1953. R. Koselleck kannte das Buch von Löwith gut und hat sich an seiner Übersetzung ins Deutsche beteiligt. Ich bedanke mich bei Jeffrey Barash für seinen Hinweis.

[29] Siehe R. Koselleck, »Zeitverkürzung und Beschleunigung«, S. 179–189. Koselleck bezieht sich auf den Vers von Schiller »die Weltgeschichte ist das Weltgericht«, aus dem Gedicht »Resignation« (1784). Hegel hat diese Formulierung in §340 der *Grundlinien der Philosophie des Rechts* (1820) übernommen.

[30] Ebd., S. 191–192. Die Texte Kants stammen aus dem 8. Satz der *Idee zu einer allgemeinen Geschichte in weltbürgerlicher Absicht* (1784) und aus dem Schlussabschnitt von *Zum ewigen Frieden* (1795).

das dazu dient, sein Reich auf Erden schneller zu verwirklichen[31]. In seinen beiden Studien von 1976 und 1985 unterstreicht Koselleck jedoch, dass die Lesart der Säkularisation nur begrenzt Bedeutung hat, insofern die modernen Versionen einer Beschleunigung der Geschichte zunehmend in materiellen Prozessen verankert sind – wie die Entwicklung des Transport- und Kommunikationswesens – die sich wiederum von jedem eschatologischen Schema losgelöst haben:

> Das Ziel der beschleunigten Fortschritte war die Beherrschung der Natur und zunehmend auch die Selbstorganisation der politisch verfassten Gesellschaft. Das Heil wurde nicht mehr am Ende der Geschichte, sondern seitdem im Vollzug der Geschichte selbst gesucht.
> Dies waren die Ziele der Aufklärung. Bei ihnen handelt es sich also um mehr und um anderes als um bloße Säkularisation. Sosehr die Heilserwartungen im Gewand millenarischer Hoffnungen auch in den neuen Beschleunigungsbegriff eingegangen sein mögen: Der Erfahrungskern, auf den sich die neuen Erwartungen beriefen, war nicht mehr aus Apokalypse ableitbar und nicht mehr vom Jüngsten Gericht her bestimmt.[32]

Aus dieser Sicht kann man von Säkularisierung im Sinne einer Übernahme des christlichen Erbes nur in Bezug auf den Zeitraum zwischen dem 16. und dem Anfang des 19. Jahrhunderts sprechen: Die Idee einer Verkürzung der Zeiten wird zu einem geschichtlichen »Axiom«, dessen Anwendung vom Menschen und nicht mehr von Gott abhängt; die Geschichte wird als ein teleologischer Prozess begriffen, dessen Ziel, anstelle eines jenseitigen Heils, das Glück im Hier und Jetzt ist. Diese allgemeine Darstellung liefert allerdings nur eine lückenhafte Lesart der historischen Entwicklung, da das mit der technischen Beschleunigung verknüpfte Ziel neue Inhalte ausdrückt, die sich von denen der christlichen Eschatologie unterscheiden. Außerdem verliert die Säkularisierungsthese im Laufe des 19. Jahrhunderts in dem Maß an Relevanz, in dem sich die Moderne konsolidiert. So kann beispielsweise die der Französischen Revolution

---

[31] Ebd., S. 193. Man darf diesen Verweis nicht überbewerten, denn Koselleck präzisiert weiter unten, dass die folgenden Brockhaus-Ausgaben an Stelle der Eisenbahnen nur noch technische Informationen enthalten.
[32] R. Koselleck, »Zeitverkürzung und Beschleunigung«, S. 189. Koselleck erwähnt die gleiche Idee in »Gibt es eine Beschleunigung der Geschichte?«, S. 171–172.

eigene politische Beschleunigung ohne Rekurs auf einen »göttlichen Zeitplan« vorgestellt werden[33]. Gleiches gilt für die technische Beschleunigung im ökonomischen Sektor im 19. und 20. Jahrhundert (Arbeitsteilung, Produktivität, Transport, Kommunikation) und, fügt Koselleck hinzu, für die Beschleunigung des globalen demografischen Wachstums. Es sind »weltimmanente Prozesse«, die »nicht mehr aus christlicher Heilserwartung ableitbar sind«[34]. Wenn der christliche Glaube also anfangs die Hoffnungen auf Beschleunigung nähren und anfachen konnte, ohne deren einziger Ursprung zu sein, so haben die Entwicklungen der Naturwissenschaften und die technologischen Erfindungen allmählich diese Rolle übernommen. Damit beruht der »harte Kern« der Erfahrung der Beschleunigung als Herzstück der Moderne auf der »technischen und industriellen Überformung der menschlichen Gesellschaft« anstatt auf der Religion. Koselleck vertritt die These einer »Verselbständigung des Beschleunigungssatzes« in der Moderne, ungefähr wie Max Weber, wenn er sagt, dass der Kapitalismus sich vollkommen vom Geist des Protestantismus, der zu seinem Aufkommen beigetragen hat, losgelöst hat[35].

2.2 Beschleunigung und Neuzeit

Mit der Behauptung, dass die *moderne* Kategorie einer Beschleunigung der Geschichte nicht aus theologischen Prämissen ableitbar ist, verwirft Koselleck zuletzt, was Blumenberg das Säkularisierungstheorem genannt hat, entsprechend der Logik, dass A nichts weiter ist als die Säkularisierung von B, die sich zum Zweck setzt, A zu kritisieren. Er hütet sich davor, dieses Säkularisierungstheorem mechanisch auf die Kategorie der Beschleunigung anzuwenden[36]. Es geht darum zu zeigen, dass die Beschleunigung der Geschichte in ihren modernen technischen und politischen Formen ein neuartiges, für die Neuzeit spezifisches Phänomen ist. Was decken nun aber die Begriffe »Moderne« und »Neuzeit« ab?

---

[33] R. Koselleck, »Zeitverkürzung und Beschleunigung«, S. 196.
[34] Ebd., S. 199.
[35] Ebd., S. 195–196.
[36] Siehe H. Blumenberg, *Die Legitimität der Neuzeit*, Suhrkamp, Frankfurt/Main, 1966.

Im Deutschen meint »Neuzeit« herkömmlicherweise die Zeit vom Ende des 15. Jahrhunderts bis heute. Dieser Zeitraum teilt sich auf in eine *frühe Neuzeit* (bis zur Französischen Revolution) und eine *neuere Geschichte* (bis zur Gegenwart). Der Ausdruck »Moderne« oder »Modernität« entspricht zumeist der zweiten Periode der Neuzeit, vom Ende des 18. Jahrhunderts und der Aufklärung an bis in die heutige Zeit. In diese Periodisierung hat Koselleck, in Form einer heuristischen Hypothese, eine vermittelnde Epoche eingeführt, die »Sattelzeit« (von »Bergsattel«: der Pass, über den man auf die andere Seite des Gebirges gelangt). Innerhalb dieser Epoche, die in etwa von 1750 bis 1850 reicht, konstituieren sich die geschichtlichen Grundbegriffe der Moderne[37], im Besonderen: die Neuheit und Unvorhersehbarkeit der Zukunft (die Abtrennung des »Erwartungshorizonts« vom dem »Erfahrungsraum«), die Machbarkeit der Geschichte, also die Idee, dass es die Menschen sind, die die Geschichte machen[38], und die Beschleunigung (von Transportmitteln, von Kommunikation, von wissenschaftlichen und technischen Entdeckungen, von politischen Veränderungen). So gesehen siedelt sich die sogenannte Sattelzeit »im Horizont einer sich beschleunigenden Übergangszeit«[39] an und leitet vom Bergmassiv der *frühen Neuzeit* in das der *neueren Geschichte* über. In Kosellecks Augen bezieht die »Neuzeit« ihren Sinn ganz aus dieser Übergangszeit: Sie ist buchstäblich »die neue Zeit«, die durch die Erfahrung der Neuheit gekennzeichnet ist[40]. Diese Neuheit machen weder wissenschaftliche Entdeckungen noch politische Veränderungen aus, die sich auch für die Antike und das Mittelalter nachweisen lassen, sondern die Beschleunigung ihres Erscheinungstakts, der von der »Sattelzeit« an in die Höhe schnellt. Um dies zu erklären, beruft Koselleck sich in einer späteren Studie auf den Un-

---

[37] Vgl. R. Koselleck, »Einleitung«, in Otto Brunner, Werner Conze, Reinhart Koselleck (dir.), *Geschichtliche Grundbegriffe: historisches Lexikon zur politisch-sozialen Sprache in Deutschland*, Bd. 1, Stuttgart, Klett Cotta, 1972, S. XIII–XXVII.
[38] Was diese historische Kategorie angeht, verweise ich auf mein Buch *Faire l'histoire. De la Révolution française au Printemps arabe*, Paris, Cerf, 2013.
[39] R. Koselleck, *Die vergangene Zukunft*, S. 331.
[40] Mit dem Begriff »Sattelzeit« verschiebt Koselleck die Anfänge der Neuzeit vom fünfzehnten ins achtzehnte Jahrhundert. Vgl. R. Koselleck, »Das achtzehnte Jahrhundert als Beginn der Neuzeit«, in Reinhart Herzog, R. Koselleck (Hg.), *Epochenschwelle und Epochenbewußtsein*, München, Fink, 1987, S. 269–282. Über die Rezeption dieses Begriffs siehe Elisabeth Décultot, Daniel Fulda (Hg.), *Sattelzeit. Historiographiegeschichtliche Revisionen*, Berlin/Boston, De Gruyter, 2016.

terschied zwischen Ereignis und Struktur[41]. Als eine Folge von Ereignissen ist die Geschichte immer neu, einzigartig, kontingent, sie wiederholt sich aber in ihren demografischen, sozialen, ökonomischen und politischen Strukturen, die relativ gleichbleibend sind und die Ereignisse ermöglichen. In dieser Hinsicht ähneln die Strukturen der Grammatik, die Aussagen erlaubt, Fahrplänen, die den Zugverkehr regeln oder dem Recht, das die Entscheidungen der Justiz bedingt. Man könnte meinen, dass die Geschichte nur auf der Ebene ihrer Ereignisse neu ist, während sie in ihren wiederholbaren Strukturen stagniert. Aber die Geschichte selbst lehrt, dass die Strukturen sich entwickeln, ganz wie die Grammatik, die Fahrpläne oder das Recht sich im Lauf der Zeit ändern. Das Neue, das mit der »Sattelzeit« im Vergleich zu früheren Jahrhunderten aufkommt, ist die Tatsache, dass sich die Veränderungen *sowohl* auf Ereignis- *als auch* auf Strukturebene beschleunigt haben; sie sind in einer sehr kurzen Zeitspanne in Erscheinung getreten, anstatt sich über einen langen Zeitraum (die sogenannte »longue durée«) zu erstrecken. So, wie die strukturellen Mutationen der Gesellschaft sich auf einer verkleinerten Zeitskala niederschlagen, werden sie als erfahrbar wahrgenommen. Koselleck nennt als Beispiel »die ungeheure Beschleunigung«, mit der im Zuge der Französischen Revolution, in kaum einem Jahrzehnt, der Umbau der Institutionen vonstatten ging: »Einen solchen Strukturwandel unmittelbar wahrnehmen zu können, das zeichnet vermutlich die Neuzeit aus. Der Strukturwandel wird gleichsam selbst zum Ereignis«[42]. Ausgehend von der Frage nach dem Begriff der Neuheit schließt er seinen Gedankengang mit der Bekräftigung ab, dass die Kategorien der Beschleunigung und der Moderne zusammengeschweißt sind, wie zwei Teile ein- und desselben Mechanismus.

Auch wenn Koselleck manchmal die Beschleunigung zu einem »Satz«, zu einem »Axiom« der Moderne[43] macht, betrachtet er die Idee einer Beschleunigung *der Geschichte* als fragwürdig. Dieser Punkt wird vor allem in seinem Artikel von 1976 »Gibt es eine Beschleunigung der Geschichte?« betont. Ein Teil der Antwort ist, dass »es wohl Beschleunigung gibt, aber nicht *der* Geschichte, sondern nur *in* der Geschichte, je nach Erfahrungsschicht, sei sie primär politisch

---

[41] Cf. R. Koselleck, »Wie neu ist die Neuzeit?« (1989), in *Zeitschichten*, S. 225–239.
[42] Ebd., S. 238.
[43] R. Koselleck, »Gibt es eine Beschleunigung der Geschichte?«, S. 160, 168,

oder primär technisch und ökonomisch bestimmt«[44]. Die Kategorie der Beschleunigung ist ein nützliches heuristisches Instrument, das manch wesentliche Entwicklungen in der Moderne beschreibt, aber sinnlos wird, wenn es auf die Geschichte im Allgemeinen angewendet wird, also wenn von einer Beschleunigung *der* Geschichte die Rede ist. Es geht vielmehr darum, Fälle von Beschleunigung in der Geschichte zu untersuchen und sie nach Typen, aber auch nach in Betracht gezogenen Zeiträumen zu unterscheiden. Denn die drei Hauptbedingungen der geschichtlichen Beschleunigung sind historisch situiert und schreiben sich in eine Entwicklung ein, deren aufeinanderfolgende Etappen überschaubar sind. Die Beschleunigung war zunächst ein *eschatologischer Erwartungsbegriff*, der es auf die Endzeit absieht. Ab Mitte des 18. Jahrhunderts wird sie zu einem *Erwartungs- und Erfahrungsbegriff* mit seinen zwei Komponenten, dem rasanten Anstieg politischer, sozialer und institutioneller Veränderungen einerseits, und der immer schnelleren Entwicklung wissenschaftlicher und technischer Fortschritte, insbesondere auf dem Gebiet der neuen Hochgeschwindigkeitstechnologien (Transport, Kommunikation, Produktion), andererseits. Seit dem Ende des 19. Jahrhunderts ist die Beschleunigung zu einer *umfassenden geschichtlichen Kategorie* geworden, also ein Gesetz und ein Prinzip, das eine große Anzahl empirischer Phänomene zusammenfasst – entweder, um die Moderne zu feiern, wie im Fall von Werner von Siemens, oder aber in kritischer Absicht, wie bei Henry Adams und später bei Daniel Halévy.

Diese drei Etappen der Beschleunigung, wenn man sie als eine historische Kategorie der Moderne in Betracht zieht, dürfen nicht als eine bloße Abfolge verstanden werden, sondern vielmehr im Sinne einer Schichtung oder Anhäufung, nach dem Modell der »Gleichzeitigkeit des Ungleichzeitigen«, das Koselleck gerne benutzt. Die erste historische Form der Beschleunigung – die Verkürzung der Zeit – nimmt nur die eschatologische Bedeutung in Anspruch, die zweite – die Steigerung der Geschwindigkeiten und der Rhythmen – übernimmt das politische und technische, manchmal von eschatologischen Konnotationen durchdrungene Bedeutungsfeld, wogegen die dritte – die verallgemeinerte Beschleunigung als »Kollektivsingular« – die drei Aspekte in sich vereint. Zu ihnen gehört auch der apokalyptische

---

[44] Ebd., S. 167.

Gedanke der Endzeit, der in der Schlussfolgerung von Rosas Buch[45] sowie in gewissen Versionen des Anthropozäns zum Vorschein kommt.

3. Die geschichtliche Beschleunigung im 21. Jahrhundert

In diesem letzten Abschnitt werde ich die Analyse Kosellecks um die Untersuchung eines »postmodernen« Begriffs der historischen Beschleunigung verlängern, im Sinne einer von allen »großen Erzählungen« (»Grands Récits«) abgekoppelten Beschleunigung, also eines Prinzips, das sich nicht nur von seinem theologischen Hintergrund emanzipiert hat, sondern auch von jedwedem Bezug auf die Fortschrittsideologien[46]. Diese chronologisch letzte Variante der historischen Beschleunigung soll anhand von zwei an und für sich sehr unterschiedlichen Beispielen illustriert werden: der Wiederaufnahme der These der Beschleunigung bei Rosa und des Themas der »Great Acceleration« in den Diskursen zum Anthropozän.

3.1 Die Beschleunigung der Gesellschaft bei Rosa

Hartmut Rosa hat ebenfalls die These vertreten, dass die fundamentale Kategorie der Moderne die Beschleunigung ist. Er steht somit in einer Reihe von kritischen Diagnosen über die Moderne, deren Hauptvertreter Koselleck, Virilio oder Peter Conrad sind, der das folgende Axiom aufgestellt hat: »Modernity is about the acceleration of time«[47]. Rosa hat eine wertvolle konzeptuelle Analyse ausgearbeitet,

---

[45] H. Rosa, *Beschleunigung*, S. 460–490: »Das Ende der Geschichte«. In ihrer eschatologischen Bedeutung wird jetzt die Beschleunigung eher befürchtet als erhofft.
[46] In »›Temporalisation‹ et modernité politique: penser avec Koselleck«, *Annales HSS*, 2009/6, S. 1294, Alexandre Escudier beschreibt »eine Beschleunigung jetzt ohne Telos – ohne erhoffte oder gefürchtete globale Prozessfinalität –, die als einfache Tatsache oder gar als unlösbares Problem erlebt wird, und überhaupt nicht mehr als Hoffnung oder konkreter Hebel der Politik«. Das bedeutet nicht, dass die Kategorie des Fortschritts völlig verschwunden ist. Siehe dazu Rüdiger Graf, »Totgesagt und nicht gestorben: die Persistenz des Fortschritts im 20. und 21. Jahrhundert«, *Traverse: Zeitschrift für Geschichte/Revue d'histoire*, 23, 2016, S. 91–102. Diese Sonderausgabe enthält eine Reihe neuer Studien zum Thema »Zeiterfahrung – Untersuchungen über Beschleunigung und Entschleunigung von Geschichte«.
[47] P. Conrad, *Modern times and modern places. How life and art were transformed in*

die unterstreicht, dass vor dem Hintergrund einer Diagnose der Moderne, insbesondere der »Spätmoderne«, die er mit Habermas in den 1970er Jahren ansetzt, die Beschleunigung entweder eine Steigerung der Geschwindigkeit bedeutet oder die Raffung des Rhythmus, des Tempos. Er unterscheidet somit drei Formen von Beschleunigung: die technische Beschleunigung, von der bereits ausführlich die Rede war, die Beschleunigung des sozialen Wandels (beispielsweise der Arbeitsorganisation oder der Familienstrukturen) und die Beschleunigung des *Tempos* des Lebens, die der Erhöhung der Anzahl von Aktivitäten und der psychischen Sequenzen im Alltag entspricht. Diese dritte Form der Beschleunigung, die Koselleck unbeachtet ließ, ist ein Beitrag von Rosa, der es ermöglicht, die Erfahrung der Beschleunigung auf der Ebene der Individuen zu untersuchen, eine Beschleunigung, die weniger die Geschichte als vielmehr das soziale Leben betrifft. Laut Rosa interagieren die drei Beschleunigungen miteinander und bilden einen »Akzelerationszirkel«, der sich zu einem unkontrollierbaren und paradoxen Prozess auswächst: Auf der einen Seite beschleunigt sich die Geschichte, auf der anderen Seite gebiert sie ihr Gegenteil, die »Beharrung«, worunter er die Widerstände gegen die Beschleunigung versteht, allen voran die Tatsache, dass hinter der scheinbaren Beschleunigung der Gesellschaft die ökonomischen und politischen Strukturen unverändert bleiben. Dies ist es, was Rosa, in Anlehnung an Paul Virilio, den »rasenden Stillstand« nennt[48].

Wir haben bereits gesehen, dass für Koselleck der moderne Begriff einer historischen Beschleunigung einerseits impliziert, dass die Beschleunigungsprozesse der Kontrolle des Menschen (und nicht länger Gott) unterstellt sind, während sie andererseits in eine Zweckbestimmung einmünden, die einen Fortschritt darstellt, ungeachtet dessen, ob er bejaht wird oder nicht. Es ist das Verschwinden dieser beiden Eigenschaften, deren Diagnose die Idee des Akzelerationszirkels bei Rosa stellt: In der Spätmoderne, da die Beschleunigung zu ihrem eigenen Antrieb geworden ist, gibt es keine Zielsetzung mehr und auch keine Kontrolle. Vor diesem neuen Hintergrund ist die Beschleunigung in ihrem eigentlichen politischen Sinn verschwunden.

---

a century of revolution, innovation and radical change, New York, Alfred A. Knopf, 1999, S. 9, zitiert bei H. Rosa, *Beschleunigung*, S. 40.

[48] H. Rosa, *Beschleunigung*, S. 41. Der Ausdruck entstammt der deutschen Übersetzung von P. Virilio, *L'inertie polaire* (Paris, Christian Bourgois, 1990), erschienen unter dem Titel *Rasender Stillstand. Essay* (München, Hanser, 1992).

Rosa wirft Koselleck vor, dass er sich auf die technische Beschleunigung beschränkt habe[49], andererseits kann man ihm zum Vorwurf machen, dass er die Bedeutung der politischen Beschleunigung heruntergespielt hat, die von Koselleck genügend unterstrichen worden ist, während sie in seiner Typologie der drei Formen von Beschleunigung nicht vorkommt. Er vertritt die These einer »Zeitkrise des Politischen«, eines »Endes der Politik«, deren Handlungszeitraum im Vergleich zu den »Vordringlichkeiten des Befristeten unserer Zeit« zu lang geworden sei. Die Politik habe ihre Funktion, die Gesellschaft in der Zeit zu organisieren und den Rhythmus ihrer Entwicklung zu bestimmen, verloren, eine Aufgabe, die ihr in der Moderne seit der Französischen Revolution zukommt. Diese These schreibt sich in die allgemeine, an Luhmann ausgerichtete Theorie ein, wonach die Moderne ausdifferenzierte gesellschaftliche Unter-Systeme ausgebildet habe, die weitgehend voneinander unabhängig sind und heterogenen Rhythmen und Zeithorizonten unterstehen[50]. So ist der Rhythmus des politischen Lebens schneller als jener der akademischen Welt, aber wiederum langsamer als jener der ökonomischen Sphäre. Die Zeit der Demokratie, der Dauer von Erwägungs- und Entscheidungsprozessen unterworfen, sei auf diese Weise aus dem Takt geraten und in Bezug auf die schnellen Rhythmen des technologischen Fortschritts und der Finanzmärkte in Verzug:

> Alle genannten politischen Entwicklungen scheinen tatsächlich darauf hinzudeuten, dass die Zeit der modernen Politik, wie ich sie im Kapitel XII.2 herausgearbeitet habe, abgelaufen ist. Weil die Politik in der Spätmoderne in ihrem Zeithorizont und ihrer Arbeitsgeschwindigkeit hinter den Veränderungen in Wirtschaft und Gesellschaft zurückbleibt, kann sie die (ihr kulturell noch immer zugedachte) Funktion des *Schrittmachers* der sozialen Entwicklung und des *Gestalters der Geschichte* nicht mehr wahrnehmen.[51]

---

[49] Ebd., S. 399, Fußnote 20. Über Rosa und Koselleck, siehe Theo Jung, »Beschleunigung im langen 19. Jahrhundert: Einheit und Vielfalt einer Epochenkategorie«, *Traverse* 23, 2016, S. 52–53.
[50] Ebd., S. 402 f.
[51] Ebd., S. 415–416. Im Kapitel XII.2 beschreibt Rosa, im Ausgang von Koselleck, »die Verzeitlichung der Geschichte in der Moderne«. Die Verzeitlichung der Geschichte bezeichnet die Tatsache, dass die Geschichte in der Moderne nicht mehr ein bleibendes Reservoir von Beispielen darstellt, wie im traditionellen Modell einer *historia magistra vitae*, sondern einen zeitlich gerichteten Prozess, der zum Teil der menschlichen

Wenn die Beschleunigung als ein unkontrollierbarer Prozess verstanden wird, eine Spirale, deren Eigendynamik unaufhaltsam die Strukturen der Gesellschaft verfestigt, dann kann sie nur das Ende des politischen Projekts, das mit der Moderne begann, nämlich »Geschichte zu machen«, herbeiführen. Die Politik, schreibt Rosa, degradiert angesichts des nie abreißenden Stroms von Ereignissen zu einer Reaktionshaltung, zu strategischer Flickarbeit *(muddling through)*, die sich in der Not ständig neu erfindet, je nach Fälligkeitstermin. In der Schlussfolgerung von *Beschleunigung* fasst Rosa das Szenario eines »Griffs zur Notbremse« durch »einen entschiedenen politischen Eingriff« ins Auge. Es handelt sich für ihn dabei allerdings um eine »höchst unrealistische« Sicht auf die Dinge[52]. Sein Buch endet mit der Alternative zwischen der finalen Katastrophe (Epidemie, Klimakatastrophe, Nuklearunfall) oder der radikalen Revolution, beides mögliche Versionen von einem »Ende der Geschichte«, in denen der technisch-politische Sinn der Beschleunigung unerwarteterweise ihre primitive eschatologische Form einholt[53].

3.2 Die Beschleunigung im Zeitalter des Anthropozäns

Am Ende seiner Studie von 1985 merkt Koselleck an, dass einige Beschleunigungsprozesse ihren Sättigungsgrad erreicht haben[54]. Er meint damit das globale Bevölkerungswachstum, den Automobil- und Luftverkehr, die Grenzen des Wachstums, die vom »Club of Rome« in den 70er Jahren aufgezeigt wurden, sowie die menschliche Kapazität der Selbstzerstörung (das Wettrüsten während des Kalten

---

Kontrolle untersteht. In diesem Abschnitt setzt Rosa ihm die These einer »Entzeitlichung der Geschichte in der Spätmoderne« entgegen.

[52] H. Rosa, *Beschleunigung*, S. 488.

[53] Während der letzten Covid-19-Krise stoppte die wirtschaftliche Beschleunigung plötzlich – wenn auch nur vorübergehend – und Rosa bemerkte: »Es sind wir Menschen, die durch politische Entscheidung und nach Überlegung gebremst haben! Das Virus korrodiert offensichtlich nicht unsere Flugzeuge. Es zerstört nicht unsere Fabriken. Es zwingt uns nicht, zu Hause zu bleiben. Es sind unsere politischen Überlegungen und unser kollektives Handeln, die dies bewirken. Wir sind diejenigen, die es tun!«. Im Rahmen eines Gedankens, der seit Jahren die These von der Ohnmacht der Politik verteidigte, konnte dennoch ein solches Ereignis nur als »Wunder« erscheinen. Siehe H. Rosa, »Le miracle et le monstre – un regard sociologique sur le Coronavirus«, *AOC*, 08.04.20 (online).

[54] R. Koselleck, »Zeitverkürzung und Beschleunigung«, S. 199.

Kriegs). Er fügt die folgende vorausahnende Betrachtung hinzu: »So mag es sein, dass wir in Zukunft genötigt sind, die Anstrengungen unserer Menschheit mehr auf Stabilisatoren und auf die naturhaften Vorgegebenheiten unseres irdischen Daseins zu lenken«[55]. Wir sind heute genau in jener Situation, in der die technische Beschleunigung der Moderne, die den Klimawandel und die Umweltverschmutzung hervorruft, an einem kritischen Punkt angekommen ist, der die natürlichen Bedingungen des Lebens auf der Erde auf kurze wie auf lange Sicht gefährdet. Demzufolge wäre die Menschheit in die Epoche des Anthropozäns eingetreten, das von einer Renaturalisierung der historischen Zeit geprägt ist, im Sinne einer Wechselwirkung zwischen der Geschichte der Natur – in erster Linie das Klima – mit der Menschheitsgeschichte. Ohne hier näher auf die Diskussionen um diese umstrittene Kategorie des Anthropozäns einzugehen[56], möchte ich unterstreichen, dass sie eine neue Form der Beschleunigung einführt, die weder Koselleck noch Rosa ins Auge gefasst haben. Wenn Ersterer seine Gedanken zur Beschleunigung noch vor den Nullerjahren veröffentlich hat, in denen der Begriff des Anthropozäns aufgekommen ist, ist es im Fall Rosas erstaunlich, dass er ihn nicht in Betracht gezogen hat, zumal in seinem 500 Seiten starken Buch *Resonanz*, das, 2016 erschienen, nur in äußerster Kürze auf das Problem des Klimawandels eingeht[57]. Dabei stellt das Anthropozän nicht nur eine Verlängerung der Frage der Beschleunigung in der Spätmoderne dar, es unterstreicht auch die Neuheit einer geschichtlichen Situation, die eben jede Art von »Resonanz« des Menschen mit der Natur, jede harmonische Interaktion mit der Welt stört bzw. verhindert.

Was für eine Verbindung besteht zwischen den Kategorien des Anthropozäns und der Beschleunigung? Die vom Anthropozän ins Spiel gebrachte Beschleunigung betrifft zuallererst die Beschleunigung wissenschaftlicher und technologischer Fortschritte, weniger die Kommunikation als vielmehr das Transportwesen und die Produktionsweisen, insbesondere ab dem Zeitpunkt, zu dem sie auf dem Abbau und dem Verbrauch fossiler Energien (Kohle, Erdöl, Gas) beruhen. Das Anthropozän beinhaltet außerdem gewisse Aspekte des

---

[55] Ebd., S. 201.
[56] Bislang ist dieses Konzept von der zuständigen internationalen Kommission (der *International Commission on Stratigraphy*) nicht offiziell validiert worden.
[57] H. Rosa, *Resonanz. Eine Soziologie der Weltbeziehung*, Frankfurt am M., Suhrkamp, 2019², Kap. IX.2, »Die Stimme der Natur«, S. 453 f.

eschatologischen Konzepts der Beschleunigung, insofern sie manchmal mit einem Katastrophismus, der das Ende der Geschichte oder der Natur heraufbeschwört, in Verbindung gebracht wird. Wie François Hartog es ausdrückt, befinden wir uns heute »in der neuartigen Lage, eine neue messianische Zeit ausgelöst zu haben, aber unter negativem Vorzeichen, mit einer möglichen Apokalypse am Horizont, die es um jeden Preis gilt, wenigstens aufzuschieben, zu verzögern, umzulenken oder, wenn möglich, ganz zu verhindern«[58]. Eine Eschatologie, die unter umgekehrtem Vorzeichen steht, da die Beschleunigung (der Klimaerwärmung) befürchtet statt herbeigewünscht wird, weil sie zu einem endgültigen Kataklysmus führen kann. Die Apokalypse als Enthüllung der Auserwählten im Jenseits ist zum Zusammenbruch der Menschheit auf Erden herabgesunken, ein Szenario, das keine Rettung kennt. Die apokalyptische und die technische Form der Beschleunigung verbinden sich bisweilen zu einer verschärften Kritik: »Das Anthropozän ist nicht die Ära des Triumphs der Menschheit, jener trägt umgekehrt zur Beschleunigung ihres Untergangs bei«[59].

Der Begriff der Beschleunigung, der im Rahmen des Anthropozäns erarbeitet wurde, geht in seiner Komplexität im bloßen Aufzählen immer schnellerer technischer Fortschritte nicht auf. In seinen Anfängen geht er wahrscheinlich auf die Erhöhung der globalen Durchschnittstemperatur zurück, die zur Konstatierung einer »Beschleunigung der globalen Erderwärmung« *(acceleration of global warming)* Anlass gab[60]. Zum ersten Mal seit mehr als 3500 Jahren ist die globale Durchschnittstemperatur von 1850 an um etwa ein Grad gestiegen, in den letzten beiden Jahrzehnten schneller als zuvor. Im Anschluss wurde diese Diagnose um weitere Parameter, die die Entwicklung des Systems Erde im Zeitraum von 1750 bis 2000 untersuchen, erweitert. Die Ergebnisse, dargestellt auf einer Tafel mit 24 Grafiken, wurden 2004 in einem Sammelband publiziert, den Will Steffen, ein auf das Klima spezialisierter Chemiker, zusammengestellt hat; sie finden sich am Ende des Kapitels: »The Anthropocene

---

[58] F. Hartog, »L'apocalypse, une philosophie de l'histoire ?«, *Esprit*, 2014/6, S. 32.
[59] Vgl. die Schlussfolgerung von Catherine Larrère und Rémi Beau in ihrem Sammelband *Penser l'Anthropocène*, Paris, Presses de Science Po, 2018, S. 530.
[60] Siehe etwa Peter M. Cox *et al.*, »Acceleration of global warming due to carbon cycle feedbacks in a coupled climate model«, *Nature*, 408, 9. November 2000, S. 184–197.

Era; How Humans are Changing the Earth System«[61]. Diese Grafiken illustrieren neben dem Klimawandel die spürbare Verschärfung zahlreicher unterschiedlicher Fakten: die globale und die städtische Bevölkerung, der Wasser-, Düngemittel- und Papierverbrauch, die Abholzung, der Niedergang der Artenvielfalt, die Durchschnittstemperatur auf der Nordhalbkugel, die atmosphärische Konzentration von Kohlenstoffdioxid (CO_2), Distickstoffmonoxid (N_2O) und Methan (CH_4), die Ausdünnung der Ozonschicht, die landwirtschaftliche Grundfläche, die Fischfangzonen in den Ozeanen, die Häufigkeit von Hochwasserkatastrophen etc. Einige Grafiken bilden eine deutliche Zunahme seit 1750 ab, die vor allem das Wachstum der Weltbevölkerung, die Abholzung und die atmosphärische Konzentration von Treibhausgasen betrifft (CO_2, N_2O und CH_4). Alle grafischen Kurven weisen ein exponentielles Wachstum auf und knicken nach einem allmählichen Anwachsen um 1950 herum jäh ab, um sich der Vertikale anzunähern. Es ist dieser Höhenflug, der die »Great Acceleration«, die »Große Beschleunigung«, ausmacht:

> This book focuses on the profound transformation of Earth's environment that is now apparent, a transformation owing not to the great forces of nature or to extraterrestrial sources but to the numbers and activities of people – the phenomenon of global change. Begun centuries ago, this transformation has undergone a profound acceleration during the second half of the twentieth century.[62]

Danach hat Steffen präzisiert, dass der Begriff der »Great Acceleration« (meist mit Großbuchstaben zu lesen) das erste Mal 2005 auf einer Konferenz in Dahlem gebraucht wurde, in Anspielung auf den Titel des Klassikers von Karl Polanyi, *The Great Transformation* von 1944:

> In a similar vein, the term »Great Acceleration« aims to capture the holistic, comprehensive and interlinked nature of the post-1950 changes simultaneously sweeping across the socio-economic and bio-

---

[61] W. Steffen *et al.*, *Global change and Earth system. A Planet under pressure*, Berlin, Heidelberg, New York, Springer, 2004, S. 131–132.
[62] Ebd., S. V.

physical spheres of the Earth System, encompassing far more than climate change.[63]

Man kann dieser Serie von Grafiken vorhalten, das Anthropozän einer rein quantitativen Lektüre zu unterziehen. Dieser globalen Sichtweise fallen die lokalen Unterschiede zum Opfer. Zugleich wird die Tatsache verschleiert, dass es in erster Linie die westliche, kapitalistische Produktionsweise ist, die am Anfang der massiven Erhöhung von CO_2 in der Atmosphäre steht[64], und die noch zahlreiche weitere Beeinträchtigungen der Umwelt bedingt, die von der Wissenschaft nachgewiesen wurden. Man darf sich folglich nicht auf bloße Statistiken beschränken, sondern sollte, ohne sie zu ignorieren, andere Ansätze ergänzend hinzuziehen. In diesem Sinne können wir auf die Arbeiten des Umwelthistorikers John R. McNeill verweisen, die die verschiedenen geografischen, politischen und historischen Dimensionen des Phänomens der »Great Acceleration« unterstreichen.[65] Der heuristische Wert dieses Begriffs wird anhand zahlreicher Fallstudien aus aller Welt geprüft, darunter Europa und die USA, aber auch Indien, Afrika etc. Dabei wird zum Beispiel die Verbindung zwischen Demografie und dem Verbrauch von fossilen Energien untersucht, die Rolle des Imperialismus oder die Auswirkung des Kalten Kriegs auf die Umwelt. McNeill hat berechnet, dass seit 1920 das Menschheitsgeschlecht – hauptsächlich Europa und Nordamerika, ab den 1960er Jahren auch China – mehr Energie verbraucht hat als in der ganzen bisherigen Geschichte der Menschheit. Er schlussfolgert:

> Thus it is apt to refer to this period, whether starting in 1750 as this chapter does, or 1800 or 1850 – for which good arguments could be made – as the Anthropocene. And it is within this rapidly evolving bio-geophysical context, the Earth and all its systems, that what historians habitually call modern history played itself out. Humans changed the environment, and the changing environment changed humans. That embrace is as it always has been, except lately it acquired

---

[63] W. Steffen et al., »The trajectory of the Anthropocene: the Great Acceleration«, The Anthropocene Review, vol. 2, n° 1, 2015, S. 82.
[64] Vgl. Andreas Malm, *Fossil Capital: The Rise of Steam Power and the Roots of Global Warming*, London, Verso, 2016.
[65] Siehe J. R. McNeill (mit Peter Engelke), *The Great Acceleration: An Environmental History of the Anthropocene since 1945*, Cambridge, The Belknap Press of Harvard University Press, 2014.

an ever greater intensity and speed, like a spinning figure skater in an ever tighter spiral.⁶⁶

Das Bild der Akzelerationsspirale, das Hartmut Rosa in einem anderen Kontext verwendet hat, um die Spätmoderne zu definieren, dient hier dazu, die Bewegung des Anthropozäns in seiner Ganzheit darzustellen.

Schlussfolgerung

Ziel dieses Beitrags war es, mittels einer mehrdeutigen historischen Kategorie, wie sie die Beschleunigung darstellt, insofern sie sowohl die Begriffsgeschichte mit ihren »Kronzeugen« als auch die Theorie der geschichtlichen Zeiten und die Reflexion auf die Moderne in Anspruch nimmt, das Vorgehen Kosellecks um ein konkretes Beispiel zu ergänzen. Ebenso ging es darum, die heuristische Fruchtbarkeit dieser Kategorie in Bezug auf das Verstehen unserer aktuellen Weltlage aufzuzeigen, und das über den Zeitraum, den Koselleck untersuchen konnte, hinaus. In den Diskursen zum Anthropozän kommt die Kategorie der Beschleunigung in mehrfacher Hinsicht, in ihren technischen wie in ihren apokalyptischen Ausformungen, zur Anwendung. Es bleibt zu hoffen, dass die dritte von Koselleck unterschiedene Form, die politische Beschleunigung in Verbindung mit dem revolutionären Projekt, die Gesellschaft zu gestalten, sich nicht überholt hat, wie Rosa es vertritt, sondern im Gegenteil, dass sie es erlaubt, eine Alternative zum apokalyptischen Diskurs der Kollapsologen ins Auge zu fassen, nämlich eine politische Antwort auf die Dringlichkeit des Klimawandels, auf nationaler wie auf internationaler Ebene.

---

⁶⁶ J. R. McNeill, »Energy, Population, and Environmental Change Since 1750: Entering the Anthropocene«, in J. R. McNeill et K. Pomeranz (dir.), *The Cambridge World History, vol. 7, Production, Destruction and Connection, 1750–Present. Part I: Structures, Spaces and Boundary Making*, Cambridge, Cambridge University Press, 2015, S. 80.

Lisa Regazzoni

The impossible monument of experience: a story that never ends

Figure 1: Reinhart Koselleck: »One time Gertrud, and eleven times Karl Jaspers«, India ink. (reproduced with the kind permission of the joint heirs of Reinhart Koselleck).

Reinhart Koselleck's first reflective approach to the topic of monuments took on a figurative rather than a verbal-conceptual form, more precisely that of caricature. One example is his caricature of Karl Jaspers, professor of philosophy in Heidelberg until 1948, which he drew in 1947/1948 while studying there (Fig. 1). This is not surprising given that Koselleck as a young man nourished the desire to attend the academy of fine arts and become a (political) caricaturist, a vocation he subsequently abandoned following his father's recommendation to study something »reasonable«.¹ Koselleck opted for history, which he completed with seminars on philosophy, art history, constitutional law, medicine and theology. That said, he continued to sketch and caricature all his life.² This biographical detail goes a long way to explaining Koselleck's remarkable iconographic sensitivity and his constant recourse to drawing and photography in the process of observing and studying public monuments,³ and the role he would eventually assign to art and artists in the process of remembering and re-elaborating historical experience.

We now return to the Jaspers caricature with the playful title *Einmal Gertrud und elfmal Karl Jaspers* (One Gertrud and eleven Karl Jaspers)⁴, which invited viewers to detect the only representation of Jaspers's wife, Gertrud, and eleven representations of the philosopher himself. The sketch can be read in two ways: as an iconic (and ironic) reflection of the significance (and omnipresence) of Jaspers as a prominent figure in Germany's post-war years, on the one hand, and of the meaning of monuments, on the other. His enormous physique (Jaspers was over six feet tall) is shown crossing the Universitätsplatz in Heidelberg, easily identified by the Domus Wilhelmina and the lion fountain in the background. Due to his stature, his silhouette almost completely overshadows that of Gertrud trying to keep up beside him. The remaining ten Jaspers are more or less easy to detect: his unmistakable head towers over the fountain in lieu of the lion's head and the statue of the naked Minerva portrayed with

---

¹ Manfred Hettling and Bernd Ulrich, »Formen der Bürgerlichkeit. Ein Gespräch mit Reinhart Koselleck«, in Manfred Hettling and Bernd Ulrich (eds.), *Bürgertum nach 1945*, Hamburg, Hamburger Edition, 2005, pp. 40–60, here p. 52.
² A selection of his caricatures appears in the publication Koselleck printed at his own expense: *Vorbilder – Bilder*. With drawings by Reinhart Koselleck and an introduction by Max Imdahl, private printing, Bielefeld, 1983.
³ This iconographic production, a fundamental element in the process of capturing and understanding reality – and not merely monuments – is preserved at the Bildarchiv Foto Marbach. The first important anthology of studies on Koselleck's iconographic collection and the topic of political iconology was published by Hubert Locher and Adriana Markantonatos, (eds), *Reinhart Koselleck und die politische Ikonologie*, Berlin, Deutscher Kunstverlag, 2013. Furthermore, Bettina Brandt and Britta Hochkirchen highlight Koselleck's pictorial practices in their edited volume *Reinhart Koselleck und das Bild*, Bielefeld, Bielefeld University Press, 2021. This volume explores Koselleck's use of images as heuristic tools in relation to his studies on historical time and draws on results of the exhibition *Reinhart Koselleck und das Bild*, which the editors curated in Bielefeld in 2018.
⁴ R. Koselleck, *Vorbilder – Bilder*, p. 31.

his features. The real fountain, a monument to the Electoral Palatinate represented by the lion and its shield, is transformed in the sketch into a monument to Jaspers with the shield now bearing the Latin inscription »semper apertus« (Always open), the historical motto of the Ruprecht Karl University of Heidelberg. In addition, this newly designed shield acts as a monument inscription aimed at recalling why the personage represented is worthy of remembrance. In this case, however, the inscription about open-mindedness and the availability of dialogue is ironic. According to Niklas Olsen, Jaspers »represented features that Koselleck sought to avoid in shaping his academic work and habitus. [...] As a person, Koselleck found Jaspers morally stiff, too self-confident, and vain«.[5] Similarly, the inscription »Dem neuen Geist« (The new spirit) under the statue of Minerva, goddess of wisdom and knowledge depicted as Jaspers, should also be read in an ironic key. In his last interview with Carsten Dutt, Koselleck recalls his perception of Jaspers as an »education apostle«[6], whose way of speaking was »lofty, discursive, comprehensive«.[7] The other eight Jaspers are more cunning and harder to find: the clock of the Domus (historical seat of the university), the pinnacle of the clock tower, the gargoyle as a spout to carry water clear from the Domus roof, and two decorative elements of the Minerva statue all bear the facial features of Jaspers. Finally, there is the image of Jaspers in the shape of smoke coming from the Domus chimney and in the two water jets emerging from the fountain. The philosopher fills the Heidelberg of 1947/1948 with his presence. Not only is he seen walking across the university square, but he appears to inhabit every corner of the city. He is present in the air you breathe, as illustrated by the extraordinary visual metaphor of the chimney smoke, and in the running water you drink. It was an »experienced« Jaspers, a character that belonged in Koselleck's own »space of experience« *(Erfahrungsraum)*. What we see from this perspective is an early visual metaphor

---

[5] Niklas Olsen, *History in the Plural: An Introduction to the Work of Reinhart Koselleck*, New York, NY [a. o.], Berghahn Books, 2012, p. 28.
[6] R. Koselleck and Carsten Dutt, *Erfahrene Geschichte. Zwei Gespräche*, Heidelberg, Universitätsverlag Winter, 2013, p. 37.
[7] M. Hettling and B. Ulrich, »Formen der Bürgerlichkeit«, p. 56–57. Koselleck's friend and fellow student, Nicolaus Sombart, would later draw a similar portrait of Jaspers in those same years. Recalling his lectures, he describes Jaspers as »a Pythia that announces the oracle«: Nicolaus Sombart, *Rendezvous mit dem Weltgeist. Heidelberger Reminiszenzen 1945–1951*, Fischer, Frankfurt a. M., 2000, p. 230.

of the concept of »sediments of time« *(Zeitschichten)* that Koselleck was to formulate several years later. In fact, in this particular caricature, Jaspers has already become a monument to himself: the present (the walking philosopher) passes by the future (the monument erected for generations to come), which is already in the past (the monument *in memoriam* of the philosopher).

If caricature is the pencil-armed wing of irony,[8] its purpose is – at first glance only – to attack the philosophical and physical ubiquity of Jaspers. Koselleck's irony may also have targeted the »monumentalizing« of Jaspers, who was in fact someone the Americans entrusted with the denazification of Heidelberg University and its subsequent renovation. Because he had refused to divorce his Jewish wife, Gertrud Meyer, Jaspers was removed from his university position in 1937. After the Second World War, he was reinstated by the Americans, who put him on a pedestal as an example of virtue and anti-Nazi resistance, as an intellectual model to be followed on the path to denazification. In an ironic ideology-critical – if not iconoclastic – gesture evident in the caricature of the Minerva monument, Koselleck questions what Jaspers actually embodied in 1947/1948 and his obligation to represent »the new spirit« of Germany. He saw in Jaspers neither a model of academic habitus nor a master of thought. In particular, he criticized him for being stuck in the philosophy of history tradition that saw freedom as the task of practical reason to be achieved in the future.[9] Since Koselleck at that time perceived the philosophy of history and its utopian nature to be the root cause of modern totalitarianism, as we will witness in the following pages, his caricature obviously queries erecting Jaspers – given his philosophical roots – as a monument to the »new spirit« in a future denazified Germany.

To conclude, the caricature reveals in nuce some of the fundamental reflections that Koselleck was later to develop in a verbal-conceptual form within the framework of his research on so-called »political iconology«. Here we are talking about how to deal with the

---

[8] It is undeniable that Koselleck considers caricature a form of ideology critique, as demonstrated in his work on Daumier's art: see R. Koselleck, »Daumier und der Tod«, in Gottfried Boehm (ed.), *Modernität und Tradition: Festschrift für Max Imdahl zum 60. Geburtstag,* Fink, München, 1985, pp. 163–178, here p. 175.

[9] R. Koselleck, »Jaspers, die Geschichte und das Überpolitische«, in *Karl Jaspers. Philosoph, Arzt, politischer Denker. Symposium zum 100. Geburtstag in Basel und Heidelberg,* München, Piper, 1986, p. 298.

history of thought and its roots in the present, the possibility or impossibility of translating lived experience into historical knowledge, the dialectical relationship between history as a science of experience and history as a critique of ideology and, again, memory as a future-oriented construction of sense by the political community of survivors. It is, however, precisely this awareness of the irreducibility of past experience to history and the functional difference between historical reconstruction and memorial re-appropriation of a past charged with political intent that leads the history theoretician to constantly experiment with new solutions and methods for the benefit of historical research. Failing which, the historian risks falling into aporia or cognitive nihilism.

Koselleck's reflections on political iconology and monuments, to be explored as of the 1960s by the historian, are one of many attempts at methodologically resolving the question of how to translate the uncapturable nature of experience into historical knowledge. Before tackling the subject, however, it is useful to take a closer look at the epistemological character of this difficulty and of other potential solutions Koselleck suggests.

Some terms involved: experience, history, and the figure of the vanquished

Koselleck's systematic examination of what experience is and the possibilities of historical knowledge appeared in the article »Transformation of Experience and Methodological Change«.[10] Published in 1988, this contribution can be read as the interim conclusion of his previous theoretical work on history and, at the same time, as the programmatic formulation of an issue yet to be resolved.

The article first of all analyses experience from a historical-conceptual perspective. In the course of the early modern period, the term »experience«, which originally meant »the receptive experience of reality and the productive exploration and inspection of this lived

---

[10] R. Koselleck, »Transformation of Experience and Methodological Change« (1988), in *The practice of conceptual history. Timing History, Spacing Concepts*, translated by Todd Samuel Presner and Others, Stanford University Press, Stanford, California, 2002.

reality«,[11] lost its active meaning of exploration, inquiry or trial to gradually cover a more passive and receptive meaning, that is, of sensory perception or lived experience. This twofold meaning, however, was not completely lost. It was to become the singular collective term »history« *(Geschichte)* as it emerged at the turn of the nineteenth century and assumed the burden of simultaneously expressing the sensory-mediated perception of reality and its investigation. At the same time, history as a discipline became the »science of experience«,[12] using specific methods to transform a given reality into historical enunciations. In other words, as of this moment the term history refers to the indissoluble relationship between reality and its conscious treatment, one that is both interrelated and mutually determined.

Given this premise, Koselleck analyses, secondly, how different modalities and transformations of experience determine different methodological approaches. The first type of experience is what follows the element of surprise when something unexpected happens. Always unique, it is unrepeatable. Although people may undergo a similar sense of surprise, each human being will experience it differently and consequently relate it differently. The same is true of the second type of experience, which is produced by repetition. Here, accumulated experience allows us to perceive what is happening not as unexpected but, on the contrary, as predictable. The accumulation and repetition of experiences occurs either in the course of a person's lifetime or is specific to one generation.[13] Although experience is individually perceived and processed, some experiences are witnessed or acted out in common. The accumulated and specific experiences of one generation may, in turn, be weakened or intensified by political events such as civil or foreign wars, or modern revolutions, regardless of whether these are experienced or carried out. When generational experiences are institutionalized or fixed beyond the biological lifetime of the generation in question, they create a common history. It should be remarked here that notwithstanding these collective forms of experience and the founding of a common history, what is trans-

---

[11] *Ibid.*, p. 46.
[12] *Ibid.*, p. 47.
[13] Fundamental in this regard are Koselleck's thoughts on Helmut Schelsky's book *Die skeptische Generation: eine Soziologie der deutschen Jugend*, Düsseldorf, E. Diederich, 1957.

mitted is never direct experience, which by its very nature is embodied in and safeguarded by the individual. Personal and generation-specific experiences are »primary experiences«, unrepeatable and impossible to communicate directly.[14] Hence tracking down unique and generation-specific experiences calls for the historical method and critical analysis of the primary sources where experiences of this kind are stored. The third type of experience occurs through historical-methodological reflection only, since it concerns long-term transformation and radical social and political change as, for example, in the destruction of the Roman Empire or the evolution of the international economic system in the (early) modern period. Such long-term systemic change is strictly diachronous and intergenerational, and eludes immediate experience. Referred to by Koselleck as »foreign experience« *(Fremderfahrung)* or »background experience« *(Hintergrunderfahrung)*, it concerns long-term change that can only be identified and narrated by means of the historical method. That is to say, the history of these long-ranging, intersubjective and intergenerational transformations cannot be derived directly from any one primary source.[15] In this case »we are dealing with a historical creation of experience *(Erfahrungsstiftung)* which provides the backdrop to all primary experiences«.[16] The specific interest in questioning the earlier past may depend on the willingness to understand the specificity of the present, on the one hand, and to broach the specific otherness of previous eras, on the other.

These three ways of acquiring experience – surprise, repetition/accumulation of experience and historical reflection – correspond to three different historical methods and textual representations historians use to transpose experiences into narration and science: »the recording *(aufschreiben)*, the continuing *(fortschreiben)*, and the rewriting *(umschreiben)* of history. Recording is a unique act; continuing accumulates temporal spans; rewriting corrects both, the recorded

---

[14] R. Koselleck, »Transformation of Experience«, p. 54. On generational experience, Koselleck wrote: »Experiences are specific to generations, and are, for this reason, not immediately transferable« (R. Koselleck, »*Historik* and Hermeneutics«, in *Sediments of time. On Possible Histories*, translated by Sean Franzel and Stefan-Ludwig Hoffmann, Stanford University Press, Stanford, California, 2018, p. 50).
[15] R. Koselleck, »Transformation of Experience«, p. 58.
[16] *Ibid*, p. 54.

and the continued, in order to retrospectively arrive at a new history.«[17]

Assuming, therefore, that the modality of experience influences the method used to translate experience into historical knowledge, the question arises as to what relationship the historian should have to experience itself. The peculiarity of modern history as a discipline is in fact to assign historians the cognitive authority to use a certain method in reconstructing a past that is only accessible indirectly, regardless of whether or not they have experienced this past personally.[18] Koselleck's originality lies in his ability to reconsider this relationship at the anthropological level. Indeed, in the last paragraph of his article, he tries to find an anthropological constant that would explain methodological change and methodological progress in history. In the experience of defeat, he recognizes privileged conditions for the production of a new historical interpretation but also for the renewal of the historical method (the *rewriting* of history). His explanation matches the description of the first mode of experience acquisition described above, i.e., surprise. In reality it is the vanquished rather than the victors who undergo the primary experience of being in a situation where the planned, predicted or hoped for turns out very differently. Reflecting methodologically on what has occurred, the vanquished are forced to seek middle- or long-range reasons to explain why something happened as it did and not as anticipated, and consequently to produce new far-reaching insights into history, based on new evidence. It would be a mistake, however, to conclude the contrary, i.e., that history written by the vanquished is of necessity better or more innovative. Koselleck infers that »many innovations in the field of new methodological interpretations in history, behind which stand very personal defeats and generation-specific waves of experience, can be explained in this way«.[19] Herodotus'[20] and Thucydides's political experience of banishment, Polybius's experience of estrangement in Rome as a hostage, the banishment suffered by

---

[17] *Ibid.*, p. 56.
[18] On the method as the constitutive element of the modern discipline of history that allows for investigation of a past not immediately accessible, see Marc Bloch's masterful pages in *The Historian's Craft* (1949), transl. by P. Putnam, Manchester University Press, Manchester, 1954.
[19] R. Koselleck, »Transformation of Experience«, p. 77.
[20] On the figure of the historian as exile, see also Hartog, François, *Le miroir d'Hérodote. Essai sur la représentation de l'autre*, Paris, Gallimard, 1980.

Commynes, Machiavelli and Guicciardini, the sense of having been overtaken by history or progress felt by the Scottish social historians of the eighteenth century, the vanquished of the French Revolution, and the impact of that Revolution on the aristocrat Tocqueville are all examples with which Koselleck corroborates his hypothesis that the experience of the vanquished is a driver of methodological change and new historical interpretations, one that goes beyond the concrete history these historians consider. Koselleck claims that »If history« as narrative »is made in the short run by the victors, historical gains in knowledge stem in the long run from the vanquished«.[21]

The knowledge advantage of the vanquished as historians does not therefore derive from direct experience of the facts, but from the anthropological experience of surprise. It is precisely the anthropological and supra-historical nature of surprise that allows the resulting interpretation and methodological innovation to take on a universal value and be made available to other historical experiences and their investigation, and »[t]his is what distinguishes methods. They can be abstracted from the unique event; they can be applied elsewhere. Once experience has been methodologically transposed into knowledge by the vanquished – and which victor does not finally belong to them? – it remains accessible beyond all change of experience«.[22]

Among the vanquished, who were in turn the victors or »interim victors«, as Koselleck called them elsewhere,[23] was jurist Carl Schmitt, to whom Koselleck owes some of his ideas on the relationship between the historian and the vanquished. This is evidenced by the example of Alexis de Tocqueville, praised by Carl Schmitt in a brief text from 1946. In Schmitt's judgement, this one »vanquished in whom all kinds of defeats were gathered« rose »above all other historians of his century«.[24] The conclusion that the vanquished were in a position to write a more innovative history if they reflected on their experience remains implicit in Schmitt. Less implicit, however, is the fact that after the Second World War, when he was removed

---

[21] R. Koselleck, »Transformation of Experience«, p. 76.
[22] *Ibid.*, p. 83.
[23] R. Koselleck, »Terror and Dream. Methodological Remarks on the Experience of Time During the Third Reich (1971)«, in *Futures Past. On the Semantics of Historical Times*, translated by Keith Tribe, Columbia University Press, New York, 2004, p. 211.
[24] Carl Schmitt, *Ex captivitate salus: Erfahrungen der Zeit 1945/47* (1950), Berlin, Duncker & Humblot, 2015, p. 32.

from his university chair,[25] Schmitt presented himself in public as the defeated and exerted considerable influence on young German students, including Koselleck.[26] Whether Koselleck regarded Schmitt – and with him Otto Brunner and Werner Conze[27] – as exponents of generation-specific defeat in the First and the Second World War respectively, whose status allowed them to make a decisive contribution to the development of conceptual history as an innovative method and the original rewriting of modernity, must remain an open question here.

Certainly, the experience of defeat is fundamental to understanding Koselleck's work as a historian and theorist of history.[28] As a survivor of the war, for which he had voluntarily enlisted at the age of eighteen, of captivity in Soviet prison camps and a re-education course arranged by the British, Koselleck himself fell into the category of the vanquished. In response to Carsten Dutt's question of whether he had taken an interest in the Holocaust in the initial years after the war, Koselleck declared: »At first, in the initial years of the post-war period, [...] the experience of catastrophe predominated – mentally and discursively. Unforgettable is that every second or third person was a survivor[29] – either of war or of flight. It was our primary

---

[25] Schmitt was seen as the »›Crown Jurist‹ of the Third Reich« (N. Olsen, *History in the Plural*, p. 24).

[26] On how Koselleck came into contact with Schmitt and how the latter became one of Koselleck's intellectual interlocutors outside of the lecture halls, see: N. Olsen, *History in the Plural*, pp. 6 and 23–26). Also crucial is the correspondence edited by Jan Eike Dunkhase: Reinhart Koselleck, Carl Schmitt, *Der Briefwechsel 1953–1983 und weitere Materialien*, Berlin, Suhrkamp, 2019.

[27] Although Conze and Brunner were able to maintain their academic positions in the post-war period, as protagonists and witnesses of the German catastrophe they fall into the category of the defeated. On Conze, see Koselleck's contribution: »Conze – Tradition und Innovation (1987)«, in *Vom Sinn und Unsinn der Geschichte*, Berlin, Suhrkamp, 2010. See on the reception of Schmitt by historians in the post-war period: Dirk van Laak, *Gespräche in der Sicherheit des Schweigens. Carl Schmitt in der politischen Geistesgeschichte der frühen Bundesrepublik*, Berlin, Akademie Verlag, 1993, notably pp. 222–227.

[28] N. Olsen likewise stressed the importance of the experience of defeat for Koselleck and his thinking (*History in the Plural*, in particular p. 25 and p. 238).

[29] On the historian as survivor, see Koselleck, »*Historik* and Hermeneutics«, p. 113. Further Cristina Morina, »Reinhart Koselleck und das Überleben in Trauer nach den Umbrüchen von 1945 und 1989«, *Zeitschrift für Geschichtswissenschaft* 5 (2015), pp. 435–450.

experience, behind which Jewish destinies of exile and extermination faded or had not yet come to the fore.«[30]

Koselleck would, notably in his final years, often talk about extreme situations experienced during and after the war. He wrote that fear, hunger, pain and a sense of defeat are primary experiences »that flow into the body like red-hot lava and petrify there. Irremovable, they can be retrieved at any time without changing.«[31] But it is not these experiences, unique, unrepeatable and non-transferable in themselves, that made Koselleck a great historian and history theoretician, but rather his investigation of why they were possible, his need to understand the surprise of total defeat as distinct from the expectation of victory. In fact, this is what drove Koselleck to study history.[32] From this perspective, the contribution *Transformation of Experience* emerges as an attempt to extrapolate from his own work a theory of historical knowledge that could transcend his primary experience and thus be shared and re-used.

As one of the vanquished, Koselleck reflected on the surprise generated by the unexpected course of historical events and sought to find new long-term reasons to explain the advent of totalitarianism and the catastrophe of the Third Reich. The long-term »foreign« or »background« experience that Koselleck identifies through historical-methodological reflection is that of the structural change of modernity, already formulated in his PhD thesis *Kritik und Krise*. Koselleck sees the root causes of totalitarianism and the catastrophe of the Third Reich in utopias with claims of universality, which were the genuine product of the philosophy of history, in turn a secularized form of Christian eschatology. The methodological pendant that Koselleck gradually refines in order to access and, at the same time, explain the political and social transformation of modernity is – transcendent and intergenerational – the history of concepts.[33]

---

[30] R. Koselleck, C. Dutt, *Erfahrene Geschichte*, p. 25.

[31] Quotation from N. Olsen, *History in the Plural*, p. 13. Koselleck presented these thoughts in his contribution »Glühende Lava. Zur Erinnerung geronnen«, where he reflects on his primary experiences but also on the testimony he received at Auschwitz about the mass exterminations carried out by the Germans. This initial report provided by a Polish guard is a form of experience conveyed but not experienced by Koselleck directly: R. Koselleck, »Glühende Lava. Zur Erinnerung geronnen«, in *Frankfurter Allgemeine Zeitung*, 06.05.1995.

[32] R. Koselleck, C. Dutt, *Erfahrene Geschichte*, p. 32; R. Koselleck, »Ich war weder Opfer noch befreit«, in *Berliner Zeitung*, 7.5.2005.

[33] On Koselleck's analysis of the »pathogenesis« of modernity, widely discussed by

Particularly the analysis of historical basic concepts *(Grundbegriffe)* that emerged during the so-called *Sattelzeit* (ca. 1750 to 1850), such as »history« and »progress«, reveals the human experience of accelerated time: a sense of acceleration produced by confidence in the very possibility of realizing political will in a near future, still liveable and therefore charged with expectations. If, as Carsten Dutt rightly notes, Koselleck was neither the first nor the only one to propagate a »connection between conceptual history and historical research on modernity«,[34] he nevertheless drew up innovative hypotheses and succeeded in analysing concepts not merely as indicators, but as powerful factors capable of driving action and producing new experiences.

The outcome of this historical-conceptual work, however, does not exhaust the urge to understand what has happened, to explain the »surprise« of defeat. As will be shown below, Koselleck's »political iconology« research programme is an innovative approach to the investigation of modern structural change and the methodological issue of how to elaborate primary experiences and translate them into shareable knowledge. We will see how study results in the field of political iconology complement and, in a sense, revise those formulated in historical-conceptual research, but also lead to new questions about the cognitive limits of history as a discipline, why it remains silent and delegates the burden of representing the past to art.

The twofold nature of the monument: a source of history and a sign of memory

The first research programme dedicated to the study of iconological forms that embody the Political dates back to 1963.[35] It originally expresses the urge to understand the specific impact and persuasive

---

scholars, I simply refer to Imbriano's recent monograph and its bibliographical apparatus: Gennaro Imbriano, *Le due modernità. Critica, crisi e utopia in Reinhart Koselleck*, Roma, DeriveApprodi, 2016.

[34] C. Dutt, »Begriffsgeschichte als Historie der Moderne«, in C. Dutt and Reinhard Laube (eds), *Zwischen Sprache und Geschichte. Zum Werk Reinhart Kosellecks*, Göttingen, Wallstein Verlag, 2013, p. 71. See also Ernst Müller and Falko Schmieder, *Begriffsgeschichte und historische Semantik. Ein Kritisches Kompendium*, Berlin, Suhrkamp, 2016.

[35] See the contribution by Hubert Locher, »Denken in Bildern. Reinhart Kosellecks

power of the modern image in political terms and notably its use in (National-Socialist) propaganda. Hence its primary purpose is to interpret iconological forms from a historical point of view, analogous to the concepts, as indicators or sources that help to make sense of the »space of experience« *(Erfahrungsraum)*, but additionally as agents capable of inducing political action. When, however, the body of iconological forms that Koselleck considers, beginning with the early seventies, coincides with war memorials and, more generally, with monuments to those who died a violent death,[36] the axis of historical interrogation necessarily shifts: the historical-cognitive interest is juxtaposed with and gradually gives way to the memorial question, without the latter replacing cognitive interest.

When Koselleck raises the issue of the »political death cult«, his intention is to investigate the experience of violent death in war as the political problem of an entire community. In other words, his desire is to understand the attempt of a community to make sense of an experience that can only be indirect, never direct (the experience of death). The community's experience, on the other hand, is the loss of its members by violent death, whether in victory or defeat, which it renders meaningful by erecting monuments. It should be remarked here that Koselleck has no interest in memorials to death in general; his concern is rather the differences in how loss is experienced, whereby the dead have died as a result of the anthropological propensity of humans for »being towards beating to death *(Sein zum Todschlagen)*«,[37] which in turn forces the survivors to ask about the meaning of that death and to find justification for it. »What is certain is that the meaning of ›dying for …‹ as it is recorded on memorials is established by the survivors and not by the dead«.[38]

Programm Zur politischen Ikonologie«, *Zeitschrift für Ideengeschichte* 4, 2009, pp. 81–96, in which Koselleck's typescript is also reproduced.

[36] In 1972, Koselleck organized a seminar at the University of Heidelberg with art historian Peter Anselm Riedl on the »Political Iconology of Death«. More about this in H. Locher, »Denken in Bildern«, p. 89. Koselleck's first reflections on war memorials, which he visited on an excursion to France and Belgium with two doctoral students, are recounted in a letter to Carl Schmitt on 1 October 1975: R. Koselleck, C. Schmitt, *Der Briefwechsel*, pp. 270–272.

[37] As Koselleck himself points out, this is a reassessment of Heidegger's existential category of »Being towards death *(Sein zum Tod)*«. R. Koselleck, »War Memorials: Identity Formations of the Survivors (1979)«, in *The practice of conceptual history*, p. 288.

[38] *Ibid.*; see also R. Koselleck, »Einleitung«, in R. Koselleck and Michael Jeismann,

This, rather than any direct evidence of the past they allegedly represent, is precisely why monuments mirror the present that chooses to erect them. In this sense, monuments testify to the memorial needs of the survivors as distinct from the historical experiences of the fallen. Depending on the time span under review and whether they are from the recent or the more distant past, these monuments can nevertheless possess both a memorial *and* a historical value. Koselleck, who is aware of this dual value,[39] analyses it and arrives at two different but complementary discourses. As a member of the community of survivors that erects monuments, he tends to assume the role of critical observer and, consequently, to express his assent or dissent to the memorial operations of his community. He becomes a critic of ideology and chooses to fight in the arena of memorial politics. On the other hand, as a historian interested in the long-term transformation of social and political structures or the relationship to death and religion, Koselleck perceives monuments as a precious and, to a certain degree, unique historical source capable of shedding new light on these processes. Although these two monument values, historical and commemorative, and the discourses involved are dialectically related to each other and thus inextricable, it is crucial to distinguish them analytically if we are to understand why in the course of Koselleck's works history as a function gradually shifts from being a science of experience to a critique of ideology, why the historian as the »vanquished« *(Besiegter)* metamorphoses into the »perpetrator« and »co-perpetrator« *(Täter* and *Mittäter),* and why, in turn, the figure of the »vanquished« is recast by the artist.

(eds), *Der politische Totenkult. Kriegerdenkmäler in der Moderne,* München, Fink, 1994, p. 9.

[39] On the dual value of the monument, historical (unintentional) and commemorative (intentional), and on the historicity of this same value, see Alois Riegl, »The Modern Cult of Monuments: Its Character and Its Origin« (1903), transl. by K. W. Forster and Diane Ghirardo, in *Oppositions: A Journal for Ideas and Criticism in Architecture* 25 (1982), pp. 20–51. Koselleck quotes Riegl without however deepening his thesis: R. Koselleck, »War Memorials«, p. 359.

Lisa Regazzoni

Monuments as a unique source for rewriting modern structural change

In analogy to the concepts, monuments can be considered indicators or sources to understand structural changes and processes that span multiple generations. Seen in a perspective encompassing the period from the Middle Ages to the Modern Age, monuments to warriors and, more generally, political monuments make it possible to record caesura in the history of collective mentality and spaces of experience.[40]

In this sense, monuments function as non-intentional »documents«[41] of the past and provide indirect information on historical questions, the answers to which could not have been envisaged at the time these monuments were erected. In concrete terms, this means that monuments erected primarily to commemorate personalities and events are used by Koselleck as historical sources that bear witness to structural and functional changes specific to the modern era, namely the fourfold process of *temporalization* (or *secularization*), *democratization, ideologization* and *politicization*. These four aspects, as Carsten Dutt pointed out, constitute the »criteria catalogue of modernity-specific structural change« drawn up by Koselleck to identify the basic concepts that mark the transition to modernity.[42] Analysis of French and German war memorials confirms this fourfold structural change and the period in which it took place, namely, during the so-called *Sattelzeit* (ca. 1750–1850).

Firstly, while the otherworldly afterlife was displayed figuratively in the early modern period and death interpreted as a passageway rather than an end, the transcendent meaning of death began to fade and disappeared shortly after the French Revolution. This »decline of a Christian interpretation of death thus creates a space for

---

[40] Geographically, Koselleck's analysis focuses albeit not exclusively on Germany and France, notably with regard to monuments up to the First World War. For a comparative analysis of the death cult in these two countries, see R. Koselleck, »Sluices of Memory and Sediments of Experience: The Influence of the Two World Wars on Social Consciousness« (1992), in *Sediments of time*, pp. 207–224 and *Zur politischen Ikonologie des gewaltsamen Todes. Ein deutsch-französischer Vergleich*, Basel, Schwabe & CO AG, 1998 (Jacob Burckhardt-Gespräche auf Castelen 3).
[41] On the concept of document in terms of the monument, see Jacques Le Goff, *Documento/monumento*, in *Enciclopedia Einaudi*, vol. 5, Torino, Einaudi, 1978, pp. 38–48.
[42] C. Dutt, *Begriffsgeschichte*, p. 67.

meaning to be purely established in political and social terms«.⁴³ The purpose of memorial changes in modern times and their inner-worldly function becomes an end in itself, whereby »[t]he political future replaced the Christian beyond as the site of the dead«.⁴⁴ Here we are faced with a reformulation of the secularization theory, which, given what Koselleck produced in *Kritik und Krise*, appears tempered by Hans Blumenberg's reception. The latter, in fact, reinterpreted secularization as a phenomenon of legitimate »reoccupation« by secular thought, which succeeded in appropriating a horizon emptied of the eschatological Christian sense.⁴⁵

Secondly, while class differences in this world were highlighted through monuments in the period extending approximately from the twelfth to the eighteenth century up to the French Revolution, the number of memorials for fallen warriors since the Revolution and the Wars of Liberation has steadily increased. From now on, mercenaries and ordinary soldiers recruited by the state are likewise worthy of public remembrance: »As war memorials become more widespread, they are divested more and more of the traditional differences of the society of estates. The physical memorial, previously reserved for great personages, was to include everyone and to do so in the name of all. The individual soldier killed in action becomes entitled to a memorial.«⁴⁶ The egalitarian claim that underlies the modern bourgeois memorial cult and its special genre of war memorials also demonstrates the process of *democratization* of death that is taking place: The names of the dead are recorded individually or at least their number, ensuring that no one fades into oblivion. In this context, the Memorial to the Unknown Soldier, which appeared after the First World War, is the last station in the democratization of death.

Thirdly, not only do soldiers' deaths serve political purposes but their remembrance also does in the form of monuments, in so far as these are erected specifically to promote, for example, national identity and national sentiments – to say nothing of edifying the nation:⁴⁷

---

⁴³ R. Koselleck, »War Memorials«, p. 291.
⁴⁴ R. Koselleck, »Sluices of Memory and Sediments of Experience«, p. 217.
⁴⁵ See Gennaro Imbriano, »Secolarizzazione, trasposizioni, modernità. Uno scambio epistolare tra Hans Blumenberg e Reinhart Koselleck«, *Dianoia* 27 (2018), pp. 109–120.
⁴⁶ R. Koselleck, »War Memorials«, p. 291.
⁴⁷ Fundamental to this issue: Thomas Nipperdey, »Nationalidee und Nationaldenkmal in Deutschland im 19. Jahrhundert«, in *Historische Zeitschrift* 206/3 (Juni 1968),

War memorials »are supposed to attune the political sensibility of surviving onlookers to the same cause for whose sake the death of the soldiers is supposed to be remembered.«[48] Fourthly, this *politicization* of death is linked to the tendency to ideologize death, whereby its representation is functionalized for the benefit of survivors rather than the dead. Survivors want the dead to stand for the same ideals and goals as they do, leaving the latter with no say in the content of the message, i.e., the dead are instrumentalized by the memorial sponsors and can thus be *ideologized*. In this sense, monuments, like concepts, are powerful and can inspire action. Many of the war memorials erected in the nineteenth and twentieth centuries served as motivation for a heroic death, a phenomenon Koselleck defined as the psychological control task of a warrior monument. For this reason, admonitions in war memorial inscriptions target the earthly future of the respective nation, people or empire in order to encourage descendants to emulate them and thus secure the future of the community concerned. Precisely because of this attitude of projecting the realization of community expectations into the future, »war memorials refer to a temporal vanishing line in the future in which the identity of the particular community of agents who had the power to commemorate the dead with monuments was supposed to be safeguarded.«[49] Here we see again mutatis mutandis the theory of the *temporalization* of modernity.

But does Koselleck's extensive survey on (political) memorial cult transformations from the early modern epoch to modernity merely corroborate the results of his investigation conducted with the historical-conceptual method? Or does the survey introduce new elements that radically redefine the relationship between modernity as it emerged in the *Sattelzeit* and the present?

In fact, in the introduction to the Lexicon of *Geschichtliche Grundbegriffe* this entire time span was still thought of in terms of continuity. The »heuristic foresight« on which this project was based considered the *Sattelzeit* the origin of our present,[50] a time when the meaning of political concepts had remained relatively constant. Ko-

---

pp. 529–585. Koselleck has described this article on the topic as pioneering: R. Koselleck, »War Memorials«, p. 359.
[48] *Ibid.*, p. 292.
[49] *Ibid.*, p. 294.
[50] C. Dutt, *Begriffsgeschichte*, p. 77.

The impossible monument of experience: a story that never ends

selleck's investigation of war memorials, however, recognizes a deep fracture in this long modernity, which in a manner of speaking breaks it in two. War memorials testify to this as early as the dawn of the twentieth century and to a growing extent since the First World War, as they can no longer answer questions about the meaning of violent death: »Wounded for what, died for what, mourned for what?: the sculpture remains silent on this«.[51] Monuments such as Rodin's *The Age of Bronze* (1877), in which the figure is devoid of the spear, and Wilhelm Lehmbruck's *Fallen Man* (1916), stripped of a weapon, uniform or other attribute, prefigure the war memorials that commemorate victims of the Second World War, all of which were equally incapable of representing or making sense of machine-like industrial killing.[52] The »speechlessness« of these sculptural works thus bears witness to the functional transformations of monuments, which now express the futility and unspeakability of war and violent death. These are functions that simultaneously complete and disrupt the above-mentioned criteria catalogue for the identification of concepts of modernity. The continuity of the modern era, characterized by ongoing processes of *temporalization, democratization, politicization* and *ideologization,* is crossed, in turn, by an epochal threshold whose distinctive criterion is the *unspeakability* of experience. This second phase of modernity, which emerged at the beginning of the twentieth century, was to become the focus of Koselleck's thinking in his later years, albeit without returning to the history of the horrors of the twentieth century and their root causes or rewriting that history.

The internal fracture of modernity is marked by the fact that the limited arsenal of forms and motifs previously used to pay homage to those who suffered violent deaths does not have the means to commemorate the experience of mass killing in the twentieth century. Regardless of historical events, this basic iconographic stock of political death monuments was used consistently well into the twentieth century. Characterized by a mix of motifs from classical antiquity and Christianity, it is in no way equipped »to visualize the unimaginable«.[53]

---

[51] R. Koselleck, »Zur politischen Ikonologie des gewaltsamen Todes«, p. 43.
[52] Koselleck, »Bilderverbot. Welches Totengedenken?«, in *Die neue Wache unter den Linden,* Berlin, Koehler & Amelang, 1993, p. 201.
[53] *Ibid.,* p. 203.

The statue of St. George, which has been represented since the twelfth century by a figure on horseback slaying a dragon, is one example of the iconographic consistency of a particular form and its variations. Indeed, the adaptability of this monument motif saw its continuous reproduction up until the Second World War. In the course of eight hundred years of history, and in the guise of St. George, the motif has been used to represent, for example, John III Sobieski (1788), General Wellington (1912) and, in various monuments to the fallen of the First and Second World Wars, the unknown soldier. The irreducible core of the motif, reinterpreted over time, is the victory of good (represented in the upper half by a figure on horseback) over evil as the enemy (represented in the lower half by the dragon). The variants of this iconographic motif thus bear witness to a process of democratization and secularization that finds its temporary exhaustion in one last variant, the ordinary soldier killing his enemy in the form of a dragon. Consequently, since each nation has its own soldier representations of killing the enemy (i.e., a neighbouring nation) in the form of a dragon, the variants of St. George and the dragon testify in a European perspective to the common and fratricidal conflict that characterized Europe rather than good or evil, victory or defeat. The monument as such has thus exhausted its possibilities of expression, leading to its tentative end.[54] A second example of a monument motif running out of potential to represent violent death is the Christian »piety« motif. Faced with exterminations and other horrors of the twentieth century, piety as a formal motif – given its original Christian significance – is inappropriate as a means of honouring the millions of Holocaust victims, since a mother mourning her dead son by no means reflects the prevailing experience of the Second World War. This is a form that has, so to speak, reached its limits when it comes to the representation of mass murders.

A third example is the motif of the equestrian statue, whose twentieth century variants stretch the limits of recognizability: the rider being thrown from his horse as in the works of Marino Marini or man alone, having fallen to the ground, as in the sculpture by Wilhelm Lehmbruck. The temporality marked by the transformation of this motif produces perhaps the most original post-war rewriting

---

[54] R. Koselleck, »I monumenti: materia per una memoria collettiva«, trans. by Loretta Monti, in *Discipline Filosofiche,* Special issue: Per un'estetica della memoria 2 (2003), ed. by Lisa Regazzoni, p. 12–14.

of »world history«, both narratively and methodologically, authored by the vanquished Koselleck. This is about a new periodizing of human history into three eras, i.e., the »pre-equine, equine and post-equine age«,[55] with the latter corresponding to a modernity that saw the gradual elimination of the horse in the key sectors of human existence around 1800 and its completion not until the twentieth century.

All of these analyses of the transformations in basic monument motifs on war memorials culminate in the formulation of a »stylistic history of the representation of senselessness« into three phases. In the first phase, which extends to the First World War, monuments convey a positive message: regardless of whether the warriors concerned have fallen for glory, honour or fatherland, monuments give a positive meaning to their death;[56] in the second phase, which began to gain currency after the First World War, meaning is no longer presupposed but sought instead through the monument itself and the fundamental tenor is that of mourning;[57] after the Second World War and entering the third phase, monuments are solely carriers of a negative message, that is, the absence of any kind of meaning, the senselessness and absurdity of having died.[58]

In this analysis of the specific temporality of the iconographic arsenal and sequence of stylistic solutions, Koselleck's debt to studies by, for example, Aby Warburg on the *Pathosformel* and Arnold Geh-

---

[55] R. Koselleck, »Der Aufbruch in die Moderne oder das Ende des Pferdezeitalters«, in Berthold Tillmann (ed.), *Historikerpreis der Stadt Münster: die Preisträger und Laudatoren von 1981 bis 2003*, Münster, Lit, 2005, p. 161. On this, see the important contribution by Ulrich Raulff, »Das letzte Jahrhundert der Pferde. Historische Hippologie nach Koselleck«, in H. Locher and A. Markantonatos (eds), *Reinhart Koselleck und die politische Ikonologie*, pp. 96–109.

[56] National differences with respect to the meaning given to warrior deaths cannot be further investigated here. Koselleck emphasized these in his comparative analysis on France and Germany (see f.n. 40 above). Worth mentioning here is the seminal study by Antoine Prost, whose results Koselleck integrated into his contribution Sluices of Memory (see f.n. 40 above): A. Prost, »Les monuments aux morts. Culte républicain? Culte civique? Culte patriotique?« (1984), in Pierre Nora (ed.), *Les lieux de mémoire*, reprint »Quarto«, Gallimard, Paris, 1997, pp. 199–223. Here I would like to thank Christophe Bouton for this important reference to Prost, which had escaped my attention.

[57] R. Koselleck, »Sluices of Memory and Sediments of Experience«, pp. 220–221.

[58] R. Koselleck, »Die Transformation der politischen Totenmale im 20. Jahrhundert«, in Martin Sabrow, Ralph Jessen and Klaus Große Kracht (eds), *Zeitgeschichte als Streitgeschichte. Große Kontroverse nach 1945*, München, Beck, 2003, p. 209.

len in his book *Zeit-Bilder* has been noted.[59] The considerable debt to another »survivor« of the Second World War should likewise be acknowledged, namely, Hans Blumenberg and his work on non-conceptuality, particularly myth.[60] The survival of certain mythologems (but also of absolute metaphors) as a result of their continuous reworking and adaptation through variants is evidence for Blumenberg that myths are not simply a form of literary or theatrical enjoyment, nor do they merely have a rhetorical function. In fact, variations of the same myth are attempts to give form (and story) to anthropological or existential issues that cannot be eliminated and are perceived as inscrutable; questions of meaning, to which logical-rational thought is unable to provide answers. The fact that work on myth has not yet been brought to an end proves, according to Blumenberg, that there can be no ultimate victory over the abysses of mankind. The simple reason why myth is ineliminable is contained in Blumenberg's concluding question in *Work on myth*: »Why should the world have to continue in existence if there is nothing more to say? But what if there were still something to say, after all?«[61]

Similar to myth variations that represent ineliminable attempts to give meaning to the challenges of existence, variations on basic iconographic forms of political monuments to the dead endeavour to give meaning to the »unique challenges« of violent death.[62] Like Blumenberg, Koselleck reflects not only on monument transformations, but also on monuments that address denial of the monument itself, as in the case of monuments that commemorate the exterminations of the Second World War and operate with symbolic or abstract motifs using forms of emptiness to visualize absence. This impossibility of bestowing (political) meaning on loss and the simultaneous need to

---

[59] For an analysis of this question I refer in particular to contributions by Daniela Bohde, Jost Philipp Klenner and Hubert Locher in H. Locher and A. Markantonatos, (eds), *Reinhart Koselleck und die politische Ikonologie*.

[60] For an in-depth examination of Blumenberg's figure as a survivor and his work on myth, I refer to Lisa Regazzoni, *Selektion und Katalog. Zur narrativen Konstruktion der Vergangenheit bei Homer, Dante und Primo Levi*, München, Wilhelm Fink, 2008, in particular pp. 57–103 and 123–139.

[61] Hans Blumenberg, *Work on Myth*, translated by Robert M. Wallace, Cambridge, MIT Press, 1985, p. 636.

[62] The same holds true of the basic motif of the horse, the meaning and function of which varies from culture to culture and over time. Koselleck writes: »Myths suggest an excess potential that is seemingly inherent in steeds« (»Der Aufbruch in die Moderne«, p. 166).

make the senselessness of violent death perceptible to the senses calls for a negative memorial, one that exhorts without representation, one »only as demanding meaning and no longer as establishing meaning«.[63]

From the 1990s until his death, Koselleck reflected in great depth on the negative monument or monument of the absurd, fully aware of the unquenchable desire to erect monuments – as well as to rewrite myths –, at least as long as there are the victors and the vanquished. That said, their exit from the scene is a utopia and »What remains are the slain dead. We will not survive unless we at least pay homage to them.«[64]

But precisely the need to remember the dead cannot escape a cognitive aporia: if explaining the outcomes of modernity in the twentieth century eludes historical analysis,[65] the question of how to properly remember the dead implies a historical interpretation of how and why they died.

Work on the monument of the absurd

Koselleck's desire to share his own shocking war experiences became more urgent in his older years,[66] as did the zeal with which he intervened in the public debate on the memorial policy of the Federal Republic of Germany with respect to its own recent past. The cognitive-historical interest in monuments as »indicators« of the political and social transformations that took place in long-term history yields to the need to take a stand on the memorial production of the present. This also leads to a shift in the historian's perspective on monuments. On the one hand, monuments erected in a past »foreign« to Koselleck's primary experience (i. e., the pre-war past) represent »objects of history«, as seen above, namely, sources to be analysed for an understanding of subsequent phases of intellectual history transformations. Koselleck does not ask how genuinely representative these sources are of the community or the mentality that produced them. On the

---

[63] R. Koselleck, »War Memorials«, p. 323.
[64] R. Koselleck, »Einleitung«, p. 20.
[65] R. Koselleck clearly expresses this impossibility of explaining in his essay: »Die Diskontinuität der Erinnerung«, *Deutsche Zeitschrift für Philosophie* 47/2 (1999), pp. 213–222, here p. 218.
[66] See U. Raulff, »Das letzte Jahrhundert der Pferde«, pp. 100–101.

other hand, recent monuments or those in the planning stage to commemorate the dead of a past within the realm of Koselleck's individual and generational experience constitute witting traces of the past erected by the present as a message to the future. Hence Koselleck sees them as »indicators«, but also as projects under review for suitability. In this process, the historian assumes the role of critic or intervening judge, monitoring processes of memory construction. When it comes to commemorating violent death in the second phase of modernity, in other words industrial killing, Koselleck is convinced that the only monument with any semblance of meaning is one that makes a »negative statement« confirming the senselessness of having died. The negative monument Koselleck would like to consign to the future as a record of the present also serves as a benchmark. On this basis, he judges the adequacy, modernity or backwardness of existing monuments and those in the making. The more political monuments encourage reflection on the deaths commemorated and the less they provide answers or can be translated into words, the fitter they are. The monuments of the absurd that Koselleck desires are those that no longer make sense but challenge survivors to look for meaningful answers and to »capture the historical absurdity of our dead«.[67] Along these criteria Koselleck assesses the effectiveness of the aesthetic solutions provided by these monuments to commemorate meaningless deaths, establishes a hierarchy of more or less successful solutions, recognizes progress and regress in the search for aesthetic solutions, and unmasks their ideological content in terms of being only partially representative of the community or, worse, historically incorrect. The result is a catalogue of memorials that reflect the futility of violent death.[68] The »fittest« are those that contemplate the monument itself, using abstract forms, hollow shapes, and absent people to dwell on their own disappearance and to »come closer to a reality that can only be imagined in reflection«.[69]

Moreover, Koselleck set about his work on monuments of the absurd by publicly criticizing memorial concepts of the time that subsumed the dead deemed worthy of monument remembrance and the

---

[67] R. Koselleck, »Bilderverbot«, p. 202.
[68] R. Koselleck, »Die Transformation der politischen Totenmale«, pp. 205–228. For an attempt to systematize this catalogue, see Marian Nebelin, Ikonologische Kämpfe. Reinhart Koselleck im Denkmalstreit, in H. Locher and A. Markantonatos, (eds), *Reinhart Koselleck und die politische Ikonologie*, pp. 54–69.
[69] R. Koselleck, »Einleitung«, p. 20.

living who mourned them and erected these monuments. In particular he condemns the ranking of certain groups of the dead when it comes to erecting monuments, since »those who divide remembrance of the innocent dead into different victim groups employ the same categories once used by the SS to define their victims and murder them«.[70] Instead of separate memorials to the Jews, to homosexuals, to political opponents and to other groups, the Federal Republic of Germany should in his view be tasked with remembering each dead person individually. Koselleck also warns against blurring the responsibility that lies with the perpetrators and the German people by using the term »victims« to commemorate all of those who died during the Third Reich and the Second World War. He demands that a distinction be made between active and passive victims, since the German war dead who actively sacrificed their lives for the fatherland should not be seen as victims in the same way as those who were murdered by the National Socialists.[71] In reality, the indiscriminate use in memorial policy of the term »victim« both erases and confuses the disparate conditions of dying. In the sense of history as a critique of ideology, Koselleck placed the Germans, and consequently himself, in the »perpetrator« *(Täter* and *Mittäter)* collective, a collective name he reflected on more and more in the late 1990s, in addition to the distinction between active and passive victims. We could see Koselleck's critical stance as an attempt to protect the dead from current ideological interpretations. Aware of the power and the limits of language, he also understood it to be the historian's task to keep vigil over this power and to be the authority that sharpens language again and again.

Ultimately, Koselleck places his trust in art to create an iconographic solution to the non-capturability of the experience and senselessness of war,[72] since this can only be reproduced in a non-conceptual and metaphorical form. »The unspeakable human ability to kill

---

[70] R. Koselleck, »Die Widmung. Es geht um die Totalität des Terrors«, in Ute Heimrod, Günter Schlusche and Horst Seferens (eds), *Der Denkmalstreit – das Denkmal? Die Debatte um das »Denkmal für die ermordeten Juden Europas«: eine Dokumentation,* Berlin, Philo, 1999, p. 1252.
[71] For his analysis of the semantic shift in the term »victim«, see R. Koselleck, »Denkmäler sind Stolpersteine« (1997), in U. Heimrod, G. Schlusche and H. Seferens (eds.), *Der Denkmalstreit,* p. 644; R. Koselleck, »Differenzen aushalten und die Toten betrauern«, in *Neue Zürcher Zeitung,* 14. 5. 2005.
[72] R. Koselleck, »Bilderverbot«, p. 203.

and, since modernity, the technically perfect elimination of countless millions of individual human beings« – Koselleck writes – »leads to speechlessness or silence. Only the fine arts can offer a small margin of escape: they alone have the potential to encapsulate what is no longer speakable. Few known artists have succeeded in visualizing this turning point in our experience.«[73]

Finally, history as a *science of experience* assigns the word to art as an *activity able to make experience perceptible to the senses*. But just as the history of historiography is made up of methodological achievements produced by the vanquished, the history of political monument art shows how the vanquished rather than the victors were able to visualize the turn towards senselessness in the twentieth century. In this context, Koselleck sees Auguste Rodin as the lonely forerunner of this epochal turning point, who, as the vanquished in the Franco-Prussian war of 1870/1871, conceived a war memorial for the defeated soldier. In later versions of this sculpture, Rodin transformed the soldier into an unarmed youth, a demilitarized and denationalized vanquished man, universal and understandable. He was therefore the first to show how ill-considered patriotic ideals and their loss of meaning pave the way for »the search for meaning itself as the issue«.[74] The history of artists – innovators in so far as they were among the vanquished – is merely alluded to, however, but never set in writing. And perhaps Koselleck the caricaturist was indeed part of this story.

---

[73] R. Koselleck, »Einleitung«, p. 20.
[74] R. Koselleck, »I monumenti«, p. 27.

II. Begriffsgeschichte und Historische Semantik

Carsten Dutt
Kosellecks Wende zur Pragmatik

Für Sue Marchand

Noch im Jahr seines Todes wurde Reinhart Koselleck durch den Herausgeber eines repräsentativen Sammelbandes unter die »Klassiker der Geschichtswissenschaft« erhoben.[1] Vierzehn Jahre später gibt es keinerlei Grund, an der kanonisierungspolitischen Triftigkeit dieser Herausgeberentscheidung zu zweifeln. Im Gegenteil, die postume Rezeption Kosellecks beschreibt eine eindrucksvoll stetige und eindrucksvoll steile Aufwärtskurve – quantitativ wie qualitativ. Um mit simplen, aber sprechenden Zahlen zu beginnen: Während man im Jahr 2011 bei einer Google-Phrasensuche rund 100.000 Treffer für den Namen *Reinhart Koselleck* erzielte, sind es heute bereits über 300.000. Was dieser Anstieg als rezeptionsgeschichtliches Datum besagt, wird vollends plastisch, wenn man Vergleichszahlen aus Kosellecks Alterskohorte unter den Spitzen der deutschen Historikerschaft heranzieht. Genannt seien hier nur die seit 2011 vergleichsweise flach, nämlich um lediglich ein Viertel auf rund 125.000 Treffer angewachsenen Internet-Einträge für den Namen *Hans-Ulrich Wehler*. Gemessen am Maßstab der Google-Prominenz wie übrigens auch, um ein engeres und für uns einschlägigeres Raster zu bemühen, der Google Scholar-Prominenz[2] liegt Kosellecks einstiger Bielefelder Kollege und Antipode inzwischen also deutlich zurück – bei einem weitaus umfangreicheren Œuvre. Erklären lässt sich die ungleich stärkere und offenbar auch ungleich rascher wachsende Resonanz des Koselleck'schen Werkes zunächst durch seine breiter streuenden Bezüge. Während nämlich Wehler in voluminösen Monographien deutsche

---

[1] Vgl. Ute Daniel, »Reinhart Koselleck (1923–2006)«, in Lutz Raphael (Hrsg.): *Klassiker der Geschichtswissenschaft*, Bd. 2. München, Beck, 2006, S. 166–194.
[2] Vgl. http://scholar.google.de/scholar?q=%22Reinhart+Koselleck%22&btnG=&hl=de&as_sdt=0%2C15 einerseits, http://scholar.google.de/scholar?hl=de&as_sdt=0,15&q=%22Hans+Ulrich+Wehler%22 (zuletzt abgerufen am 1.8.2020).

Gesellschaftsgeschichte schrieb[3], befasste sich Koselleck, der mit seiner 1967 erschienenen Habilitationsschrift *Preußen zwischen Reform und Revolution*[4] ebenfalls ein Standardwerk sozialhistorisch orientierter Historiographie vorgelegt hatte und auch in späteren Jahren wiederholt Fragen der Sozialgeschichtsschreibung aufgriff[5], in den zeitschonend rezipierbaren Formaten des Vortrags, des Aufsatzes und der Aufsatzsammlung mit einer Vielzahl historischer, historiographietheoretischer und – beide Sparten hinterfangend – geschichtstheoretischer Themen, die nicht allein für zünftige Sozial-, Wirtschafts-, Rechts- oder Politikhistoriker, sondern ebenso für historisch reflektierende Philosophen, Linguisten, Kunst-, Literatur- und Medienwissenschaftler von Belang sind.

Ein zweiter Aspekt, der noch stärker ins Gewicht fallen dürfte, kommt hinzu. Kosellecks in alle wichtigen Sprachen übersetzte Veröffentlichungen[6] enthalten bekanntlich nicht nur historische und metahistorische Befunde von beachtlichem Gewicht, mit diesen Befunden vielmehr auch neue und einprägsame, bisweilen durch markante Neologismen oder Metaphern repräsentierte Begriffsbildungen, deren analytisch-explanatorische Nutzbarkeit weit über die von Koselleck selbst untersuchten Gegenstände und die an ihnen entwickelten Thesen und Narrative hinausreicht. Man denke an Begriffe und Begriffspaare wie *Erfahrungsraum und Erwartungshorizont*[7], *Ereignis und Struktur*[8], *Beschleunigung der Geschichte*[9], *Transzendenz der*

---

[3] Vgl. Hans-Ulrich Wehler, *Deutsche Gesellschaftsgeschichte*. 5 Bände. München, Beck, 1987–2008.

[4] Reinhart Koselleck, *Preußen zwischen Reform und Revolution. Allgemeines Landrecht, Verwaltung und soziale Bewegung von 1791 bis 1848*, Stuttgart, Klett, 1967, 2. Auflage 1975, Taschenbuchausgabe, München, dtv/Klett-Cotta, 1989.

[5] Vgl. etwa R. Koselleck, »Moderne Sozialgeschichte und historische Zeiten«, in *Zeitschichten. Studien zur Historik*, Frankfurt/M, Suhrkamp, 2000, S. 317–335.

[6] Zuletzt sind erschienen: *Estratos do Tempo. Estuodos Sobre Historia*, Rio de Janeiro, Contraponto, 2014; *Le futur passé. Contribution à la sémantique des temps historiques*, Paris, Editions EHESS, ²2016; *historia/Historia*, Madrid, Trotta, 2016; *Sediments of Time. On Possible Histories*, Stanford, Stanford University Press, 2018.

[7] Vgl. R. Koselleck, »›Erfahrungsraum‹ und ›Erwartungshorizont‹: Zwei historische Kategorien«, in *Vergangene Zukunft. Zur Semantik geschichtlicher Zeiten*, Frankfurt/Main, Suhrkamp, 1979, S. 349–375.

[8] Vgl. R. Koselleck, »Darstellung, Ereignis und Struktur«, in *Vergangene Zukunft*, S. 144–157.

[9] Vgl. R. Koselleck, »Gibt es eine Beschleunigung der Geschichte?«, in *Zeitschichten*, S. 150–176.

Geschichte[10] oder an Metaphern wie die vom *Vetorecht der Quellen*[11], an die geometaphorische Trope *Zeitschichten*[12] oder das inzwischen allerorten beschworene Bild der *Sattelzeit*[13]. Um die Weite des Anregungspotentials zu veranschaulichen, das diese konzeptuellen Angebote auch unabhängig von der Überzeugungskraft der Behauptungen bereithalten, die Koselleck als Historiker mit ihrem Gebrauch verband, sei hier exemplarisch an seine These erinnert, »daß sich in der Neuzeit die Differenz zwischen Erfahrung und Erwartung zunehmend vergrößert« habe[14], indem die in

---

[10] Vgl. R. Koselleck, »Über die Theoriebedürftigkeit der Geschichtswissenschaft«, in *Zeitschichten*, S. 298–316, 300: »Die sogenannte Transzendenz der Geschichte meint hier jenen Überholvorgang, der den Forscher dauernd zwingt, die Geschichte immer wieder neu zu schreiben. Damit wird das Umschreiben der Geschichte nicht nur zur Fehlerkorrektur oder zum Wiedergutmachungsakt, sondern gehört zu den Voraussetzungen unseres Berufes – sofern die Geschichte der Historie transzendent ist.«

[11] Vgl. vor allem R. Koselleck, »Archivalien – Quellen – Geschichten«, in *Vom Sinn und Unsinn der Geschichte. Aufsätze und Vorträge aus vier Jahrzehnten*, hrsg. und mit einem Nachwort von Carsten Dutt, Berlin, Suhrkamp, 2010, S. 68–79, 78: »Quellen haben ein Vetorecht. Der Historiker kann nicht behaupten, was er will, da er beweispflichtig bleibt. Seine Beweise kann er nur den Quellen entnehmen, ohne die er vieles, gegen die er aber nichts sagen kann.«

[12] Programmatisch hierzu der Titelaufsatz des Bandes *Zeitschichten*, S. 19–26, 19: »›Zeitschichten‹ verweisen auf geologische Formationen, die verschieden weit und verschieden tief zurückreichen und sich im Laufe der sogenannten Erdgeschichte mit verschiedenen Geschwindigkeiten verändert und voneinander abgehoben haben. [...] Die Rückübertragung in die menschliche, die politische und soziale Geschichte und in die Strukturgeschichte erlaubt es, verschiedene zeitliche Ebenen analytisch zu trennen, auf denen sich die Personen bewegen, Ereignisse abwickeln oder deren längerfristige Voraussetzungen erfragt werden.«

[13] Vgl. den Einführungskontext in Kosellecks Einleitung zum ersten Band des von Otto Brunner, Werner Conze und ihm herausgegebenen Lexikons *Geschichtliche Grundbegriffe. Historisches Lexikon zur politisch-sozialen Sprache in Deutschland*, Stuttgart, Klett, 1972, S. X–XXII, XV: »Der heuristische Vorgriff der Lexikonarbeit besteht in der Vermutung, daß sich seit der Mitte des achtzehnten Jahrhunderts ein tiefgreifender Bedeutungswandel klassischer topoi vollzogen, daß alte Worte neue Sinngehalte gewonnen haben. Der heuristische Vorgriff führt sozusagen eine ›Sattelzeit‹ ein, in der sich die Herkunft zu unserer Präsenz wandelt.« Das Uneigentlichkeit indizierende »sozusagen« und die geradezu tastenden Anführungszeichen – beide machen klar, dass man es mit einem Begriffsprovisorium zur hypothetischen Kennzeichnung eines temporal wie lokal grenzunscharfen Untersuchungszeitraums zu tun hat – sind seither verschwunden, sollten aber weiterhin mitgedacht werden. Anders als man es verblüffenderweise hie und da lesen kann, ist »Sattelzeit« übrigens keine equestrische, vielmehr eine mathematische, am Begriff des Sattelpunkts steigender Funktionen orientierte Metapher.

[14] R. Koselleck, »›Erfahrungsraum‹ und ›Erwartungshorizont‹«, S. 359.

immer engerer Taktung aufeinanderfolgenden Geschehenseinheiten politisch-sozialen Wandels und technologisch-industrieller Innovation einerseits, die Weltbildwirkungen futurisch und in dieser oder jener Spielart teleologisch ausgerichteter Geschichtsphilosophie andererseits den vormodern intakt gewesenen Zusammenhalt von vergangenheitsgesättigter Erfahrung und erfahrungsgestützt maßvoller Zukunftserwartung krisenhaft und konfliktträchtig auseinandergerissen hätten: »Die Kluft zwischen Vergangenheit und Zukunft wird nicht nur größer, sondern die Differenz zwischen Erfahrung und Erwartung muß dauernd neu, und zwar auf immer schnellere Weise überbrückt werden, um leben und handeln zu können.«[15] Auch wer diese zuzeiten vieldiskutierte These und ihre kulturkritischen Implikationen für zu großflächig und nicht hinreichend substantiiert hält, wird die analytische Koppelung der Kategorien *Erfahrungsraum* und *Erwartungshorizont* höchst fruchtbar finden und sich ihrer bei der Aufschlüsselung einschlägiger Quellentexte und Untersuchungsfelder bedienen – handele es sich dabei nun um Zuständigkeiten der Alten, Mittleren oder Neueren, der europäischen oder der außereuropäischen Geschichte. Denn zweifellos hat Koselleck in geschichtsanthropologischer Allgemeinheit völlig recht:

> Keine geschichtliche Handlung wird vollzogen, die nicht auf Erfahrung und Erwartung der Handelnden gründet. Insofern wird ein metahistorisches Kategorienpaar vorgeschlagen, mit dem eine fundamentale Bedingung möglicher Geschichte gesetzt wird. Beide Kategorien sind in ausgezeichneter Weise geeignet, historische Zeit zu thematisieren. Denn Vergangenheit und Zukunft verschränken sich in der Gegenwärtigkeit von Erfahrung und Erwartung. Die Kategorien sind daher geeignet, geschichtliche Zeit auch im Bereich empirischer Forschung aufzuspüren, weil sie, inhaltlich angereichert, die konkreten Handlungseinheiten im Vollzug sozialer und politischer Bewegung leiten.[16]

Dass sich dies auch auf Handlungseinheiten intellektueller Bewegung, auf spezifisch geistesgeschichtliche Vorgänge und ihre Protagonisten also, übertragen und etwa in Untersuchungen zur Philosophie-, Literatur- oder Kunstgeschichte fruchtbar machen lässt, liegt

---

[15] Ebd., S. 369.
[16] R. Koselleck, »Moderne Sozialgeschichte und historische Zeiten«, S. 331.

auf der Hand: Erst im Lichte der Fragen und Vergleiche, die das Kategorienpaar *Erfahrungsraum und Erwartungshorizont* freigibt bzw. eigens stimuliert, werden zum Beispiel Kulturutopien, wie sie in ein und demselben Denk- und Diskursmilieu programmatisch progressiv Friedrich Schlegel im 116. Athenäums-Fragment (1798) und programmatisch retrograd Novalis in seiner Rede »Die Christenheit oder Europa« (1799) stilisiert haben, historisch tiefenscharf lesbar.

Wer in dieser Art von Begriffsangeboten Kosellecks Gebrauch macht, verhält sich ersichtlich eklektisch. Er beugt sich über eine Art Werkzeugkasten, in dem er nach kluger Paulinischer Regel alles prüft, um das Gute für seine Zwecke zu behalten. Und dies ist selbstverständlich legitim; obschon man zugeben muss, dass die eklektisch zugreifende Kosellenck-Rezeption nicht wenige Fälle kennt, die sich auf dem intellektuell unergiebigen Niveau von *name and term dropping* abspielen – ich denke hier natürlich vor allem an den beflissenen Weitertransport der in mancherlei Hinsicht diskussionsbedürftigen Begriffsmetapher *Sattelzeit*.[17]

Koselleck selbst ist dies freilich nicht anzulasten. Womit ich bei der Frage nach der wissenschaftlichen Qualität der postumen Rezeption seines Werkes wäre. Auch insoweit, so sagte ich eingangs, lässt sich eine Aufwärtskurve feststellen. Wiederum mögen wenige, zudem bibliographisch verknappte Belege genügen: Bald nach Kosellecks Tod fanden in Deutschland, Spanien, Brasilien und den Niederlanden interdisziplinär besetzte Tagungen über das gedruckte Werk und den Nachlass des Historikers statt. Aus diesen Veranstaltungen sind mehrere Sammelbände hervorgegangen, die zusammengenommen den Stand der Koselleck-Forschung dokumentieren. Ich nenne die von Hans Joas und Peter Vogt veranstaltete Anthologie *Begriffene Geschichte*[18], die von Hubert Locher und Andrea Markantonatos edierten Tagungsakten *Reinhart Koselleck und die politische Ikonologie*[19] sowie den von Reinhard Laube und mir selbst besorgten Band *Zwischen Sprache und Geschichte. Zum Werk Reinhart Kosellecks*[20].

---

[17] Für eine konstruktive, methodisch und sachlich weiterführende Kritik dieser weitverbreiteten Rezeptionsfigur vgl. jetzt Daniel Fulda, »Sattelzeit. Karriere und Problematik eines kulturwissenschaftlichen Zentralbegriffs«, in Elisabeth Décultot und Daniel Fulda (Hrsg.), *Sattelzeit. Historiographiegeschichtliche Revisionen*, Berlin, de Gruyter, 2016, S. 1–16.
[18] Berlin, Suhrkamp, 2011.
[19] Berlin, Deutscher Kunstverlag, 2013.
[20] Göttingen, Wallstein, 2013.

Carsten Dutt

Wie es die zitierten Titel indizieren, werden in ihnen mit den Arbeiten zur Historik, zur Theorie und Praxis der Begriffsgeschichte, zur Sozial-, Intellektual- und Politikgeschichte des 18., 19. und 20. Jahrhunderts sowie zur politischen Ikonologie und Geschichte des politischen Totenkults alle vier Säulen des Koselleck'schen Lebenswerks thematisch. Die Zugriffe, die man dabei im Einzelnen erprobt hat, sind je auf ihre Weise produktiv: biographische und wissenschaftsgeschichtliche Kontextualisierungen herausragender Schriften, so – selbstverständlich – von *Kritik und Krise*, der berühmten Dissertation aus dem Jahre 1954; Einflussstudien und intertheoretische Vergleiche wie etwa zu Kosellecks Löwith-, Gadamer- und Carl Schmitt-Rezeption[21]; kritische Auseinandersetzungen mit wirkungsmächtigen Thesenführungen, so zumal mit Kosellecks prononciert antihagiographischer Darstellung der Antriebe, Aktionsmuster und ideenpolitischen Wirkungen der französischen und deutschen Aufklärungseliten[22]; schließlich Beiträge, die es unternehmen, das konzeptuelle Repertoire und analytische Rüstzeug der Schriften Kosellecks theoretisch-methodologisch zu durchdenken und auf diese Weise forschungspraktisch nutzbringend fortzubilden.

So oder so: Wer Reinhart Koselleck den Status eines modernen Klassikers der Geschichtswissenschaft zuerkennt und überdies der Meinung ist, dass das Werk dieses Klassikers Wegweisungen enthält, die geeignet sind, die Praxis epistemisch ertragreicher Geschichtswissenschaft zu befördern, kann dies in verschiedener Hinsicht gut begründen[23], vorzüglich gut freilich, so meine ich, mit Kosellecks Leistungen als Theoretiker und Praktiker der Begriffshistoriographie. Ja, es scheint mir für einmal nicht übertrieben, das neuerdings durch inflationären Gebrauch in den Selbstbeschreibungs- und Selbstbelobigungsdiskursen geistes- und sozialwissenschaftlicher Disziplinen zu peinlichem Schaden gekommene Etikett des *turns*, der Wende, *hier* am Platz zu sehen. *Avant la lettre* hat Reinhart Koselleck tatsächlich einen *turn*, einen ebenso weitreichenden wie nachhaltigen, bereits etablierte Fragestellungen und Zugriffsweisen überbietenden

---

[21] Vgl. die Beiträge von Niklas Olsen, Dominic Kaegi und Jan-Friedrich Missfelder in *Zwischen Sprache und Geschichte* (a. a. O.), S. 236–255, S. 256–267 und S. 268–286.
[22] Vgl. Hans Erich Bödeker, »Aufklärung über Aufklärung? Reinhart Kosellecks Interpretation der Aufklärung«, ebd., S. 128–174.
[23] Vgl. hierzu neben der in Anm. 1 angeführten Überblicksdarstellung von Ute Daniel vor allem Willibald Steinmetz, »Nachruf auf Reinhart Koselleck (1923–2006)«, *Geschichte und Gesellschaft* 32 (2006), S. 412–432.

Kosellecks Wende zur Pragmatik

Orientierungsumschwung innerhalb der Begriffshistoriographie durchgesetzt, indem er diese multidisziplinär relevante und dementsprechend immer erneut zu disziplinübergreifenden Kooperationen Anlass gebende Forschungstradition[24] nicht länger nur als eine in wortgebrauchs- und terminologiegeschichtlichen, historisch-philologischen und spezifisch textexegetischen Untersuchungen verankerte Wissenschaft vom Werden und Wandel von Begriffsinhalten und Begriffsumfängen, als eine Spielart *historischer Semantik* also, beschrieb und praktizierte; im Rahmen des von ihm konzipierten Großunternehmens der *Geschichtlichen Grundbegriffe*, des zwischen 1972 und 1997 in sieben Text- und einem auf zwei Teilbände verteilten Registerband erschienenen *Lexikons der politisch-sozialen Sprache in Deutschland*, vielmehr auch und vor allem als *historische Pragmatik*: als Wissenschaft vom Werden und Wandel von *Begriffsfunktionen*, deren Untersuchung und Bestimmung Begriffshistorikerinnen und Begriffshistoriker über wortgebrauchs- und terminologiegeschichtliche, historisch-philologische und spezifisch textexegetische Befunde hinaus auf Daten und Fragestellungen politik- und sozialgeschichtlicher Forschung angewiesen sein lässt: »Studien zur Semantik und Pragmatik der politischen und sozialen Sprache« – so lautet das einschlägige Junktim des Untertitels der im Herbst 2006, wenige Monate nach Kosellecks Tod, erschienenen Summa *Begriffsgeschichten*[25].

Um das charakteristische Profil und die noch nicht ausgeschöpften Erkenntnispotentiale des *pragmatic turn* in der Historie der Begriffe herauszuarbeiten, werde ich in drei (notgedrungen skizzenhaften) Schritten vorgehen. In einem ersten Schritt rücke ich die Begriffshistoriographie Kosellecks vor den Hintergrund der vergleichsweise enger umgrenzten Forschungsziele und Untersuchungsverfahren philosophiehistorischer Begriffsgeschichtsschreibung, die wissenschaftsgeschichtlich gesehen die ältere Form der Begriffshistoriographie ist und in den deutschen 1960er Jahren, als Koselleck sein und seiner Mitstreiter Lexikonprojekt im Rahmen des von Werner Conze geleiteten Heidelberger Arbeitskreises für moderne Sozialgeschichte einerseits, der DFG-Senatskommission für Begriffsgeschichte unter dem Vorsitz Hans-Georg Gadamers andererseits

---

[24] Vgl. als einschlägigen Titel Gunter Scholtz (Hg.), *Die Interdisziplinarität der Begriffsgeschichte*, Hamburg, Meiner, 2000.
[25] R. Koselleck, *Begriffsgeschichten*, Frankfurt/Main, Suhrkamp, 2006.

entwarf und dialogisch erprobte[26], den begriffshistoriographischen *state of the art* vorgab (1). In einem zweiten Schritt resümiere ich die begriffstheoretischen, geschichtstheoretischen und begriffsgeschichtstheoretischen Prämissen sowie die aus diesen Prämissen abgeleitete Methodik der Koselleck'schen Version von Begriffshistoriographie (2). Schließlich stelle ich einige Fragen und Vorschläge zur Diskussion, die sich auf das von Christian Geulen, Willibald Steinmetz und anderen Neuzeithistorikern ventilierte und inzwischen am Berliner Zentrum für Literatur- und Kulturforschung zum Lexikonprojekt avancierte Vorhaben einer Fortschreibung des Koselleck'schen begriffshistorischen Forschungsprogramms für das 20. Jahrhundert beziehen: auf das ebenso spannende wie schwindelerregend anspruchsvolle Projekt also, unser Wissen über die Semantik und Pragmatik der Grundbegriffe politisch-sozialer Sprache in Deutschland in umfassender Untersuchung bis an die Schwelle der Gegenwart heranzuführen[27] und zu diesem Zweck heuristisch sinnvolle Ergänzungen an jenem Kriterienkatalog vorzunehmen, den Koselleck zur begriffshistorischen und näherhin begriffsfunktionshistorischen Erfassung der Prozesse und epochalen Änderungserträge der von ihm angesetzten *Sattelzeit* der Moderne zwischen, grob gesagt, 1750 und 1850 entwickelt hat (3).

1. Methodologische und wissenschaftsgeschichtliche Voraussetzungen

Philosophische Begriffsgeschichte – das ist von Gustav Teichmüller und Rudolf Eucken, ihren Pionieren im späten 19. Jahrhundert, über Erich Rothacker, Joachim Ritter und Hans-Georg Gadamer, ihre wirkungsmächtigsten Vertreter in der zweiten Hälfte des 20. Jahrhunderts, bis zu Karl-Otto Apel, Hermann Lübbe, Gottfried Gabriel und anderen prominenten Beiträgern des 2007 nach über 40-jähriger Arbeit zum Abschluss gekommenen *Historischen Wörterbuchs der*

---

[26] Die Geschichte der Konstituierungsphase der *Geschichtlichen Grundbegriffe* ist noch nicht geschrieben. Hinweise, die die organisatorisch führende und inhaltlich fördernde Rolle Werner Conzes betonen, gibt Jan Eike Dunkhase, *Werner Conze. Ein deutscher Historiker im 20. Jahrhundert*, Göttingen, Vandenhoeck & Ruprecht, 2010, S. 145–153.

[27] Vgl. https://www.zfl-berlin.org/projekt/das-20-jahrhundert-in-grundbegriffen. html (zuletzt abgerufen am 1.8.2020).

Philosophie eine Weise des Zugriffs auf philosophische Theoriegeschichte.[28] Sie setzt ein beim theoretischen Detail: dem *Begriff*, der typischerweise durch ein *Begriffswort*, einen *Terminus*, repräsentiert wird; und sie rekonstruiert dergleichen begriffswortrepräsentierte Begriffe – sagen wir, um bei einem Beispiel zu bleiben, das ich seiner methodologischen Prägnanz- und metatheoretischen Spiegelungseffekte wegen gerne heranziehe, den Begriff des Verstehens bei Dilthey oder den Begriff des Verstehens bei Gadamer – gut hermeneutisch aus dem Ganzen der Theorie, der er jeweils zusammen mit anderen, so oder so auf ihn bezogenen Begriffen angehört. Wer Diltheys Begriff des Verstehens rekonstruieren will, kann sich nämlich nicht in wortgebrauchsanalytischer Schlichtheit darauf beschränken, zu untersuchen, wie Dilthey den Ausdruck »Verstehen« verwendet und ggf. auch eigens definiert[29], er oder sie muss darüber hinaus untersuchen, wie Dilthey die Ausdrücke »Erkennen«, »Erklären« und »Interpretieren«, »Ausdruck«, »Sinn«, »Bedeutung«, »Wahrheit«, »Wissenschaft«, »Objektivität«, »Leben« und »Geschichte« gebraucht und dergestalt (unter Einschluss oder Ausschluss einschlägiger Definitionen) zueinander in Beziehung setzt.[30] Wie alle in

---

[28] Für einen konzisen und im Wesentlichen unveralteten Überblick konsultiere man Helmut G. Meier, Art. »Begriffsgeschichte«, in *Historisches Wörterbuch der Philosophie*, Bd. 1: *A–C*, Basel, Schwabe, 1971, S. 788–808. – Detaillierte Nachzeichnungen jetzt in den einschlägigen Kapiteln von Ernst Müller/Falko Schmieder, *Begriffsgeschichte und Historische Semantik. Ein Kompendium*, Berlin, Suhrkamp, 2016. – Speziell zur Frage nach den disziplingeschichtlichen Anfängen Ulrich Dierse, »Wann und warum entstand die Begriffsgeschichte und was macht sie weiterhin nötig?«, in Christoph Strosetzki (Hg.), *Literaturwissenschaft als Begriffsgeschichte*, Hamburg, Meiner, 2010, S. 43–52.

[29] »Verstehen nennen wir den Vorgang, in welchem aus sinnlich gegebenen Äußerungen seelischen Lebens dieses zur Erkenntnis kommt« (Wilhelm Dilthey, »Die Entstehung der Hermeneutik«, in *Gesammelte Schriften*. Bd. V: *Die Geistige Welt: Einleitung in die Philosophie des Lebens. Hälfte 1: Abhandlungen zur Grundlegung der Geisteswissenschaften*. 8., unveränderte Auflage, Stuttgart, Teubner, 1990, S. 317–338, 332). Wie wenig diese mentalistisch verengte Formel von dem einfängt, was Diltheys Philosophie und Wissenschaftstheorie des Verstehens ihrem Gegenstand an Potentialen und Leistungen zuerkennt, ist jedem Dilthey-Leser klar.

[30] Beachtenswert ist in diesem Zusammenhang Eugen Finks Unterscheidung zwischen den eigens thematischen und den demgegenüber operativen Begriffen eines Philosophen: »Das Denken hält sich im Element des Begriffs. Die Begriffsbildung der Philosophie zielt intentional ab auf solche Begriffe, in welchen das Denken sein *Gedachtes* fixiert und verwahrt. Diese nennen wir die »thematischen Begriffe«. [...] Aber *in* der Bildung der thematischen Begriffe *gebrauchen* die schöpferischen Denker *andere Begriffe* und *Denkmodelle*. Sie *operieren* mit *intellektuellen Schemata*, die sie

Theorien gebildeten Begriffe sind philosophische Begriffe, die Begriffe der Ontologie, der Erkenntnistheorie, der Rechts- und Moralphilosophie, der Ästhetik und eben auch der allgemeinen Hermeneutik jeweils *unselbständige Elemente diskursiv strukturierter Begriffszusammenhänge*.[31] Sie sind – in einer hoffentlich anschaulichen Metapher – *Knotenpunkte in Netzen von Begriffen*, die als Ober- oder Unter-, Korrelativ-, Gegen- oder Parallelbegriffe in wechselseitiger Bestimmung und Beleuchtung aufeinander bezogen sind und ihren Inhalt, Umfang und theoretischen Stellenwert, ihre intensionale, extensionale und argumentationsfunktionale Identität allererst kraft ihrer vernetzten Positionalität gewinnen. Philosophische Begriffsgeschichtsschreibung, die ihrer Aufgabe gewachsen ist, weiß das und versteht sich daher als Rekonstruktion komplexer, also, nach Niklas Luhmanns handlicher Explikation von Komplexität, durch eine Vielzahl verschiedenartiger Relationen[32] verknüpfter Begriffsnetze, die ihrerseits Funktionen jener komplexen Aussagensysteme sind, in denen philosophische Theorien artikuliert und theoriekonstitutive Begriffe gebildet und eingesetzt werden.[33]

---

gar nicht zu einer *gegenständlichen* Fixierung bringen. […] Das so *umgängig Verbrauchte, Durchdachte,* aber nicht eigens *Bedachte* eines philosophierenden Denkens nennen wir die operativen Begriffe« (Eugen Fink, »Operative Begriffe in Husserls Phänomenologie«, *Zeitschrift für Phänomenologische Forschung* 11 (1957), S. 321–337, 324 f.).

[31] Richtig gesehen und bündig ausgesprochen hat dies Nicolai Hartmann: »Begriffe sind überhaupt keine selbstständigen Gebilde. Der Begriff, als einzelner für sich genommen, ist immer arm an Bestimmtheit. Selbst die Definition, die seinen Gehalt explizieren soll, hilft hier nur wenig zurecht. Eine kurze Formel, selbst wenn sie keine bloße Nominaldefinition ist, kann die fehlende Mannigfaltigkeit greifbarer Bestimmtheit nicht ersetzen. Die wirklich erschöpfende Begriffsbestimmung liegt einzig im weiteren Inhaltszusammenhang. Sie ist nirgends zu gewinnen als am Ganzen […] der Gedankenarbeit, in der der Begriff geprägt ist. Der Begriff hat eben seine Bestimmtheit außer sich« (Nicolai Hartmann, *Das Problem des geistigen Seins. Untersuchungen zur Grundlegung der Geschichtsphilosophie und der Geisteswissenschaften*, Berlin, de Gruyter, ²1949, S. 502 f.).

[32] Luhmann zufolge bemisst sich Komplexität nach der »Zahl und Verschiedenartigkeit der Relationen, die nach der Struktur eines Systems zwischen Elementen möglich sind« (Niklas Luhmann, Art. »Komplexität«, in *Historisches Wörterbuch der Philosophie*, Bd. 4: *I–K*, Basel, 1976, S. 939–941, 940).

[33] Es versteht sich, dass philosophische Aussagensysteme nicht schlagartig entstehen, vielmehr ihrerseits Entwicklungszustände durchlaufen, in deren Abfolge Theoriepositionen erreicht, differenziert, ergänzt, revidiert, aufgegeben und ggf. durch andere ersetzt werden, so dass es durchaus auch œuvreinterne Begriffsgeschichten zu re-

Theoriekonstitutive Begriffsbildungen lassen sich rekonstruieren, unterscheidungstauglich kennzeichnen und sodann miteinander vergleichen. Dabei ergeben sich Differenzbefunde, die uns, zum Beispiel, erkennen lassen, was sich in Gadamers alles in allem nur wenig wissenschafts- und noch weniger methodenfreundlicher Hermeneutik[34] gegenüber der dezidiert wissenschafts- und methodenfreundlichen Hermeneutik Diltheys[35] am Begriff des Verstehens ändert und damit vor die Frage nach den Gründen *oder* Ursachen der beobachtbaren Änderungen führt. Ertragreiche Untersuchungsgänge informieren uns denn auch nicht nur darüber, welche Unterschiede sich in intertheoretischen Vergleichen auf Begriffsebene zeigen, sie erklären uns auch, *weshalb* sie sich zeigen. In der Philosophie wie in anderen Disziplinen auch sind gute Begriffsgeschichten *erklärungsstarke Geschichten.*

Begriffshistoriker stehen dann typischerweise vor der Alternative, die so oder so – aus philosophisch guten oder philosophisch schlechten Gründen, eventuell freilich auch aus philosophiefernen, z. B. theoriepolitisch-machttaktischen Motiven oder gar, nochmals anders, aus unbewusst, *a tergo*, wirkenden Ursachen soziokultureller oder psychohistorischer Art – zu erklärenden Differenzen[36] als par-

---

konstruieren und rekonstruktionsgemäß zu erzählen gibt, die Mikro-Geschichte des Verstehensbegriffs im Werk Wilhelm Diltheys zum Beispiel.

[34] Vgl. aus vielen einschlägigen Äußerungen: »Das Phänomen des Verstehens durchzieht nicht nur alle menschlichen Weltbezüge. Es hat auch innerhalb der Wissenschaft selbstständige Geltung und widersetzt sich dem Versuch, sich in eine Methode der Wissenschaft umdeuten zu lassen« (Hans-Georg Gadamer, »Einleitung«, in *Wahrheit und Methode. Grundzüge einer philosophischen Hermeneutik*, 5. Aufl. Tübingen, Mohr Siebeck, 1986, S. 1).

[35] Repräsentativ Diltheys abschließende Bestimmung der »*Hauptaufgabe*« der Hermeneutik in seiner schon zitierten Spätschrift »Die Entstehung der Hermeneutik« (Anm. 29, S. 331): »[S]ie soll gegenüber dem beständigen Einbruch romantischer Willkür uns skeptischer Subjektivität in das Gebiet der Geschichte die Allgemeingültigkeit der Interpretation theoretisch begründen, auf welcher alle Sicherheit der Geschichte ruht. Aufgenommen in den Zusammenhang von Erkenntnistheorie, Logik und Methodenlehre der Geisteswissenschaften, wird diese Lehre von der Interpretation ein wichtiges Verbindungsglied zwischen der Philosophie und den geschichtlichen Wissenschaften, ein Hauptbestandteil der Grundlegung der Geisteswissenschaften.«

[36] Erhellend zur Unterscheidung von Erklärungen aus Gründen und Erklärungen aus Kausalrelationen dieser oder jener Art: Ernst Tugendhat, »Anhang über Historisches und Unhistorisches«, in *Egozentrizität und Mystik. Eine anthropologische Studie*, München, Beck, 2003, S. 163–170.

tiellen Wandel eines unbeschadet teilweiser Veränderungen persistierenden Begriffs zu beschreiben, oder aber – den Wandel des methodisch präsumierten Objekts als Wechsel von Objekten interpretierend – die Bildung eines neuen Begriffs zu konstatieren, der in einer theoriegeschichtlich bestimmbaren Relation zu seinem begriffswortgleichen Vorgängerbegriff steht.[37]

Für dieses zweite Modell hat sich in späteren Jahren auch Reinhart Koselleck ausgesprochen, indem er befand, dass ein einmal gebildeter und »spezifisch durchdachter« Begriff – der aristotelische Begriff der *koinonia politike* zum Beispiel oder Marx' Begriff des *Klassenkampfes* – jeder Veränderung und damit der Geschichte entzogen sei.[38] Einzig von der Rezeptions- oder Wirkungsgeschichte einmal gebildeter Begriffe könne der Sache nach die Rede sein, und in diesem Zusammenhang selbstverständlich auch von der Geschichte der Bildung begriffswortgleicher Nachfolgebegriffe.[39] An strengen Identitätskriterien für Begriffe orientiert verabschiedet Koselleck also die Vorstellung, es könne die Geschichte eines in Analogie zu Theseus' Schiff partielle Änderungen durchlaufenden und dennoch selbstidentischen Begriffs geben, um sich stattdessen für ein Geschichtsmodell der Abfolge distinkter (und sei es minimal distinkter) Konzepte zu entscheiden, die auch dann, wenn sie von ein und demselben Begriffswort repräsentiert werden und solche Begriffswortkonstanz mit einem hohen Grad inhaltlicher und argumentationsfunktionaler Übereinstimmung einhergeht, nicht Zustände ein und desselben Begriffs, sondern eben verschiedene Begriffe sind –: *vom Wandel zum Wechsel der Begriffe also.*

Aber es sind nicht Überlegungen dieser Art, die Kosellecks Ruhm als Theoretiker und Praktiker der Begriffshistorie begründen. Sein Ruhm basiert vielmehr auf der programmatischen Transgression

---

[37] Für eine systematische Auffächerung der Erkenntnisfunktionen philosophischer Begriffsgeschichtsschreibung siehe meinen Aufsatz »Historische Semantik als Begriffsgeschichte. Theoretische Grundlagen und paradigmatische Anwendungsfelder«, in Jörg Riecke (Hg.), *Historische Semantik*, Berlin, de Gruyter, 2011, S. 37–50.
[38] Vgl. R. Koselleck, »Begriffsgeschichtliche Probleme der Verfassungsgeschichtsschreibung«, in *Begriffsgeschichten*, S. 365–401, 373 f.: »Ein [...] einmal gefundener, als Wort vielleicht vorgefundener, aber spezifisch durchdachter Begriff entzieht sich der Veränderung. Die vom Begriff erfasste Sache mag sich dann wandeln, so daß sich die spätere Begriffsbildung dem anpaßt und sich mit dem Sachverhalt ebenfalls ändert. Aber ein einmal geprägter Begriff als solcher entzieht sich der Veränderung.«
[39] Exempelgesättigt hierzu Kosellecks »Hinweise auf die temporalen Strukturen begriffsgeschichtlichen Wandels«, in *Begriffsgeschichten*, S. 86–98.

der Forschungsinteressen und Untersuchungsverfahren des nach dem Muster der Philosophiehistorie auf theoriegeschichtliche Fragezusammenhänge konzentrierten Typs von Begriffsgeschichtsschreibung. Historiographisch ertragreich wurde diese Transgression in zwei Richtungen: zum einen als methodische Verknüpfung der Erkenntnisziele und Zugriffsweisen von »Begriffsgeschichte und Sozialgeschichte« – so der Titel eines wichtigen Aufsatzes, den Koselleck erstmals 1972 veröffentlichte[40] –; zum anderen in der Verbindung von Begriffshistorie und geschichtswissenschaftlicher Moderneforschung. Beide Schritte hat Koselleck zwar gewiss nicht als erster und auch nicht ohne Anregungen anderer Autoren vollzogen: Das Junktim von Sozial- und Begriffshistorie reicht vielmehr bis in die deutschsprachigen 1930er Jahre zurück, als es zumal Mediävisten, unter ihnen Walter Schlesinger[41] und, besonders wirkungsmächtig, Otto Brunner[42], unternahmen, langfristige Strukturen sozialen Lebens und deren schubweisen Wandel so zu rekonstruieren, dass sie die jeweiligen sprachlichen Selbstartikulationen und konzeptuell verdichteten Deutungsmuster der unter diesen oder jenen Strukturbedingungen agierenden und interagierenden gesellschaftlichen Gruppen, Verbände oder Schichten in den Fokus rückten; was wiederum die Indienstnahme der Mittel historischer Semantik für eine Historie der Moderne anbelangt, so ist an den Breslauer (seit 1933 Jerusalemer) Mediävisten und Sozialhistoriker Richard Koebner und innerhalb seiner Schriften an eine noch heute lesenswerte Programmskizze mit dem Titel *Semantics and Historiography* zu erinnern, in der die geschichtswissenschaftliche Moderneforschung erstmals pointiert auf historisch-semantische Fragestellungen und die hinzugehörigen Erkenntnismittel bezogen wird:

---

[40] Wiederabgedruckt in R. Koselleck, *Vergangene Zukunft*, S. 107–128. Vgl. auch den späteren, schon vom Titel her komplementären Aufsatz »Sozialgeschichte und Begriffsgeschichte«, in *Begriffsgeschichten*, S. 9–31.
[41] Vgl. Walter Schlesinger, *Die Entstehung der Landesherrschaft. Untersuchungen vorwiegend nach mitteldeutschen Quellen*, Dresden, Baensch, 1941.
[42] Vgl. Otto Brunner, *Land und Herrschaft. Grundfragen der territorialen Verfassungsgeschichte Österreichs*, Baden bei Wien, Rohrer, 1939, 5. Aufl. Darmstadt, Wissenschaftliche Buchgesellschaft, 1984. Zur wissenschaftsgeschichtlichen Stellung Brunners vgl. Otto Gerhard Oexle, »Sozialgeschichte – Begriffsgeschichte – Wissenschaftsgeschichte. Anmerkungen zum Werk Otto Brunners«, *Vierteljahresschrift für Sozial- und Wirtschaftsgeschichte* 71 (1983), S. 305–341

the semantic approach to history has something to reveal in all periods. But it may be observed that the reciprocal impact of social situations and events upon words, and of words upon actions and attitudes has been increasing in frequency and force during the last two centuries, and consequently the semantic approach to history is of particular interest to the historian of modern times.[43]

Koselleck seinerseits hat die Vorgaben der genannten Forscher, die Vorläufer zu nennen im vorliegenden Kontext perspektivisch erlaubt sein mag, mit theoretisch konzisen Begründungen und forschungspraktisch weittragenden Arbeitshypothesen versehen – so vor allem mit der schon erwähnten *Sattelzeit*-Hypothese, dass der in der zweiten Hälfte des europäischen 18. Jahrhunderts teils einsetzende, teils sich beschleunigende Umbruch zur sozialen, ökonomischen, politischen und kulturellen Moderne im Spiegel der Geschichte begriffswortrepräsentierter Bedeutungseinheiten der politisch-sozialen Sprache beobachtbar sei und sich mit Hilfe eines speziell durch Kategorien historischer Pragmatik informierten Kriterienkatalogs für den modernitätsspezifischen Funktionswandel dieser Einheiten vergleichend ausgemessen lasse.

2. Grundzüge politisch-sozialer Begriffsgeschichte

Ebenso wie die philosophische Begriffsgeschichtsschreibung für ihre Zwecke, untersucht auch die geschichtswissenschaftliche Begriffshistoriographie Kosellecks nicht isolierte, vielmehr in beweglichen Netzen positionierte und *ipso facto* durch eine Vielzahl verschiedenartiger, dabei allemal wandelbarer Relationen verbundene Begriffe. Auch für die Begriffsgeschichte à la Koselleck gilt, dass sich kein Begriff ohne Berücksichtigung seiner Ober-, Unter-, Gegen-, Korrelativ- oder Begleitbegriffe analysieren lässt – und mithin nicht ohne die diskursiven, also sprachlichen, in weiter ausgreifender Perspektive freilich auch außersprachlichen Kontexte, in denen Begriffe ge-

---

[43] R. Koebner, »Semantics and Historiography«, *The Cambridge Journal* 7 (1953), S. 131–144, 132. Es wäre eine lohnende Aufgabe wissenschaftshistorischer Einflussforschung, Kosellecks produktiver Rezeption der Koebner'schen Thesen und Hinweise nachzugehen.

bildet und umgebildet, zum Einsatz gebracht und durch all dies zu historisch indizierten Begriffsnetzen verknüpft worden sind.[44]

Hier und dort sind es also auf mehrstufige Kontextualisierungsoperationen angewiesene Wortgebrauchsanalysen und Textexegesen, in denen begriffsgeschichtlich aussagekräftige Befunde ermittelt werden. Hier und dort geht es jedoch um unterschiedliche Fragestellungen und kraft unterschiedlicher Fragestellungen um unterschiedliche Begriffsklassen: In der philosophischen Begriffsgeschichtsschreibung werden Einheiten thematisch, die, wenn nicht ausschließlich, so doch vorrangig theoretischer Erkenntnis, genuin philosophischen Zwecken eben, dienen – wie immer sich die metaphilosophische Selbstbeschreibung der Philosophie im Verfolg dieser Zwecke von Sokrates und Platon bis Wittgenstein und McDowell gewandelt hat und auch weiterhin wandeln wird. In dem von Koselleck entwickelten Forschungsprogramm hingegen geht es um Begriffe in ihrer *politisch-sozialen Einbettung*, *Signifikanz* und – soweit ermittelbar – *Wirksamkeit*, ganz gleich, ob die untersuchungsgegenständlichen Einheiten zunächst in theoretischen Kontexten, geschichtsphilosophischen Traktaten zum Beispiel, oder, völlig anders, als Schlagwörter und Programmformeln des politischen Tageskampfs in Erscheinung getreten sind.

In der Absicht, die politisch-soziale Einbettung, Signifikanz und Wirksamkeit von Begriffen zu ermitteln, richtet sich Kosellecks Methode auf die Rekonstruktion der Bildung oder Verwendung (im Horizont einschlägig dokumentierter Erwartungen selbstverständlich auch auf markierte, also sprachhandlungsrelevante Nichtverwendungen) begriffswortrepräsentierter Bedeutungseinheiten in temporal und lokal begrenzten, dabei freilich – eben dies ist der Witz *historischer* Untersuchungen – zu Vergleichs- und Erklärungszwecken aufeinander beziehbaren Ausschnitten geschehener Geschichte. Die dafür erforderliche Arbeit an sprachlichen Quellen, singulären oder

---

[44] Prägnant hierzu eine Passage des späten Textes »Stichwort: Begriffsgeschichte«, in *Begriffsgeschichten*, S. 99–102, 101 f.: »Der Überschritt in die sogenannte Diskursanalyse ergibt sich damit von selbst. Begriffe sind immer in Begriffsnetze eingespannt; es kommt nur darauf an, in welcher Tiefenschärfe die Quellen erfragt werden: Ob die Syn- oder Diachronie der Begriffe selber, ob die größeren Texteinheiten nach Sätzen, Abschnitten, Kapiteln, Büchern und den korrespondierenden Gegentexten analysiert werden oder ob der faktische oder virtuelle Sprachhaushalt insgesamt untersucht wird – samt den entsprechenden Äquivalenten anderer Sprachen.«

seriellen[45], wird durch Frageraster orientiert, die es erlauben, Begriffsbildungen bzw. Begriffsverwendungen als initiative oder reaktive Schritte innerhalb mehr oder minder komplexer Handlungszusammenhänge der politisch-sozialen Welt aufzuschlüsseln; so etwa, um an eine Musteranalyse zu erinnern, die Koselleck vorgelegt hat, Hardenbergs rechtspolitische Verwendung der historisch-semantisch tiefenverschiedenen, in der Initialphase der preußischen Reformen aber auf ein und dasselbe Bündel von Konfliktlinien und Regelungsinteressen bezogenen Begriffe ›Stand‹, ›Staat‹, ›Staatsbürger‹ und ›Klasse‹.[46]

In methodologisch generalisierter Normierung heißt dies:

> Primär fragt Begriffsgeschichte danach, wann, wo, von wem und für wen welche Absichten oder Sachlagen wie begriffen werden. Begriffsgeschichte fragt immer nach den einmaligen Herausforderungen, auf die im konkreten Wortgebrauch begriffliche Antworten sprachlich kondensiert werden.[47]

Hinsichtlich ihrer nur um den Preis analytischer Sterilität einzuklammernden Kontexteinbettung erkennt Koselleck politisch-sozi-

---

[45] Zur Frage der begriffsgeschichtlichen Ergiebigkeit unterschiedlicher Quellenarten hat sich Koselleck zuletzt in einem Entwurf für die Fragment gebliebene Einleitung des Bandes *Begriffsgeschichten* geäußert. Der Entwurf ist mitgeteilt und kommentiert in Carsten Dutt, »Nachwort. Zu Einleitungsfragmenten Reinhart Kosellecks«, in *Begriffsgeschichten*, S. 529–540, 536–540. Ohne die Legitimität der Erkenntnisziele und Untersuchungsverfahren historischer Diskurs- und Alltagssprachforschung zu bestreiten, spricht Koselleck sich darin im Interesse an der Auffindung semantisch innovativer »*Eck- und Wendepunkte*«, die die politisch-soziale Begriffslandschaft der Vergangenheit »*jeweils neu vermessen lassen*« und Antwort auf die Testfrage erteilen »*Was hat sich denn wirklich geändert – wann, wo, wie und warum?*«, für eine relative Privilegierung sogenannter »*Höhenkammliteratur als Quelle*« aus: »*Sie nämlich registriert oder produziert neue Einsichten, neue Erfahrungen, die dem Alltagssprecher normalerweise entgehen oder die zu finden er noch nicht fähig ist – weil es nicht die Aufgabe eines alltäglichen Sprechers ist, seine eigenen semantischen oder sozialen Voraussetzungen zu reflektieren.*« Im Übrigen betont Koselleck in diesem Zusammenhang Digital Humanities-freundlich, dass sich die sozialsprachlichen Sickereffekte der begrifflichen Innovationen von Höhenkammliteratur am sorgsamsten mit computergestützten Methoden auszählen und alsdann nach »*Vorkommen, Häufung und Verschleiß*« auch ausdeuten lassen.
[46] Vgl. R. Koselleck, »Begriffsgeschichte und Sozialgeschichte«, S. 109–113.
[47] R. Koselleck, »Stichwort: Begriffsgeschichte«, in *Begriffsgeschichten*, S. 99–102, 100.

al signifikanten Begriffen bekanntlich einen Doppelstatus zu. Sie sind demnach sowohl Indikatoren *für* als auch Faktoren *in* geschichtlichen Situationen bzw. – je nach Dimensionierung des begriffshistorischen Untersuchungsraums – Situationssequenzen oder Prozessen. Wiederum in den Worten Kosellecks:

> Ein Begriff ist nicht nur Indikator der von ihm erfassten Zusammenhänge, er ist auch deren Faktor. Mit jedem Begriff werden bestimmte Horizonte, aber auch Grenzen möglicher Erfahrung und denkbarer Theorie gesetzt.[48]

Anschaulicher lässt sich dies so sagen: Wer einen politisch-sozial signifikanten Begriff zu bilden oder aufzugreifen und alsdann erfolgreich in Umlauf zu setzen vermag – zum Beispiel den Begriff des *Klassenkampfes* –, der schafft einen Faktor, ein auf Weiter- oder Wiederverwendung angelegtes »Steuerungsinstrument der geschichtlichen Bewegung«[49], das in fallweise unterschiedlichen Intensitäten, Reichweiten und Fristen Weltbilder, Selbstverständnisse und Handlungsbereitschaften zu formen oder mitzuformen, zu stabilisieren oder einschlägig zu ändern vermag. Er handelt also – das Marx'sche Beispiel macht es evident – nicht weniger wirkungsmächtig und folgenreich als derjenige, der einen Generalstreik in die Wege leitet oder denselben niederschlägt.

Die theoretisch und methodisch belangvolle Konsequenz aus all dem ist, dass wir die Historie politisch-sozialer Begriffe im Sinne Kosellecks nicht allein als historische *Semantik*, sondern überdies als historische *Pragmatik* zu verstehen und so denn auch zu praktizieren haben. Begriffsgeschichte ermittelt demnach nicht nur *Begriffsinhalte* und *Begriffsumfänge* von mehr oder minder großer Verbreitung und Geltungskonstanz; in der diachron vergleichenden Aufschichtung ihrer durch synchrone Analysen gewonnenen Befunde zu so oder so eingebetteten und auf diese oder jene Weise situationsbezogenen Begriffsbildungen bzw. Begriffsverwendungen vielmehr auch die Genese und Geschichte von *Begriffsfunktionen*. Funktionen, also *Leistungen* von Begriffen, sind dabei primär Leistungen *für* diejenigen Akteure – Individuen oder Kollektive –, die sich den frag-

---

[48] R. Koselleck, »Begriffsgeschichte und Sozialgeschichte«, S. 120.
[49] R. Koselleck, »›Neuzeit‹. Zur Semantik moderner Bewegungsbegriff«, in *Vergangene Zukunft*, S. 300–348, 344.

Carsten Dutt

lichen Begriffen als Autoren oder Adepten, Multiplikatoren oder Adressaten zuordnen.[50] Wo immer Koselleck Begriffsfunktionen, ihre Entstehung und sozialsprachliche Verbreitung, ihre Konstanz oder ihren Wandel thematisiert, ermittelt er demgemäß die zugrundeliegenden Absichten und Ziele, Motive und Interessen (darunter selbstverständlich auch die Erkenntnisinteressen) derjenigen, die die

---

[50] Ginge es in diesem Aufsatz nicht nur um eine systematische, sondern überdies um eine einflussgeschichtlich informierte genetische Rekonstruktion der Koselleck'schen Methodik, wäre an dieser Stelle natürlich auf Carl Schmitt einzugehen. Der den Vorrang der Pragmatik begründende und allererst verständlich machende Gedanke der *essentiellen Situativität* politisch-sozialer Begriffsbildungen und Begriffsverwendungen stammt bekanntlich von ihm; und die einschlägigen Einflussverhältnisse sind neuerdings durch die Publikation des Briefwechsels Koselleck/Schmitt weiter profiliert worden. Vgl. Kosellecks ersten erhaltenen Brief an Schmitt vom 21. Januar 1953, in dem es nach einem Besuch im sauerländischen Plettenberg heißt: »[...] ich bin Ihnen für die strenge Mahnung dankbar, die Begriffe im Zuge ihrer Klärung stets auf die ihnen entsprechende Situation zurückzuführen. Es liegt in diesem Ansatz zweifellos der einzige Ausweg für die Geschichtswissenschaft, wenn sie überhaupt bestehen will, aus dem Historismus [...]« (Reinhart Koselleck, Carl Schmitt, *Der Briefwechsel 1953–1983 und weitere Materialien*, hrsg. von Jan Eike Dunkhase, Berlin, Suhrkamp, 2019, S. 9–13, 9f.). Eine schon 20 Jahre zuvor gedruckte Schriftversion der Schmitt'schen Wegweisungen konnte Koselleck in *Der Begriff des Politischen* und dort in den Passagen zum wesentlich *polemischen* Charakter »alle[r] politischen Begriffe, Vorstellungen und Worte« finden: »[S]ie haben eine konkrete Gegensätzlichkeit im Auge, sind an eine konkrete Situation gebunden, deren letzte Konsequenz eine (in Krieg oder Revolution sich äußernde) Freund-Feindgruppierung ist, und werden zu leeren und gespenstischen Abstraktionen, wenn diese Situation entfällt. Worte wie Staat, Republik, Gesellschaft, Klasse, ferner: Souveränität, Rechtsstaat, Absolutismus, Diktatur, Plan, neutraler oder totaler Staat usw. sind unverständlich, wenn man nicht weiß, wer in concreto durch ein solches Wort getroffen, bekämpft, negiert und widerlegt werden soll« (Carl Schmitt, *Der Begriff des Politischen. Text von 1932 mit einem Vorwort und drei Corollarien*. 9., korr. Aufl. Berlin, Dunker & Humblot, 2015, S. 29). Dass Koselleck Schmitts Blickeinstellung auf »das wesentlich Polemische der politischen Wort- und Begriffsbildung« (ebd.) übernommen hat, ist unverkennbar; ebenso unverkennbar ist, dass er den damit vindizierten *Primat der Pragmatik* analytisch ausdifferenziert und um das genuin begriffs*historische* Erkenntnisinteresse an der diachronen Tiefendimension und inneren Temporalität politisch-sozialer Begriffe erweitert hat. Begriffe erbringen demnach »nicht nur synchron einmalige Deutungsleistungen«, kraft der in ihnen aufgespeicherten semantischen und pragmatischen Potentiale, die hier so, dort anders erinnert, abgerufen und situationsspezifisch pointiert werden, sind sie vielmehr »immer zugleich diachron gestaffelt« (»Stichwort Begriffsgeschichte«, a.a.O., S. 100). Differenziert zu den methodologischen und begriffshistoriographischen Leistungen Schmitts: »Exkurs I« zu »Begriffsgeschichtliche Probleme der Verfassungsgeschichtsschreibung«, in *Begriffsgeschichten*, S. 382–387.

untersuchungsgegenständlichen Begriffe prägten oder umprägten, aufgriffen oder zurückwiesen – dies allerdings unter methodischer Berücksichtigung *struktureller Vorgaben* unterschiedlicher, z. B. sozio-ökonomischer, kommunikationstechnischer, rechtlicher, politischer oder sprachlicher Art sowie unterschiedlicher, hier nur Jahre oder Jahrzehnte, dort Jahrhunderte umspannender temporaler Tiefenerstreckung: »Je nach Fragestellung sind also in jeder Begriffsgeschichte Synchronie und Diachronie auf verschiedene Weise verschränkt, niemals isolierbar.«[51]

Dass sich die Begriffsbildungen und Begriffsverwendungen bedingende, hier einschränkende oder sogar inhibierende, dort fördernde oder sogar forcierende Macht von Strukturen und anderweitigen Randbedingungen durch ein rein intentionalistisches Beschreibungs- und Erklärungsvokabular nicht vollständig aufschließen lässt, liegt auf der Hand.[52] Es wäre ein Thema für sich und im Hinblick auf konkurrierende Modelle historischer Semantik, wie sie im deutschen Sprachraum insbesondere die systemtheoretisch basierten Vorschläge Niklas Luhmanns repräsentieren[53], keine unwichtige Aufgabe, den *moderaten*, d. h. *strukturgeschichtlich aufgeklärten Intentionalismus* der politisch-sozialen Begriffshistorie Kosellecks nach seinen analytisch-explanatorischen Leistungen und Grenzen zu evaluieren. Aber das kann ich an dieser Stelle nur als eines unter vielen Desideraten vermerken. Und so möge der Hinweis genügen, dass Koselleck selbstverständlich auch Begriffsfunktionen konzedierte, die nicht den intentionalen Profilen individueller oder kollektiver Akteure zuzurechnen sind, vielmehr eine Erklärung aus den Bestandsbedingungen sozialer Systeme oder Subsysteme – des Rechtssystems oder des Wissenschaftssystems zum Beispiel – erheischen.[54]

---

[51] R. Koselleck, »Stichwort: Begriffsgeschichte«, S. 100.
[52] Vgl. hierzu R. Koselleck, »Darstellung, Ereignis und Struktur«, in *Vergangene Zukunft*, S. 144–157.
[53] Vgl. Niklas Luhmann, *Gesellschaftsstruktur und Semantik. Studien zur Wissenssoziologie der modernen Gesellschaft*, 4 Bde., Frankfurt/Main, Suhrkamp, 1981–1999.
[54] Zuzugeben ist allerdings, dass das Koselleck'sche Untersuchungsdesign Begriffsfunktionen, die Historiker überhaupt nur theoriegeleitet zu identifizieren vermögen, nicht systematisch in den Blick rückt. Man denke – nochmals mit Luhmann – an gesellschaftlich ausdifferenzierte Funktionssysteme im Aspekt ihrer Selbstreferenz und Identitätsreflexion. Vgl. zur Sache den Abschnitt »Die Reflexionstheorien der Funktionssysteme« in Niklas Luhmann, *Die Gesellschaft der Gesellschaft. Zweiter Teilband. Kapitel 4–5*, Frankfurt/Main, Suhrkamp, 1998, S. 958–993.

Im Übrigen versteht es sich, dass jede akteurszentrierte Rekonstruktion der Pragmatik von Begriffsbildungen und Begriffsverwendungen den Weg über die Rekonstruktion der Pragmatik jener Äußerungen, Texte und Textreihen zu nehmen hat, in denen die betreffenden Begriffe begriffswortrepräsentiert greifbar sind: vom Parteiprogramm über die Parlamentsrede und das Gesetzblatt bis hin zur Denkschrift oder zum zeitdiagnostisch ambitionierten Roman. Denn erst auf diesem Konkretionsniveau semantisch-pragmatischer Analyse lässt sich der Unterscheidungs- und Erklärungswert jener Typisierungen von Begriffsgehalten und Begriffsfunktionen testen, die Koselleck in analytisch und bezeichnungspraktisch eindrucksvoller Erweiterung schon länger kommuner Kategorien wie *Leitbegriff*, *Kampfbegriff* oder *Feindbegriff* erarbeitet hat: *Aktionsbegriff, Bewegungsbegriff, Blindbegriff, Erfahrungsregistraturbegriff, Erfahrungsstiftungsbegriff, Erwartungsbegriff, Identifikationsbegriff, Integrationsbegriff, Kompensationsbegriff, Korrelationsbegriff, Legitimationsbegriff, Perspektivbegriff, Sukzessionsbegriff, Vorgriff, Zielbegriff, Zukunftsbegriff* und weitere mehr.[55]

Es kann mir an dieser Stelle nicht darum gehen, das Spektrum der zitierten Typisierungen, die Koselleck selbst niemals auch nur ansatzweise systematisiert hat, kriteriologisch aufzuschlüsseln, durch naheliegende Zusätze wie etwa die des *Delegitimationsbegriffs*, des *Repristinationsbegriffs*, des *Konsensbegriffs* oder des *Kompromissbegriffs* zu ergänzen und im Zuge dessen auch die Allfälligkeit der Kombination oder Überschichtung von Begriffsfunktionen, gemischter Pragmatiken also, zu modellieren. Feindbegriffe wie ›Ketzer‹, ›Ausbeuter‹ oder ›Rassist‹ zum Beispiel fungieren ja typischerweise zugleich als Delegitimationsbegriffe, im Aspekt ihres expliziten oder impliziten Sprecherbezugs überdies als Gegenidentifikations- oder Abgrenzungsbegriffe. Spannendere Fälle der funktionalen Bi- oder Polyvalenz politisch-sozialer Begriffe sind freilich diejenigen, in denen koaktive Begriffsfunktionen einander nicht verstärken, sondern bremsen oder sogar aufheben – sei es ungewollt, sei es absichtsvoll. Beides mag in intrikaten Lagen und infolge eines lagebezogen unsicheren oder taktisch vagierenden Intentions- und Aktionsgefüges

---

[55] Vgl. hierzu das von Katrin Stoll und Michael Zozmann zusammengestellte Begriffs- und Sachregister des Bandes *Begriffsgeschichten*, S. 541–556, 541 f. – Speziell zur Unterscheidung von Erfahrungsregistratur- und Erfahrungsstiftungsbegriffen s. »›Erfahrungsraum‹ und ›Erwartungshorizont‹«, S. 370 f.

derjenigen, die einschlägige Begriffe für ihre Zwecke einsetzen, gar kein so seltener Fall sein. Entscheidend ist jedenfalls, dass begriffshistorische Analysen ohne Befunde zum Handlungs- und Funktionswert von Begriffsbildungen bzw. Begriffsverwendungen nicht auskommen und dafür auf quellengestützt gebildete Typisierungen von Begriffsfunktionen angewiesen sind: *Ohne das Unterscheidungsnetz historischer Pragmatik bliebe Begriffsgeschichte auch als historische Semantik unter ihren analytischen und explanatorischen Möglichkeiten.*[56]

Als Geschichte politisch-sozial signifikanter Begriffe untersucht die Begriffshistorie nach Koselleck nun vorzugsweise solche Konzepte, die ausweislich der auf uns gekommenen Quellen über lange Zeitspannen hinweg einen ebenso zentralen wie anhaltend kontroversen Status einnahmen oder noch immer einnehmen und im Ergebnis ihrer Verwendungsgeschichte eine Pluralität historisch indizierter Schichten von Bedeutung in sich vereinigen: *Grundbegriffe* eben wie ›Staat‹, ›Geschichte‹, ›Gesellschaft‹, ›Freiheit‹, ›Demokratie‹ oder ›Volk‹, von denen sich nach Kosellecks vielleicht bündigster Formulierung immer dann mit Fug sprechen lässt, wenn

> alle konfligierenden Schichten und Parteien gemeinsam auf einen Begriff angewiesen bleiben, um ihre unterschiedlichen Erfahrungen, ihre schichtenspezifischen Interessen und parteipolitischen Programme miteinander zu vermitteln. Grundbegriffe erheischen ihre Verwendung, weil sie jene minimalen Gemeinsamkeiten erfassen, ohne die überhaupt keine Erfahrungen zustande kämen, ohne die weder gestritten werden könnte noch Konsens zu finden wäre. Ein Grundbegriff liegt also gerade dann vor, wenn er perspektivisch ausgelegt werden muß, um Einsicht zu finden oder Handlungsfähigkeit zu stiften.[57]

---

[56] Vgl. hierzu die nachgelassene Maxime: »Begriffsgeschichte treiben nötigt also, die Begriffe selber zu kategorisieren, um ihre Wirkungsweise zu erkennen und nachvollziehen zu können. Dann kann die Kategorisierung selbst zur Erkenntnis werden«, mitgeteilt in Carsten Dutt, »Nachwort. Zu Einleitungsfragmenten Reinhart Kosellecks«, in *Begriffsgeschichten*, S. 529–540, 534. – Die Frage, inwiefern die Kategorisierung von Begriffsfunktionen auch für die auf theoriegeschichtliche und näherhin philosophiehistorische Fragestellungen konzentrierten Sparten der Begriffsgeschichtsschreibung nutzbringend sein mag, muss hier offenbleiben. Dass es auch Pragmatiken philosophischer Theoriebildung gibt und dass dergleichen Pragmatiken sich mit der Angabe des unwandelbaren Zwecks der Mehrung philosophischer Erkenntnis nicht erschöpfend beschreiben lassen, liegt jedenfalls auf der Hand.
[57] R. Koselleck, »Stichwort: Begriffsgeschichte«, in *Begriffsgeschichten*, S. 99.

Nach diesem Doppelkriterium der Unverzichtbarkeit und Umstrittenheit, das sich übrigens, ohne von ihr beeinflusst zu sein, in manchem mit der Theorie der »essentially contested concepts« des britischen Philosophen und Politologen W. B. Gallie berührt[58], sind Grundbegriffe für Koselleck diejenigen Begriffe, ohne deren kontrovers interpretierbare und typischerweise auch kontrovers interpretierte Orientierungs-, Verständigungs- und Selbstverständigungsfunktion keine der in einem bestimmten Zeitraum interagierenden Größen der politisch-sozialen Welt auskommt. Der Grundbegriff ›Staat‹ etwa – so eines der Vorzugsbeispiele – wird in synchroner oder diachroner Auslegungskonkurrenz als Fürsten- oder Volksstaat, Rechts- oder Führerstaat, Nachtwächter- oder Sozialstaat projiziert, proklamiert, attackiert oder verteidigt – und solchermaßen semantisch wie praktisch umkämpft.[59]

Ich komme damit zum letzten und vielleicht wichtigsten Punkt meines Resümees des Koselleck'schen Modells von Begriffshistoriographie: zu ihrem wissenschaftlich, durch historisch gesicherte Erkenntnis, vermittelten wie überdies geschichtstheoretisch reflektierten *Gegenwartsbezug*. Gewiss lässt sich das von Koselleck entwickelte Methodenbesteck politisch-sozialer Begriffsgeschichtsschreibung auf alle Zeiträume der Geschichte übertragen – sofern sie durch einschlägige Zeugnisse sprachlich hinreichend dokumentiert sind. Sein unverwechselbares Profil gewinnt Kosellecks Forschungsprogramm jedoch in der Konzentration auf die sogenannte Sattelzeit als Geburtsphase der Moderne. Als schubweise Abkehr von der ständisch gegliederten, vorindustriell wirtschaftenden, durch dogmatisch und doxastisch starke Traditionen regulierten Welt Alteuropas ist sie ein hochkomplexer und hochdynamischer Geschichtsraum im Zeichen von bürgerlicher Aufklärung, Französischer und industrieller Revolution und beider Folgelasten. Koselleck – dies ist entscheidend! – hat freilich keinen Zweifel daran gelassen, dass dieser gegenwartshermeneutisch relevante Geschichtsraum weder politikgeschichtlich noch sozialgeschichtlich noch auch kulturgeschichtlich und erst recht nicht

---

[58] Vgl. W. B. Gallie, »Essentially Contested Concepts«, *Proceedings of the Aristotelian Society* 56 (1956), S. 167–198. Soweit ich sehe, hat Koselleck sich nicht zu Gallies Beiträgen geäußert; umgekehrt scheint dasselbe zu gelten. Für einen Vergleich siehe Melvin Richter, »Koselleck on the Contestability of ›Grundbegriffe‹«, in Dutt/Laube (Hg.), *Zwischen Sprache und Geschichte*, S. 81–94.
[59] Vgl. hierzu R. Koselleck, »Die Geschichte der Begriffe und die Begriffe der Geschichte«, in *Begriffsgeschichten*, S. 56–76, 64.

begriffsgeschichtlich reduzibel ist. Angemessen lässt er sich vielmehr nur multiperspektivisch und in diesem Sinne *holistisch* erfassen: als Interdependenzdynamik sozialgeschichtlicher, politikgeschichtlicher, kulturgeschichtlicher, bewusstseinsgeschichtlicher und eben – *in diesem Zusammenhang* – auch begriffsgeschichtlicher Wirklichkeitsanteile. Diese Interdependenzdynamik im Reflexionsmedium der ihr durch Sprachhandlungen von vielerlei Art und Funktion einverwobenen Begriffe zu erfassen, war und ist das »notwendigerweise auf Nachbarschaftshilfe« angewiesene,[60] die Zusammenarbeit von Begriffsgeschichte und Sozialgeschichte, Begriffsgeschichte und Politikgeschichte, Begriffsgeschichte und Kulturgeschichte etc., verlangende Ziel historischer Semantik und Pragmatik nach Koselleck.

Um die Vorgänge und Erträge der Sattelzeit übersichtlich zu machen, hat Koselleck jenen schon eingangs erwähnten Kriterienkatalog für den modernitätsspezifischen Wandel des Begriffshaushalts der politisch-sozialen Welt bereitgestellt. Man erinnert sich: die *Demokratisierung* (also die massenweise Verbreitung und die damit in nicht wenigen Fällen einhergehende abstraktive Erweiterung des Referenzumfangs) politisch-sozialer Begriffe[61]; die *Verzeitlichung* ihrer Bedeutungsgehalte und Orientierungsfunktionen (vor allem durch die Aufladung mit Denkfiguren und Handlungsimperativen futurisch orientierter Geschichtsphilosophie); schließlich die begriffspragmatisch durchschlagende *Ideologisierbarkeit* und/oder *Politisierung* altüberlieferter oder in der Sattelzeit neu gebildeter Konzepte. Diese vier epochalen Prozessmerkmale sind es, die nach Koselleck der poli-

---

[60] R. Koselleck, »Sozialgeschichte und Begriffsgeschichte«, in *Begriffsgeschichten*, S. 13.
[61] In einem einschlägig hochaggregierenden Befund spricht Koselleck geradezu von einem »*Zwang zur Abstraktion*«. Vgl. »Die Verzeitlichung der Begriffe«, in *Begriffsgeschichten*, S. 77–85, 84 f.: »Die politischen Begriffe müssen einen höheren Grad von Allgemeinheit gewinnen, wenn sie Leitbegriffe sein sollen. Sie dienen jetzt dazu, Menschen der verschiedensten Lebensräume und der unterschiedlichsten Schichten mit oft diametral entgegengesetzten Erfahrungen zugleich anzusprechen. Die Begriffe werden in ihrer Verwendung zu Schlagworten. Bezeichnend ist dafür der Weg des Ausdrucks ›Emanzipation‹, der von einem juristischen auf die natürliche Generationsfolge bezogenen terminus technicus zu einem geschichtsphilosophischen Bewegungsbegriff wird, der ganze Prozesse indiziert und praktisch auslösen hilft. Zunächst auf konkrete Individuen bezogen, dann auf Gruppen, Sekten, Kirchen, Nationen und Klassen oder Rassen ausgeweitet, die jeweils gleich Rechte fordern, wird der Ausdruck schließlich so sehr verallgemeinert, daß die Rückbeziehung auf konkrete Aktionen beliebig abrufbar wird.«

tisch-sozialen Sprache der Moderne in schubweiser Abkehr vom Begriffshaushalt der alteuropäischen Welt ihr spezifisches Gepräge gaben, wobei Koselleck selbst nachdrücklich betont hat, dass insoweit keinerlei taxonomische Ambitionen im Spiele seien und mithin auch keinerlei Anspruch auf kriteriologische Vollständigkeit.[62]

3. Zukünftige Aufgaben

Womit ich bei der zuerst von Christian Geulen umrissenen und inzwischen unter Federführung der Berliner Begriffshistoriker Ernst Müller und Falko Schmieder forschungsinstitutionell konkret gewordenen Intention wäre, die politisch-soziale Begriffsgeschichte des deutschsprachigen Raums in systematischer Untersuchung bis an die Jahrtausendwende heranzuführen und hierfür heuristisch optimierte Tendenzmerkmale und Verlaufshypothesen bereitzustellen.[63] Näherhin besteht der von Geulen in kritischer Fortbildung des Programms der *Geschichtlichen Grundbegriffe* in Vorschlag gebrachte »heuristische Vorgriff« in der Annahme, »dass die historisch-politische Sprache der Moderne im 20. Jahrhundert noch einmal einen Bedeutungswandel vollzog und durchmachte – oder vorsichtiger: dass die Transformationen, die *in* die Moderne führten, sich in einer

---

[62] Vgl. R. Koselleck, »Einleitung«, in *Geschichtliche Grundbegriffe*, S. XVIII, wo es zusammenfassend heißt: »Alle genannten Kriterien, die Demokratisierung, die Verzeitlichung, die Ideologisierbarkeit und die Politisierung bleiben unter sich aufeinander verwiesen. Ohne jeden Anspruch auf Vollständigkeit behalten sie heuristischen Charakter, um den Gebrauch neuzeitlicher Terminologie gegen deren vorrevolutionäre Zusammenhänge abgrenzbar zu machen. Aus dem heuristischen Vorgriff folgt nun keineswegs, daß ihn die Geschichte jedes Begriffs bestätigen müßte. Vielmehr gibt es zahlreiche Konstanten, die sich über die Schwelle von etwa 1770 hinweg durchhalten. Um die Ausdrücke in ihrer Andersartigkeit – oder Gleichartigkeit – während der Zeit vor rund 1770 zu erkennen, bedarf es deshalb des Rückgriffs in die Vorvergangenheit, die wieder ihre eigene Geschichte hat. Diese mag von Wort zu Wort verschieden sein und wird deshalb in zeitlich unterschiedlicher Tiefe zurückverfolgt. Die Entstehung der Neuzeit in ihrer begrifflichen Erfassung ist nur nachvollziehbar, wenn auch und gerade die früheren Sinngehalte der untersuchten Worte oder wenn die Herausforderung zu Neubildungen mit in den Blick gerückt werden.«
[63] Vgl. Christian Geulen, »Plädoyer für eine Geschichte der Grundbegriffe des 20. Jahrhunderts«, in *Zeithistorische Forschungen/Studies in Contemporary History*, Online-Ausgabe, 7 (2010), S. 79–97 (online zugänglich unter: http://www.zeithistorische-forschungen.de/16126041-Geulen-1-2010 [zuletzt abgerufen 1.8.2020]).

Kosellecks Wende zur Pragmatik

Transformation *der* Moderne fortsetzten.«[64] Es ist in der Tat offensichtlich, dass Koselleck und seine Mitstreiter ehedem ganz und gar auf den »Umwandlungsprozess *zur* Moderne«[65] abstellten, markante begriffsgeschichtliche Umwandlungsprozesse *innerhalb* der Nachschwellenzeit der Moderne hingegen weder systematisch erfassten noch überhaupt zu erfassen versuchten.[66] Aber selbstverständlich waren und sind entsprechende Umwandlungsprozesse innerhalb »unserer Präsenz«, von der Koselleck in der Einleitung zum ersten Band der *Geschichtlichen Grundbegriffe* bei aller Betonung von Beschleunigungsvorgängen bisweilen wie von einem semantisch-pragmatisch statischen, in der Tiefe unbewegten Zeitraum spricht, durchaus zu beobachten. Nicht nur, dass im 20. Jahrhundert neue Grundbegriffe wie ›Umwelt‹, ›Ökologie‹, ›Information‹, ›Kommunikation‹, ›Geschlecht‹ oder – für jeden Deutschen schmerzlich nachvollziehbar – ›Schuld‹[67] in Erscheinung getreten sind und einschlägige Auslegungskonkurrenzen auf sich gezogen haben. Auch ältere Grundbegriffe der politisch-sozialen Moderne, Begriffe wie ›Fortschritt‹, ›Technik‹, ›Gesellschaft‹ und ›Geschichte‹, haben unter semantisch-pragmatischen Aspekten ihr Gesicht gewandelt – in verschiedenen Phasen der Geschichte des 20. Jahrhunderts freilich in unterschiedlicher Weise. Um die entsprechenden Prozesse deskriptiv und explanatorisch in den Griff zu bekommen, hat nun Geulen seinerseits ein Quadrupel epochaler Trends und langfristiger Tendenzen für das 20. Jahrhundert benannt: die *Verwissenschaftlichung*, die *Popularisierung*, die *Verräumlichung* und die *Verflüssigung* von Begriffen in politisch-sozialen Sprachhandlungsfeldern.[68] Geulens Vorschläge sind inzwischen fachintern teils zu Recht gelobt, teils zu Recht kritisiert und auch ihrerseits nochmals ergänzt worden, so von Willibald Steinmetz, der mit Blick auf den deutschen Sprachraum einerseits, die ihn vielgestaltig infiltrierende anglophone Welt ande-

---

[64] Ebd., S. 81.
[65] R. Koselleck, »Einleitung«, S. XIV.
[66] Eine Ausnahme bildet Kosellecks bis in die Jahre der deutschen Wiedervereinigung führende Geschichte der Begriffe ›Volk‹ und ›Nation‹ in *Geschichtliche Grundbegriffe*, Bd. 7: Verw–Z, Stuttgart, Klett-Cotta, 1992, S. 380–431.
[67] Vgl. hierzu die begriffsgeschichtlichen Beiträge in Carsten Dutt (Hg.), *Die Schuldfrage. Untersuchungen zur geistigen Situation der Nachkriegszeit*, Heidelberg, Manutius, 2010.
[68] Vgl. C. Geulen: »Plädoyer für eine Geschichte der Grundbegriffe des 20. Jahrhunderts«, S. 86–93.

rerseits auch die nach 1945 einsetzende und seither ungebremste *Anglifizierung* der politisch-sozialen Begriffssprache hervorhebt.[69]

Ich kann mich an dieser Diskussion der Historiker nicht kompetent beteiligen, aus wissenschaftstheoretischer und methodologischer Sicht sei jedoch eine Anmerkung gestattet, die ich an Geulens Tendenzmerkmal der *Verwissenschaftlichung* der politisch-sozialen Begriffswelt des 20. Jahrhunderts anknüpfen will. Geulen bezieht sich damit nämlich exklusiv auf »den laufenden und sich im 20. Jahrhundert massiv intensivierenden Transfer von Theorien, Ideen und Konzepten zwischen einzelnen Disziplinen sowie zwischen diesen und anderen Gesellschaftsbereichen – also die Ausbreitung und Wanderung von Wissen im Medium des Begriffstransfers.«[70] In der Tat ist das Eindringen wissenschaftlichen bzw. wissenschaftsabkünftigen Vokabulars in die politisch-sozialen Diskurse des Jahrhunderts eine unbestreitbare Tatsache. Die Namen Darwin einerseits, Freud anderseits genügen, um entsprechende Vorgänge assoziationsreich zu belegen. Abgesehen von der Frage, ob die insoweit in Rede stehenden Transfers und Diffusionen tatsächlich als Prozesse der Szientifizierung wissenschaftsexterner Diskurse und nicht vielmehr (mit Nicolai Hartmann) als ein *Absinken* ursprünglich szientifischer Konzepte zu nur noch partiell verstandenen, weil ihren theoretischen Zusammenhängen entrissenen Einheiten zu qualifizieren sind[71], wird in dieser heuristischen Umrissskizze jedoch ein zweiter, und zwar der m.E. eigentlich wirkungsmächtige Modus der Verwissenschaftlichung unserer politisch-sozial signifikanten Begriffswelt übersehen. Ich meine die wissenschaftsförmige, in dieser oder jener Form *disziplinär und methodisch eingefasste Objektivierung* und die durch solche Objektivierung ermöglichte *reflexive Distanzierung* ihrerseits vorwissenschaftlich generierter und politisch-sozial exoterisch gebrauchter Begriffe, so zum Beispiel des volatilen Begriffs der Öffentlichkeit. In den liberaldemokratischen Gesellschaften des Westens – inzwischen bekanntlich in mehrfacher Hinsicht fragile, ja bedrohte Gebilde – werden dergleichen Begriffe nämlich nicht nur von politischen und so-

---

[69] Vgl. W. Steinmetz, »Some Thoughts on a History of Twentieth-Century Basic Concepts«, *Contributions to the History of Concepts* 7 (2012), S. 87–100.
[70] C. Geulen: »Plädoyer für eine Geschichte der Grundbegriffe des 20. Jahrhunderts«, S. 86.
[71] Vgl. Nicolai Hartmann, *Das Problem des geistigen Seins. Untersuchungen zur Grundlegung der Geschichtsphilosophie und der Geisteswissenschaften*, Berlin, De Gruyter, 1949, S. 536.

zialen Akteuren für ihre jeweiligen Zwecke gebraucht, orthogonal dazu vielmehr auch in den Diskursen einschlägiger Disziplinen der Geistes- und Sozialwissenschaften vergegenständlicht, wobei die wissenschaftlich institutionalisierte, zum Beispiel soziologische, politologische, rechtswissenschaftliche und eben auch – unser Thema! – geschichtswissenschaftliche Thematisierung politisch-sozialer Begriffe unter den Kommunikationsbedingungen moderner Mediengesellschaften ihrerseits in den politisch-sozialen Handlungsraum zurückstrahlt und dort nochmals auf zweiter Stufe beobachtet wird – mit welchen Absichten und zu welchen Effekten auch immer.

Um diesen zweiten Typ von Verwissenschaftlichung angemessen in den Blick zu rücken, bedarf es nun offensichtlich einer vorgängigen Reflexion des heuristisch in Ansatz gebrachten Tendenzmerkmals. Die erste Frage einer durchdachten Heuristik muss daher lauten: *Was kann Verwissenschaftlichung politisch-sozialer Begriffe im 20. Jahrhundert der Sache nach heißen – und wie lassen sich entsprechende Vorgänge historisch-empirisch identifizieren, unterscheidungstauglich kennzeichnen und erklären?*

Überdies: Wer die Geschichte politisch-sozialer Begriffe tatsächlich im Sinne Kosellecks als historische Pragmatik zu betreiben beabsichtigt, sieht sich nicht allein auf heuristisch brauchbare und zur Steigerung ihrer Brauchbarkeit metaheuristisch durchdachte Verlaufs- und Langzeithypothesen verwiesen, vielmehr ebenso auf einen umsichtigen und zur Sicherung von Umsicht methodisch kontrollierten Umgang mit jenem Fächer von Begriffsfunktionskennzeichnungen, den Koselleck uns hinterlassen hat. Soll die jetzt tätige oder demnächst tätig werdende Generation einschlägig interessierter Historikerinnen und Historiker methodischen Gewinn aus dem durch Kosellecks Kennzeichnungsvorschläge repräsentierten Unterscheidungsvokabular ziehen, bedarf es neben *kriteriologischer Kompetenz* – der Kompetenz, die einen erkennen lässt, was einen Begriff zum Identifikations- oder Kompensations-, zum Ziel- oder Legitimationsbegriff macht und wann demgemäß in Bezug auf welche Akteure und Situationen von entsprechenden Begriffsfunktionen die Rede sein kann – untersuchungspraktisch brauchbarer *Kategorienbildungen auf metabegrifflicher Stufe.* Ich denke dabei vorrangig an Kategorien, die die Begriffshistorie zur applikativen Differenzierung und differenzierenden Applikation der ihr zur Verfügung stehenden, sei es schon typisierten, sei es noch zu typisierenden Funktionskennzeichnungen anhalten, indem sie methodisch, in Default-Einstellung also mit der Kopräsenz unterschiedlicher Begriffsfunktionen im Verwendungsbereich ein und desselben Begriffswortes rechnen: Was für einen Akteur oder eine Gruppe von Akteuren ein Identifikationsbegriff ist – sagen wir »Umweltschützer« oder »Asylant« –, mag für andere zur selben Zeit und am selben Ort ein Feindbegriff sein. Eine in synchroner und *a fortiori* in diachroner Hinsicht nützliche, zur Vermeidung analytischer Einseitigkeiten geradezu unabdingbare Kategorie ist daher die des *Funktionspotentials* politisch-sozialer Begriffe, wie es sich in den quellensprachlich ausweisbaren Verwendungsspannen der betreffenden Begriffswörter manifestiert.

Als nicht weniger differenzierungsrelevant dürfte sich im Ausgriff auf eine politisch-soziale Begriffsgeschichte des 20. und frühen 21. Jahrhunderts die Unterscheidung von *kommunikativ manifesten* und *kommunikativ latenten Begriffsfunktionen* erweisen.[72] Um kommunikativ latente, d.h. im Ausdrucksbestand der Quellen beschwiegene und ehedem just durch das Medium des Beschweigens ermöglichte Begriffsfunktionen dingfest zu machen – etwa, um mit einem rezenten Beispiel zu schließen, die latenten Funktionen des Begriffs der Grenzsicherheit *(border security)* im Diskurs der US-amerikanischen Rechten –, bedarf es freilich der Kunst, zwischen den Zeilen zu lesen. Von Kosellecks begriffshistorischer Meisterschaft bleibt dafür bis auf weiteres am meisten zu lernen.

---

[72] Zur Abhebung des Begriffs der Kommunikationslatenz von dem der Bewusstseinslatenz siehe Niklas Luhmann, *Soziale Systeme. Grundriß einer allgemeinen Theorie*, Frankfurt/Main, Suhrkamp, 1984, S. 457 f.: »Man muß unterscheiden zwischen psychisch leistbarem Bewußtsein und Kommunikation. Entsprechend ist zwischen *Bewußtseinslatenz* und *Kommunikationlatenz* zu unterscheiden. Bewußtsein gehört zur (interpenetrierenden) Umwelt sozialer Systeme, Bewußtseinslatenz (Unbewußtheit, Unkenntnis) ist daher zunächst nur eine Umweltvoraussetzung für die Bildung sozialer Systeme. Allwissende psychische Systeme stünden im Verhältnis totaler Transparenz und könnten daher keine sozialen Systeme bilden. Davon zu unterscheiden ist Kommunikationslatenz im Sinne des Fehlens bestimmter Themen zur Ermöglichung und Steuerung von Kommunikation. Gewiß gibt es Zusammenhänge, da Kommunikation ein hinreichendes Maß von Bewußtheit erfordert und umgekehrt Bewußtsein zur Kommunikation drängt. Dennoch gibt es spezifische soziale Regulative, die Kommunikationsschwellen halten und bewußt mögliche Kommunikation verhindern.«

Jan Eike Dunkhase

Glühende Lava. Zu einer Metapher von Reinhart Koselleck

»Es gibt Erfahrungen, die sich als glühende Lavamasse in den Leib ergießen und dort gerinnen. Unverrückbar lassen sie sich seitdem abrufen, jederzeit und unverändert.« – Diese eindringlich formulierte Aussage findet sich in Reinhart Kosellecks Erinnerungen an sein persönliches Kriegsende in russischer Gefangenschaft. Der Text erschien im Mai 1995 in der *Frankfurter Allgemeinen Zeitung*. Die Erfahrung, von der hier die Rede ist, war die schlagartige Kenntnis vom millionenfachen Judenmord, wie sie der 22-Jährige im Mai 1945 in Auschwitz von einem polnischen Aufseher auf drastische Weise übermittelt bekam.[1]

Als er seinen Erinnerungstext veröffentlichte, war Koselleck bereits in der ersten Runde des Berliner Denkmalstreits als Kritiker der Erinnerungskultur im vereinigten Deutschland hervorgetreten.[2] Von der Abwehr eines kollektivsingulären Gedächtnisnarrativs war auch sein Text vom Mai 1995 getragen, dessen eigentliche Pointe die mögliche Existenz von »vielerlei Kriegsenden« selbst bei einem einzelnen Zeitgenossen war. Knapp zehn Jahre früher, als gezielte, wenngleich versteckte Stellungnahme zum westdeutschen Historikerstreit, hatte Koselleck gegen identitätspolitische Sinnstiftungen nach Auschwitz sein Konzept der »absurden Geschichte« in Stellung gebracht. Das Absurde ist dabei das, was die dem modernen Fortschrittsdenken eigene Vorstellung einer geschichtsimmanenten Gerechtigkeit durchkreuzt. Der Genealogie dieses existenzhistorischen Konzepts wurde

---

[1] Vgl. Reinhart Koselleck, »Glühende Lava, zur Erinnerung geronnen. Vielerlei Abschied vom Krieg: Erfahrungen, die nicht austauschbar sind«, in *Frankfurter Allgemeine Zeitung*, 6. Mai 1995.
[2] Siehe hierzu: Marian Nebelin, »Ikonologische Kämpfe. Reinhart Koselleck im Denkmalstreit«, in Hubert Locher und Adriana Markantonatos (Hg.), *Reinhart Koselleck und die Politische Ikonologie*, Berlin, Deutscher Kunstverlag, 2013, S. 54–69.

an anderer Stelle nachgegangen.[3] Die folgenden Ausführungen nähern sich Kosellecks Geschichtsdenken auf einer anderen Schicht, indem in groben Strichen und ohne systematischen Anspruch der historische Bedeutungshorizont umrissen wird, den die eingangs zitierte Lava-Metapher eröffnet.

Dass Metaphern nicht als zufälliger Redeschmuck zu betrachten sind, sondern als Hinweise auf tragende Vorstellungen eines Gedankensystems, »die umso wirksamer sind, als sie unthematisch mitlaufen und der Diskussion in der Regel entzogen bleiben«, bedarf seit Hans Blumenberg keiner weiteren Erklärung mehr.[4] Wenn wir die Metapher der glühenden Lava zu ergründen suchen, können wir uns dazu aber auch von Koselleck selbst angespornt sehen. »Denn zwangsläufig schiebt sich die Metaphorik ein, um den Übergang von geschichtlicher Erfahrung in wissenschaftliche Deutung zu ermöglichen.«[5] Nicht zuletzt mit seiner Geschichtsgeologie der »Zeitschichten« bewegte Koselleck sich dezidiert im metaphorischen Bereich. Man entrinne, schrieb er in diesem Zusammenhang, »den spatialen Metaphern nicht«.[6]

Kosellecks Metapher von der glühenden Lavamasse, die sich in den Leib ergießt und dort gerinnt, hat dadurch besondere Strahlkraft gewonnen, dass die *Frankfurter Allgemeine* sie in kompakterer Form zum Obertitel seines Artikels gemacht hat: »Glühende Lava, zur Erinnerung geronnen.« Für den Autor selbst war das genaugenommen nicht ganz saubere Bild – Lava *gerinnt* nicht – immerhin so signifikant, dass er im weiteren Verlauf seines Textes noch zwei weitere Male von einer »Lavamasse« schrieb, das eine Mal bezogen auf den täglichen Marsch durch das Tor mit der Aufschrift »Arbeit macht frei« in Auschwitz, das andere Mal bezogen auf den Anblick der Trikolore auf dem Straßburger Münster, den ihm eine im kasachischen Arbeits- und Umerziehungslager Karaganda gezeigte Wochenschau darbot. Einige Jahre später, in seinem Aufsatz »Formen und Traditio-

---

[3] Vgl. Jan Eike Dunkhase, *Absurde Geschichte. Reinhart Kosellecks historischer Existentialismus*, Marbach a. N., Deutsche Schillergesellschaft, 2015.

[4] Ulrich von Bülow und Dorit Krusche, »Nachwort«, in Hans Blumenberg, *Quellen*, Marbach a. N., Deutsche Schillergesellschaft, 2009, S. 86–96, hier S. 87.

[5] R. Koselleck, »Revolution als Begriff und als Metapher«, in, *Begriffsgeschichten. Studien zur Semantik und Pragmatik der politischen und sozialen Sprache*, Frankfurt a. M., Suhrkamp 2006, S. 240–251, hier S. 246.

[6] R. Koselleck, »Zeitschichten« in *Zeitschichten. Studien zur Historik*, Frankfurt a. M., 2000, S. 19–26; ders., »Einleitung«, in ebd., S. 9.

nen des negativen Gedächtnisses« von 2002, verwendete Koselleck die Metapher erneut. Diesmal bezog er sie auf die nicht übertragbaren Erfahrungen der Häftlinge in den nationalsozialistischen Lagern: »Sie füllen das Gedächtnis der Betroffenen, sie formen deren Erinnerungen, ergießen sich wie eine Lavamasse in ihre Leiber – unverrückbar und eingeschrieben.«[7] In einem Interview von 2005 formulierte er schließlich noch allgemeiner: »Die Primärerfahrung ist geronnene Lavamasse, die in den Leib gegossen ist und unverrückbar bleibt.«[8]

Einer der Ersten, denen die Lava-Metapher im Text vom Mai 1995 ins Auge stach, war Kosellecks Heidelberger Studienfreund Hans Robert Jauß, der wegen seiner verleugneten Mitgliedschaft in der Waffen-SS umstrittene Romanist. Einige Wochen nach der Publikation wies er Koselleck auf den eigentümlichen Umstand hin, dass die mit besagter Metaphorik beschriebene Prämisse dem Fazit von Marcel Prousts *Recherche du temps perdu* und damit auch seiner, Jauß', eigenen Sicht auf die Erinnerung geradezu widerspreche: Die aufrufbare *mémoire volontaire* würde das Vergangene fortschreitend entstellen und notwendig verfehlen, »wohingegen allein das unfreiwillige, durch einen Zufall wiedergebrachte Erinnern (›le souvenir involontaire‹) die derart verlorene Zeit authentisch – weil gerade im Vergessen unentstellt bewahrt – wiederfinden« lasse.[9] Aufs Elementarische reduziert, könnte man Jauß wohl eine Verwässerung des Gedächtnisses attestieren. Ein Grund mehr, der erd- und feuerverwandten Metaphorik Kosellecks Aufmerksamkeit zu schenken, oder, überspitzt formuliert: seinem historischen Vulkanismus. Denn wo eine historische Erfahrung als glühende Lava erscheint und die Erinnerung daran als erkaltete, gleicht die dahinterstehende Geschichte einem Vulkan.

Als Ausdruck einer lebendigen und dynamischen, dabei auch unberechenbaren und unbeherrschbaren Erde rückt der seit Menschengedenken mythologisch befrachtete Vulkan erst im 18. Jahrhundert voll ins Blickfeld des gebildeten Europäers[10] – in jenem Jahr-

---

[7] R. Koselleck, »Formen und Traditionen des negativen Gedächtnisses«, in *Vom Sinn und Unsinn der Geschichte. Aufsätze aus vier Jahrzehnten*, Carsten Dutt (Hg.), Berlin, Suhrkamp, 2014, S. 241–253, hier S. 244.
[8] »Ich war weder Opfer noch befreit. Reinhart Koselleck über die Erinnerung an das Kriegsende und Formen des Gedenkens« (Gespräch mit Christian Esch); in *Berliner Zeitung*, 7. Mai 2005.
[9] Jauß an Koselleck, 28. August 1995 (DLA, A: Koselleck).
[10] Die folgenden Ausführungen stützen sich auf: Joachim von der Thüsen, *Schönheit*

hundert also, in dem sich laut Koselleck ein temporaler Horizont eröffnete, der »die Erde und alles, was auf ihr [...] anzutreffen war, in eine geschichtliche Perspektive rückte«.[11] In jenem Jahrhundert, in dem auch die Geologie als Wissenschaft entstand, hatte sich die überlieferte christliche Vorstellung vom Vulkan als Höllenschlund bereits weithin verflüchtigt. Der Vulkan wurde nun zum Prüfstein moderner Weltverständnisse. Während das Erdbeben von Lissabon im Jahr 1755 mit brachialer Plötzlichkeit das Theodizee-Problem aufwarf, ließen die seinerzeit vergleichsweise wenig Opfer fordernden Vulkanausbrüche noch optimistischere Deutungen zu. Erst die englischen Physikotheologen, dann entschiedener noch die Deisten der Aufklärung gewannen dem einstigen Schreckensberg wohltätige Zwecke ab. Kein Geringerer als Kant folgte der Theorie, wonach die Druckentlastung des Erdinneren durch Vulkane Erdbeben gerade verhindere. Auch im Artikel »Volcans« in Diderots *Encyclopédie* von 1765 ist zu lesen, Vulkane müssten »als die Luftlöcher der Erde oder als Kamine betrachtet werden, durch welche die Erde sich der brennenden Stoffe entledigt, die ihren Leib verzehren. [...] Ansonsten würden diese Kräfte auf unserem Erdrund viel schrecklichere Umwälzungen hervorbringen als die, die wir bei den Erdbeben am Werk sehen.«[12]

Allgemein war es jedoch, wie Joachim von der Thüsen in seiner eindrucksvollen Kulturgeschichte des Vulkanismus im 18. Jahrhundert gezeigt hat, gerade das Wechselspiel von Faszination und Schrecken, das dem Vulkan nicht nur die Aufmerksamkeit von erdkundigen Gelehrten, sondern auch von unzähligen Künstlern sicherte, die im Vulkanausbruch ein Modell des Erhabenen erblickten. Nicht von ungefähr entlud sich die kulturelle Produktion seinerzeit in erster Linie am Vesuv, dessen Lage in der kampanischen Ideallandschaft das Nebeneinander von todbringender Gewalt und lebensspendender Fruchtbarkeit bildhaft vor Augen führte – eine säkularisierte Hölle in einem irdischen Paradies.

---

und Schrecken der Vulkane. Zur Kulturgeschichte des Vulkanismus, Darmstadt: Wissenschaftliche Buchgesellschaft 2008. Siehe auch: David McCallam, *Volcanoes in Eighteenth-Century Europe. An Essay in Environmental Humanities*, Liverpool, Liverpool University Press, 2019. Zur geologischen Absicherung vgl. Hans-Ulrich Schmincke, *Vulkanismus* (2010), 4. Aufl., Darmstadt, Wissenschaftliche Buchgesellschaft, 2013.
[11] R. Koselleck, »Einleitung«, in *Zeitschichten*. S. 10.
[12] Zit. nach: J. von der Thüsen, *Schönheit und Schrecken der Vulkane*, S. 39.

Neapel war auch der eigentliche Geburtsort der Vulkanologie. Hier, mit dem im 18. Jahrhundert zwar rege, aber weitgehend harmlos erumpierenden Vesuv vor Augen, entwickelte William Hamilton seine vulkanistische Schöpfungslehre, jener britische Gesandte und Kunstsammler, der Susan Sontag zu Betrachtungen über das Wesen des Vulkans inspiriert hat: »A body, a monstrous living body, both male and female. It emits, ejects. It is also an interior, an abyss. Something alive, that can die. Something inert that becomes agitated, now and then. Existing only intermittently. A constant menace. If predictable, usually not predicted. Capricious, untameable, malodorous.«[13]

Die konsequente Formulierung der einschlägigen Theorie des Vulkanismus bzw. Plutonismus blieb Hamiltons schottischem Landsmann James Hutton überlassen, der ein Zentralfeuer im Erdinneren für die Entstehung der Gesteine, Gebirge und Kontinente verantwortlich machte. Im Gegensatz dazu stand die Lehre des Neptunismus, wie sie der deutsche Geologe Anton Gottlob Werner vertrat. Diese konservativere Theorie der Erdgeschichte, die den Ursprung der Gesteinsentwicklung im Wasser, genauer: in einem Urmeer ansiedelte, vertrug sich besser mit der biblischen Schöpfungsgeschichte. Sie tat sich allerdings schwer damit, die feuerspeienden Berge in ihr Weltbild zu integrieren.

Dass Reinhart Koselleck diese Kontroverse, an der sich um 1800 die Geister schieden, in seiner Lehre von den Zeitschichten unbeachtet ließ, ist ebenso bedauerlich wie verwunderlich – umso mehr, als er 1993 in Weimar seine Geschichtsauffassung so gekonnt mit der unzeitgemäßen Geschichte eines Naturforschers zur Deckung brachte, dem diese Kontroverse ganz und gar nicht gleichgültig war.[14] Goethe war bekanntlich ein Parteigänger des Neptunismus, den er mit seinen Aufsätzen über den Granit beförderte. Als er auf seiner italienischen Reise, die ja auch eine *geologische* Bildungsreise war, im Februar 1787 in Neapel eintraf, trieb die Neugier des Naturbeobachters aber auch ihn wiederholt zum Vesuv. Während er den dortigen Anblick noch bei seiner zweiten Exkursion für »weder unterrichtend noch erfreulich«

---

[13] Susan Sontag, *The Volcano Lover. A Romance* [1992], London u. a., Penguin, 2009, S. 5 f.
[14] R. Koselleck, *Goethes unzeitgemäße Geschichte*, Heidelberg, Manutius, 1997.

befand,[15] überwog schließlich doch die Faszination. Dass er den neuerlich erumpierenden »Höllengipfel« an seinem letzten Abend in Neapel aus gesichertem Abstand auf dem Balkon der kultivierten Herzogin von Giovane wie ein Kunstwerk betrachten konnte, quasi umrahmt und eingefasst, wirkte versöhnend. Dennoch kehrte Goethe mit seiner Abreise nach Rom dann auch der ungestaltet-wilden Materie für immer den Rücken. Als ein ikonisches Zeugnis seiner Grundstimmung mag das berühmte Tischbein-Porträt »Goethe in der Campagna« dienen. Man sieht, wie hier die vulkanischen Hügel weit in den Hintergrund gedrängt sind, während der Dichter im Vordergrund auf Steinblöcken ruht, die nach Expertenmeinung nur auf das neptunistische Urgestein verweisen können, den Granit. Für Goethes klassisches Harmonieideal stellte der Vulkanismus in seiner Gewaltsamkeit einen zu marginalisierenden Störfaktor dar – umso mehr, als der Vulkan bald nach seiner Italienreise zur Metapher für eine aus den Fugen geratene Geschichte wurde.

Die Französische Revolution ist von Beginn an mit einer Vielzahl von katastrophischen Naturmetaphern beschrieben worden. Während ihre Gegner mit ihnen das Unmenschliche und Gewaltsame des Ereignisses zum Ausdruck bringen wollten, führten ihre Parteigänger sie zur Legitimierung eines gleichsam natürlichen Prozesses bzw. Progresses ins Feld. Am Anfang waren vor allem seismische und meteorologische Metaphern verbreitet, Erdbeben, Gewitter, nicht zuletzt der Sturm. Doch kam bald auch der Vulkan zu revolutionären Ehren. Schließlich förderte die *éruption*, der »Ausbruch« der Revolution, einiges Feuer zutage. Bereits im Herbst 1789 war in der Zeitschrift *Révolutions nationales* explizit von einem Vulkanausbruch die Rede: »Wir haben am 14. Juli den schrecklichen und donnernden Ausbruch des Vulkans erlebt, wir hatten geglaubt, dass wir das Ende der Explosion gesehen hätten; und nun speit er erneut einen Strom feuriger Lava, der uns weitere Erschütterungen befürchten lässt.«[16]

Dabei war der Vulkan keineswegs von vornherein eine historische Heilsmetapher. Angesichts des Aufstands in der Vendée warnte etwa im Oktober 1793 Bertrand Barère in *Le Moniteur Universel*, dieser »Schmelztiegel, in dem die nationale Bevölkerung geläutert wird und der schon lange zerschlagen hätte sein müssen«, drohe

---

[15] Johann Wolfgang Goethe, *Italienische Reise*, 25. Aufl. Frankfurt a. M., Insel, 2017, S. 255.
[16] Zit. nach: J. von der Thüsen, *Schönheit und Schrecken der Vulkane*, S. 147.

»noch immer ein gefährlicher Vulkan zu werden«.[17] Schon zwei Wochen später konnte der deutsche Jakobiner Georg Forster unter umgekehrten Vorzeichen seiner Frau Therese berichten: »Wir haben die Vendee nun ausgerottet, und so werden wir ausrotten, was sich uns widersetzt. Es ist eher an keine Ausgleichung zu denken, als bis man bittend zu uns kommt. Die Lava der Revolution fließt majestätisch und schont nichts mehr. Wer vermag sie abzugraben?«[18]

Mit dem Aufstieg der Bergpartei *(La Montagne)* im Nationalkonvent war der Berg zu einem Zentralsymbol der Revolution geworden. Während die moderaten Abgeordneten im feuchten Sumpf, dem *Marais*, vermodern sollten, schlug die heilsgeschichtliche Hitze im Zeichen der *Terreur* auch metaphorisch zu Buche: »Und ihr, auf immer in den Annalen der Geschichte gepriesene Mitglieder des Berges, seid der Sinai der Franzosen!«, beschwor *Le Moniteur* im September 1793: »Geheiligte Montagne, werde ein Vulkan, dessen heiße Lavaströme die Hoffnung der Bösewichter für alle Zeiten zerstören und jene Herzen verbrennen, denen noch ein Gedanke an das Königtum innewohnt!«[19]

Noch Jahrzehnte später diente der Vulkan als Revolutionsmetapher. Eindrücklich belegt dies Auguste Desperrets Lithografie aus der Zeitschrift *La Caricature* von 1833 mit dem Titel »Troisième éruption du volcan de 1789«. Sie zeigt einen feuerspeienden Vulkan, dessen Fontäne den vertikalen Schriftzug »Liberté« gen Himmel schickt, während am Hang auf den Inseln zwischen den Lavaströmen Flaggen verschiedener Nationalitäten flattern.[20]

So gesehen, erscheint der Vulkan als ein Topos jenes utopischen Überschusses, dem der junge Koselleck bald nach 1945 als Triebkraft des Weltbürgerkriegs schreibend zu Leibe rückte. Schon Jahre vor seiner Doktorarbeit, *Kritik und Krise*, in einem seiner frühesten überlieferten Texte, einem um 1950 im Kolloquium Alfred Webers gehaltenen Referat mit dem Titel »Der Jakobinismus und die Französische Revolution«, setzte der Heidelberger Student sich kritisch mit der »Diesseitsreligion« auseinander, die im 18. Jahrhundert zum »Durchbruch« gekommen sei. In dem, was er als »Jakobinerreligion« be-

---

[17] Zit. nach: ebd., S. 148.
[18] Zit. nach: ebd., S. 159.
[19] Zit. nach: ebd., S. 151.
[20] Siehe die Abbildung in ebd., S. 153.

zeichnete, identifizierte er den geistigen Vorläufer, das *mindset* des zeitgenössischen Totalitarismus.[21]

Die Lavametaphorik, die Koselleck ein halbes Jahrhundert später zur Schilderung seiner Erfahrung des Kriegsendes bemühte, zieht ihre unmittelbare semantische Kraft freilich nicht aus der Französischen Revolution, sondern aus dem, was der vom Nationalsozialismus verursachte Weltkrieg hinterlassen hatte. Bilder von Trümmerfeldern, zerbombten und verbrannten Städten, auch von Leichenbergen in den Lagern, legten die Assoziation der erkalteten Katastrophenspur nahe. Hermann Kasack etwa, der mit seinem 1947 erschienenen spätexpressionistischen Roman *Die Stadt hinter dem Strom* viele Leser ansprach, beschrieb den Schauplatz seines Werks in einer noch während des Krieges veröffentlichten Vorstudie wie folgt: »Die Landschaft dehnte sich in einem endlosen lavaähnlichen Gestein, das sich in unregelmäßigen Blöcken schichtete.«[22] Dazu passt die Beschreibung der Lavafelder, die der Schriftsteller Gerhard Nebel in den fünfziger Jahren auf Lanzarote in Augenschein nahm: »Nichts kann das Auge weiden, auf keiner Form kann der Blick ruhen, alles ist wüst, verzackt, scharf, durchlöchert, aufbegehrend, zerhackt, ungeschichtetes, gegeneinander kämpfendes Mineral, eine in Agonie um sich krallende und schreiende Kreatur.«[23]

Wenig spricht dafür, dass Koselleck Nebels entlegenen Text gekannt hat. Doch stand hinter seiner Lava-Metaphorik das historische Erfahrungsbewusstsein eben jener kreatürlichen Agonie, die Nebel in dem vulkanischen Gestein gespiegelt sah. Auch Kasacks kleines Prosastück mit dem Titel »Der Totentraum« wird Koselleck kaum gelesen haben. Nachweislich gelesen – und dies nicht nur einmal – hat er allerdings das 1950 erschienene Werk *Lazare parmi nous*, »Lazarus unter uns« von Jean Cayrol, der 1942 als Mitglied der Résistance in das Konzentrationslager Gusen bei Mauthausen deportiert worden war. Cayrol aktualisierte die biblische Figur des von den Toten auferweckten Lazarus in zeitdiagnostischer Absicht. Die Überlebenden der Konzentrationslager wollte er als Verkörperung eines allgemeine-

---

[21] R. Koselleck, »Der Jakobinismus und die Französische Revolution« (DLA, A: Koselleck). Siehe dazu: J. E. Dunkhase, *Absurde Geschichte*, S. 23–25.
[22] Hermann Kasack, »Der Totentraum«, in *Mosaiksteine. Beiträge zu Literatur und Kunst*, Frankfurt a.M., Suhrkamp, 1956, S. 355–358, hier S. 357.
[23] Gerhard Nebel, »Kanarischer Vulkanismus«, in *Eckart* 23 (1953/54), S. 202–207, hier S. 206.

ren »lazarenischen« Daseinszustands der Gegenwart verstanden wissen. Sein eigentliches Thema waren dabei die Träume von KZ-Häftlingen.

Bei Koselleck, der die deutsche Fassung 1959 von der Übersetzerin zu Weihnachten geschenkt bekam, hinterließ Cayrols Werk einen tiefen Eindruck. Es stand am Anfang seiner langjährigen Auseinandersetzung mit Träumen im Dritten Reich, die sich in mehreren Vorträgen niederschlug und schließlich in seinen erstmals 1979 im Band *Vergangene Zukunft* publizierten Aufsatz »Terror und Traum« mündete.[24] Sein Exemplar von *Lazarus unter uns* weist intensive Lesespuren auf, wobei einige der markierten Passagen Eingang in den Sprachhaushalt des Historikers fanden. Dazu zählt Cayrols prägnante Wendung »die Erinnerungen sind nicht übertragbar«. Dazu zählt aber auch die folgende Stelle, die Koselleck mit einem markanten Pfeil versah: »Wir gestatten es uns, in einem geistigen Magma zu leben, in dem sich unser Bewußtsein einem Lavastrom vergleichbar rings um die neuralgischen Punkte unserer Verworfenheit verhärtet.«[25]

Die philologische Provenienz von Kosellecks vulkanischer Metapher mag mit diesem Quellenbefund geklärt sein. Das Potential, das die Wendung von der »glühenden Lava« als Geschichtsmetapher in sich birgt, ist damit aber noch nicht ausgeschöpft. Ein erster Schritt in diese Richtung wäre, sie aus ihrer Gebundenheit an den spezifischen erinnerungstheoretischen Kontext zu befreien, innerhalb dessen Koselleck sie verwendet hat, und sie dem terrestrischen Metaphernreservoir seiner Zeitschichten-Historik einzuverleiben. So könnte der Vulkan als ein geologisches Modell für die historische Verhältnisbestimmung von Wiederholung und Einmaligkeit, Struktur und Ereignis dienen, die den Geschichtstheoretiker über Jahrzehnte umgetrieben hat.[26] Was diese Frage anging, hielt er – unter Verweis auf nicht ausbleibende Brüche, Risse und Revolutionen, aber eben auch *Eruptionen* – noch in einem seiner überhaupt letzten Texte daran fest, »in der geologischen Metaphorik zu bleiben, was ja im Hinblick auf

---

[24] Siehe dazu J. E. Dunkhase, *Absurde Geschichte*, S. 25–28.
[25] Jean Cayrol, *Lazarus unter uns*, übersetzt von Sigrid von Massenbach, Stuttgart, Schwab, 1959, S. 65 und 8.
[26] Vgl. etwa R. Koselleck, »Darstellung, Ereignis und Struktur« (1973), in *Vergangene Zukunft. Zur Semantik geschichtlicher Zeiten*, 4. Aufl., Frankfurt a.M., Suhrkamp, 2004, S. 144–157.

unsere Abhängigkeit von der Erdgeschichte nicht ohne Hintersinn sein mag«.[27]

Nimmt man den Nachsatz beim Wort, würde die wichtigste Herausforderung darin bestehen, der schlichten Einsicht zu begegnen, dass der Vulkan kein reines Naturschauspiel ist, das sich der Mensch etwa zur Beschreibung menschlicher Katastrophen metaphorisch aneignen kann, sondern Ausdruck einer widerständigen Erde, mit der der Mensch in Konflikt steht.[28] Dabei müsste nicht zuletzt jene »Denaturalisierung des geographisch vorgegebenen Raumes« als historisches Problem ernstgenommen werden, die Koselleck 1986 als spezifischen Vorgang der Moderne diagnostiziert hat. Angesichts des rasanten Schwunds an natürlichen Ressourcen rief er schon damals – zur gleichen Zeit, in der er auch die absurde Geschichte ins Feld führte – die »Kunde der ehrwürdigen Historie« in Erinnerung, »die ehedem Natur und Menschenwelt als Einheit begriffen« habe.[29]

Auch insofern erscheint die ehrwürdige Historie Reinhart Kosellecks heute aktueller denn je. Seine geschichtsmetaphorische Geologie lässt sich gut mit der Gaia-logie verbinden, die Bruno Latour in seinen einschlägigen Vorträgen über das neue Klimaregime entwickelt hat. Latour, der sich in *Kampf um Gaia* zwar nicht mit Koselleck, aber mit dessen Mentor Carl Schmitt auf die Suche nach einem neuen Nomos der Erde macht, berichtet von einem denkwürdigen Fund: Vor einigen Jahren sind Geologen auf Hawaii erstmals auf ein Gestein gestoßen, das zum Teil aus Lava und zum Teil aus Plastik besteht.[30] Wer wollte da noch Mensch und Natur auseinanderhalten?

---

[27] R. Koselleck, »Wiederholungsstrukturen in Sprache und Geschichte« (2006), in *Vom Sinn und Unsinn der Geschichte*, S. 96–114, hier S. 110.
[28] Vgl. hierzu: Gillen D'Arcy Wood, *Tambora. The Eruption that Changed the World*, Princeton und Oxford, Princeton University Press 2014; Wolfgang Behringer, *Tambora und das Jahr ohne Sommer. Wie ein Vulkan die Welt in die Krise stürzte* [2015], 5. Aufl., München, Beck, 2018.
[29] R. Koselleck, »Raum und Geschichte«, in *Zeitschichten*, S. 78–96, hier S. 94.
[30] Bruno Latour, *Kampf um Gaia. Acht Vorträge über das neue Klimaregime*, Frankfurt a. M., Suhrkamp, 2017, S. 208.

Marie-Claire Hoock-Demarle

»Une escapade en germanistique«.
Histoire et littérature selon Koselleck

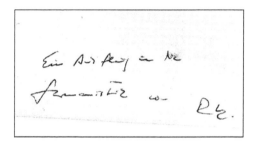

Figure 1: *Ein Ausflug in die Germanistik von R. K.* *

Ein Bisschen darf auch der Historiker erfinden[1]

Dans les contributions réunies dans ce volume autour de Koselleck, de son œuvre et de sa réception, il est abondamment question des enjeux théoriques et des approches empiriques de son œuvre. Y est également évoqué le dialogue constant et constructif mené par Koselleck avec les représentants des disciplines voisines, tout comme les transpositions faites d'un champ de recherche à l'autre, les transcriptions d'un genre à l'autre, tout ce mouvement de »*Umsetzung*«, »*Übersetzung*« inlassablement pratiqué par Koselleck. Autant de choses qui vont dans le sens de l'interdisciplinarité chère à Koselleck, auteur d'un éclairant mot-valise »*Bindestrichwissenschaften*«, qu'on pour-

---

* Dédicace d'un tiré à part de la conférence »Goethes unzeitgemäße Geschichte« de Reinhart Koselleck (Weimar, Assemblée générale de la Goethe-Gesellschaft, 1993), parue in *Goethe-Jahrbuch*, n° 110, 1993, p. 27–39.
[1] »L'historien a lui aussi un petit peu le droit d'inventer«. Extrait du discours de réception du Prix Sigmund Freud tenu devant la *Deutsche Akademie für Sprache und Dichtung* de Darmstadt le 23 octobre 1999 (cité »Darmstädter-Rede«). Le *Prix Sigmund Freud* est décerné »aux scientifiques qui publient en allemand et contribuent par la qualité de leur style de langage au développement de l'usage de la langue dans leur domaine de spécialité« (https://www.deutscheakademie.de/de/auszeichnungen/sigmund-freudpreis/reinhart-koselleck/dankrede). L'Académie de Darmstadt décerne également le Prix Georg Büchner.

rait traduire par »sciences-traits d'union«[2], et dont il définit ainsi les contours :

> Car les prémisses théoriques de chaque science ne se limitent jamais à cette seule science : ils contiennent toujours des éléments prêts à se transplanter, qui sont valables pour d'autres sciences ou, au moins – ce qui est bien plus intéressant – peuvent prétendre à l'être.[3]

Ce fut d'ailleurs son tout premier combat en arrivant à Bielefeld, où membre fondateur du ZIF, le bien nommé *Zentrum für interdisziplinäre Forschung* créé en 1968, il s'engage dans une programmatique réorganisation ou plutôt refondation de l'université de Bielefeld.

Il a été beaucoup question, à propos de Koselleck, d'histoire conceptuelle, de sémantique historique, d'anthropologie historique, d'iconographie mémorielle puisant tant au domaine de l'iconographie que de la photographie. Mais parmi les multiples facettes de la réflexion kosellekienne évoquées dans ce volume manque de toute évidence l'analyse, récurrente dans ses essais, que Koselleck a consacrée, souvent par le biais de la fiction, au champ de la littérature, de la langue et de l'écriture littéraire. Or c'est un terrain que Koselleck affectionnait particulièrement pour son voisinage complexe avec le champ de l'histoire. Dans son essai paru en 1976 *Fiktion und geschichtliche Wirklichkeit* il faisait déjà le constat d'une aporie qui n'a depuis cessé de le questionner :

> La réalité historique n'est jamais entièrement couverte par ce qui en elle ou à son propos peut être articulé par le langage […]. Il nous faut partir du constat qu'aucune articulation par le biais du langage, de quelque ordre et de quelque rang soit-elle, n'atteint jamais ce qui s'accomplit vraiment dans l'histoire. L'histoire ne s'accomplit certes jamais sans le langage mais en même temps elle est toujours quelque chose d'autre : quelque chose de plus ou de moins.[4]

---

[2] R. Koselleck, »Interdisziplinäre Forschung und Geschichtswissenschaft«, in *Vom Sinn und Unsinn der Geschichte*, Berlin, Suhrkamp, 2010, p. 60.

[3] R. Koselleck, »Interdisziplinäre Forschung und Geschichtswissenschaft«, in *Vom Sinn und Unsinn der Geschichte*, p. 53 : »Denn die theoretischen Prämissen einer jeweiligen Wissenschaft lassen sich nie auf die einzelne Disziplin reduzieren : immer enthalten sie übergreifende Elemente, die auch für andere Wissenschaften gelten oder zumindest, was oft interessanter ist, Geltung beanspruchen können«.

[4] R. Koselleck, »Fiktion und geschichtliche Wirklichkeit«, in *Vom Sinn und Unsinn*

Cette aporie fut au cœur des débats menés dans les années 70 par Koselleck avec les littéraires et linguistes de Bielefeld, le linguiste Harald Weinrich – lui aussi lauréat en 1977 du Prix Sigmund Freud – et le germaniste Wilhelm Vosskamp, spécialiste de la recherche sur l'utopie, réunis dans une seule faculté »Lili«, *Linguistik und Literatur*. Sans oublier la présence du père fondateur, le sociologue Helmut Schelsky, président du Comité de fondation de l'Université de Bielefeld où il enseigne de 1970 à1973 et les années passées au ZIF à partir de 1978 par un Norbert Elias, très motivé par les nouvelles modalités de recherche offertes par le ZIF et les innombrables discussions avec ses collègues bielefeldois. De fait, les discussions dépassent vite le cadre de Bielefeld, gagnent l'Université de Constance, l'autre pôle du renouvellement des enseignements et de la recherche universitaires en Allemagne. Y enseignent l'angliciste Wolfgang Iser et le romaniste Hans Robert Jauss et y est hébergé le cercle *Poetik und Hermeneutik* créé dès 1963 par Hans Robert Jaus.[5] Koselleck reprend alors à son compte le terme de sociologie de la littérature, mis en avant par l'Ecole de Constance[6], y trouvant une approche ›renouvelée‹ bien plus adéquate du champ de la philologie, de la germanistique en particulier, tout en insistant sur un danger qui met la littérature dans une position difficile, analogue à celle de l'histoire:

---

der Geschichte, p. 88, 89: »Geschichtliche Wirklichkeit kommt nie zur Deckung mit dem, was sprachlich in ihr und über sie artikuliert werden kann [...] Wir dürfen davon ausgehen, dass keine sprachliche Artikulation, gleich welcher Art und welchen Ranges, jemals das erreicht, was sich in der Geschichte wirklich vollzieht. Geschichte vollzieht sich zwar nie ohne Sprache, sie ist aber zugleich immer anderes: mehr oder weniger«.

[5] Hans Robert Jauss (1921–1997), Wolfgang Iser (1926–2007) et Reinhart Koselleck ont été camarades d'études dans les années cinquante à Heidelberg.

[6] H. R. Jauss et W. Iser fondent l'Ecole de Constance autour de deux thématiques nouvelles, la *Rezeptionsästhetik* et la *Wirkungsästhetik* qui rompent avec la tradition philologique représentée depuis le XIXème siècle par, entre autres, les Frères Grimm. La conférence inaugurale de Jauss à Constance en 1967 portait le titre programmatique: »Was heisst und zu welchem Ende studiert man Literaturgeschichte?«. Elle a été publiée en 1967 sous le titre: »Literaturgeschichte als Provokation der Literaturwissenschaft«, in *Konstanzer Universitätsreden*, n° 3, Universitätsverlag, 1967, traduction française in H. R. Jauss, *Pour une esthétique de la réception*, traduit par C. Maillard, Paris Gallimard, 1978. La conférence inaugurale de Iser à Constance (1969) intitulée »Appelstruktur der Texte« a été publiée sous le même titre in *Konstanzer Universitätsreden* n° 28, Universitätsverlag, 1971, traduction française *L'appel du texte. L'indétermination comme condition d'effet esthétique de la prose littéraire*, traduit par V. Platini, Paris, Allia, 2012.

[Permettez-moi] une dernière réflexion sur l'histoire de la littérature *(Literaturhistorie)*, qui se construit aujourd'hui en sociologie de la littérature *(Sozialgeschichte der Literatur)* ou en histoire de la réception *(Rezeptionsgeschichte)*. Une science ainsi comprise devient historiographie au meilleur sens du terme. Seulement elle se charge du fardeau de toutes les difficultés méthodologiques et théoriques auxquelles est confronté tout historien normal, en particulier celle de rester soumis au veto des sources sans pour autant pouvoir décrire de manière satisfaisante la réalité historique. L'historiographie doit être reconnaissante pour l'apport qui lui vient d'une *Literaturwissenschaft* ainsi renouvelée.[7]

Germaniste – donc relevant de la *Literaturwissenschaft* – et traductrice occasionnelle de quelques écrits de Koselleck, je n'apporterai pas ici ma contribution à l'étude de la pensée ou à l'analyse des concepts de l'historien – domaine qui n'est pas le mien. Je me contenterai d'apporter mon témoignage sur quelques moments partagés avec Koselleck. Ce fut le cas, aux temps lointains et agités de Heidelberg (1968–1972), lors de discussions autour de mon travail de thèse sur Bettina von Arnim, que je commençais alors, sous la direction de Pierre Bertaux, et dont il m'a suggéré le titre *Bettina Brentano von Arnim ou la mise en œuvre d'une vie*. Ou bien, plus tard à Bielefeld, autour de la traduction de *Vergangene Zukunft*[8], qui était à l'origine un cadeau-surprise que Jochen Hoock et moi-même voulaient lui faire pour ses soixante-cinq ans et aussi pour le ›consoler‹ de sa toute nouvelle mise à l'éméritat, terme et situation que Koselleck détestait, parlant toujours de »Zwangsvergreisung«, de »vieillardisation forcée«. Bien que maîtrisant peu le français, Koselleck n'admettait pas que je »rogne« certaines métaphores si longuement filées qu'elles en devenaient boi-

---

[7] R. Koselleck, »Fiktion und geschichtliche Wirklichkeit«, in *Vom Sinn und Unsinn der Geschichte* p. 95: »Eine abschließende Bemerkung zur Literaturhistorie, die sich heute als Sozialgeschichte der Literatur oder als Rezeptionsgeschichte entwirft: Eine so verstandene Wissenschaft wird zur Historiographie im besten Sinne. Nur bürdet sie sich alle jene methodischen und theoretischen Schwierigkeiten auf, die sich jedem normalen Historiker stellen: nämlich auf das Vetorecht der Quellen angewiesen zu bleiben, ohne damit schon hinlänglich geschichtliche Wirklichkeit beschreiben zu können. Jedenfalls darf die Geschichtswissenschaft dankbar sein für den Sukkurs, den sie von einer solcherweise neu verstandenen Literaturwissenschaft erhält«.

[8] R. Koselleck, *Vergangene Zukunft: zur Semantik geschichtlicher Zeiten*, Frankfurt/Main, Suhrkamp, 1989, *Le futur passé. Contribution à la sémantique des temps historiques*, Paris, éditions de l'EHESS, 1990.

teuses. Tirant sur sa pipe et le regard vif, il écoutait avec une grande attention l'exposé du problème et soit se lançait dans une énergique défense de ses choix ou effectivement acceptait de simplifier »par égard pour le lecteur français«. Mais toujours il en venait à parler de son approche de la littérature dans ses rapports avec la réalité historique, de la relation entre *res factae* et *res fictae*, donnant au champ littéraire toute sa place parmi ses thématiques et prenant un réel plaisir à passer d'une discipline à l'autre et retour. Koselleck lui-même appelait ce genre de vagabondage intellectuel qui lui était propre, »ein Ausflug«, terme que l'on ne peut traduire ici, pour en rendre au plus juste l'intense immédiateté, que par »escapade« – une faculté de s'étonner qui n'est pas sans rappeler celle que Nietzsche évoque dans *Le Gai savoir* sous le titre »Unser Erstaunen« (»Notre étonnement«) : »Il y a un bonheur profond, intense dans le fait que la science offre des choses qui *font résistance* et qui redonnent toujours une raison de faire de nouvelles investigations«.[9] Me revient encore le regard plein de curiosité gourmande et la vivacité non dénuée d'envie avec laquelle l'historien explorait cette discipline-sœur qu'était la germanistique et qu'il résume ainsi dans un texte contemporain : »C'est avec envie que l'historien jette un regard par-dessus la grille prosaïque qui enclot la science, vers ces écrivains qu'autrefois on appelait poètes ...«.[10] Et puis, quelque temps plus tard, il arrivait avec un texte, soit de lui, soit un roman de son choix, insistant sur le prix qu'il attachait à ces textes et qu'il offrait comme autant de messages implicites en référence à ses thématiques du moment.

C'est ainsi que je me suis retrouvée riche de quelques textes particulièrement éclairants sur le regard porté par Koselleck sur le champ de la littérature et de l'écriture littéraire, avec une préférence très marquée pour Goethe et le »Goethezeit«. Et c'est du reste à la présence de ce nom et de ce terme dans le titre d'un ouvrage *Die Frauen der Goethezeit*, traduit en 1990[11], que je dois la préface de Koselleck où il prône clairement une approche sous l'angle de la sociologie de la littérature rappelant au passage la démarche dans le cadre de l'histoire

---

[9] F. Nietzsche, *Die fröhliche Wissenschaft*, in *Friedrich Nietzsche Werke*, Bd. II, Karl Schlechta (Hg.), München, Carl Hanser Verlag, 1955, p. 68.
[10] R. Koselleck, »Darmstädter-Rede« (cf. note 1), p. 4: »Nur mit Neid blickt er [der Historiker] über das prosaische Wissenschaftsgatter auf jene Schriftsteller, die früher einmal Dichter hießen«.
[11] Marie-Claire Hoock-Demarle, *La femme au temps de Goethe*, Paris, Stock, 1989, trad. R. Hörisch-Helligrath, *Die Frauen der Goethezeit*, München, Fink, 1990.

culturelle, la *Kulturgeschichte* alors émergente, initiée par Walter Horace Bruford ou Robert Minder[12]:

> Et pourtant l'époque de Goethe se trouve dans une distance croissante qui constitue une double provocation pour la recherche. Bien des choses nécessitent une transposition *(Über-setzung)* pour être comprises [...] Qu'est-ce qui est encore présent immédiat et qu'est ce qui n'est intégrable dans notre présent qu'historiquement transmis ? De cette alternative dépend combien une analyse de ce qu'on appelle l'époque de Goethe peut être fructueuse. Elle doit savoir séparer ce qui relève du passé et ce qui reste actuel.[13]

Un autre texte dont Koselleck faisait grand cas était la conférence tenue lors de la 73ème assemblée de la Goethe-Gesellschaft à Weimar en 1993 et publiée dans le *Goethe-Jahrbuch* sous le titre aux accents très nietzschéens »Goethes unzeitgemässe Geschichte« et dont le tiré-à-part qu'il m'offrit portait, dans son écriture très reconnaissable, cet exergue »Ein Ausflug in die Germanistik von R. K.« (Fig. 1)[14].

L'article est d'abord une brillante variation sur le couple sémantique : »zeitgemäss/unzeitgemäss«, »actuel/inactuel«, que Koselleck va soumettre à diverses sources, commençant par réfuter comme »ungoethisch« l'emploi qu'en firent à des moments très particuliers deux grands admirateurs de Goethe. Albert Schweizer, dans son hommage à Goethe pour le centenaire de sa mort en 1932, alors que s'annonce la catastrophe, le mythifie hors du temps en »vieil et seul idéal authen-

---

[12] Walter Horace Bruford, *Culture and Society in classical Weimar, 1775–1806*, Cambridge, Cambridge University Press, 1962; Robert Minder, *Wozu Literatur? Reden und Essays*, Frankfurt/Main, Suhrkamp, 1982.
[13] R. Koselleck, préface à *Frauen der Goethezeit*, p. X : »Und doch rückt dieses Zeitalter Goethes in eine wachsende Distanz, die die Forschung doppelt provoziert. Vieles ist kommentarbedürftig geworden, um verstanden zu werden [...] Was ist noch unmittelbare Gegenwart, und was ist nur noch historisch vermittelt in unsere eigene Gegenwart einzuholen? An dieser Alternative entscheidet sich, wie ergiebig eine Untersuchung der sogenannten Goethezeit ist. Sie muss zu trennen wissen, was antiquarisch ist, was aktuell bleibt«.
[14] Publié dans le *Goethe-Jahrbuch* 110, 1993, p. 27–39, et repris in *Vom Sinn und Unsinn der Geschichte*, p. 286–305. La pagination des citations est celle de cette réédition. Rappelons que le terme »unzeitgemäss« qui apparaît dans le titre de l'ouvrage de F. Nietzsche *Unzeitgemässe Betrachtungen (Considérations inactuelles)* peut être traduit soit par inactuel, soit, plus rarement, par intempestif. Dans le contexte passé/présent, »antiquarisch/aktuell« évoqué par Koselleck, le couple antinomique »zeitgemäss/unzeitgemäss« ne peut se traduire ici que par »actuel/inactuel«.

tique d'une humanité personnelle«[15], tandis que Friedrich Meinecke en 1945 prône, au sortir de la »Deutsche Katastrophe«[16], le retour à la *Goethezeit* par »l'intériorisation de notre être«[17], terme »ganz ungoethisch« dit Koselleck qui ajoute: »Impossible de revenir à Goethe mais tout aussi impossible d'aller au-delà de Goethe«.[18] Face à cette aporie, Koselleck va poser sur le couple sémantique »zeitgemäss/unzeitgemäss« divers éclairages qui mettent en lumière l'homme dans son temps versus l'écrivain face à l'histoire qu'il ne cesse de réinterpréter dans ses écrits biographiques comme dans ses œuvres. Examinant dans un premier temps la vie de Goethe dans son rapport avec l'histoire de son époque, Koselleck en conclut que dans son ascension sociale qui va du *Bürger* francfortois au ministre de Weimar, Goethe est »globalement dans son temps« *(rundum zeitgemäss)*, même si la génération grandie avec la Révolution française (Kant, Fichte) le considère comme »unzeitgemäss« au sens où, pris par ses intérêts de ministre et de courtisan ou par ses fonctions bureaucratiques, Goethe, jugé »conservateur, contre-révolutionnaire et antipatriotique«, n'est pas vraiment de son temps.

Mais, pour Koselleck, il ne s'agit pas de suivre Goethe dans le déroulement de sa vie individuelle mais de saisir »Goethes unzeitgemässe Geschichte – non pas comme il l'a vécue – mais comme il l'a interprétée *(nicht wie er sie lebte, sondern wie er sie begriffen hat)*«. Et, premier constat, pour déchiffrer toujours de nouveau les conditions de possibilité de l'histoire – qui chez Goethe n'est ni un »Kollektivsingular« ni une »totalité« – Goethe opère par catégories duales (*Dichtung und Wahrheit* en étant l'exemple le plus probant). Ces couples antinomiques permettent de saisir chaque situation à l'aune de leur diversité combinatoire et Koselleck, y reconnaissant certains de ses propres »Begriffspaare«, se plaît à les citer tels qu'ils sont somptueusement déclinés dans la langue de Goethe:

---

[15] Albert Schweitzer, »Goethe, Gedenkrede gehalten bei der Feier der 100. Wiederkehr seines Todestages in seiner Vaterstadt Frankfurt am Main am 22. März 1932«, in A. Schweitzer, *Goethe – Vier Reden*, München, Beck, 1953, p. 50: »das alte, einzig wahre Ideal persönlichen Menschentums«.
[16] Friedrich Meinecke, *Die deutsche Katastrophe. Betrachtungen und Erinnerungen*, Wiesbaden, Brockhaus Verlag, 1947.
[17] *Ibid.*, p. 175.
[18] R. Koselleck, »Goethes unzeitgemäße Geschichte«, p. 286.

> Avec un léger mouvement de poids et contrepoids, la nature se balance de-ci de-là et ainsi naît un çà-et-là, un haut-et-bas, un avant-et-après qui conditionnent toutes les manifestations auxquelles nous devons faire face dans le temps comme dans l'espace.[19]

Analysant le singulier rapport que Goethe entretient avec lui-même, sorte d'auto-historisation, de »Selbsthistorisierung« où l'écrivain se remet sans cesse lui-même et ses œuvres en question – »car contenus et mots changent avec le temps« – Koselleck retrouve dans la façon dont Goethe saisit l'histoire une autre de ses constantes, les structures de répétition :

> Structurellement, et non pas dans la succession de ses évènements, ce que l'on appelle l'histoire universelle *(Weltgeschichte)* se répète sans cesse, de sorte qu'il importe avant tout de redécouvrir dans ce qui est nouveau ce qui nous vient du passé et de le reformuler de manière nouvelle. Les auteurs contemporains les plus originaux ne le sont pas parce qu'ils créent quelque chose de nouveau, mais uniquement parce qu'ils sont capables de dire les mêmes choses, comme si elles n'avaient jamais été dites auparavant ... »Ne dis rien de nouveau mais dis-le de manière nouvelle«.[20]

En liant le cours des choses à des catégories formelles, en particulier les couples opposés *(Gegensatzpaare)*, Goethe saisit le concept d'histoire dans une formule double antinomique : »celle du risque et de la récurrence, de l'action créatrice et de la répétition«[21]. Ce que Kosel-

---

[19] Goethe, *Zur Farbenlehre*, Vorwort in *J. W. von Goethe Werke*, Hamburger Ausgabe, München, Beck, 1981, Bd. 13, p. 316 : »Mit leisem Gewicht und Gegengewicht wägt sich die Natur hin und her, und so entsteht ein Hüben und Drüben, ein Oben und Unten, ein Zuvor und Hernach, wo durch alle Erscheinungen bedingt werden, die uns in Raum und in Zeit entgegentreten«.

[20] R. Koselleck, »Goethes unzeitgemäße Geschichte«, p. 300 : »Strukturell, nicht in ihren Ereignisfolgen, wiederholt sich die sogenannte Weltgeschichte immer wieder, so dass alles darauf ankommt, das Altbekannte im Neuen wiederzuentdecken und neu zu formulieren. Die originalsten Autoren der neuesten Zeit sind es nicht deswegen, weil sie etwas Neues hervorbringen, sondern allein, weil sie fähig sind, dergleichen Dinge zu sagen, als wenn sie vorher niemals wären gesagt gewesen ... »Sag nichts Neues, aber sag es neu««. La formule, reprise maintes fois par Koselleck, est de Vinzenz von Lérins : »Si prophana est novitas, sacra est vetustas [...] ut cum dicas nove, non dicas nova«.

[21] Cf. R. Koselleck, »Zur historisch-politischen Semantik asymmetrischer Gegen-

leck, en vertu du ›veto des sources‹, démontre en prenant trois écrits goethéens, le drame *Egmont* (1788), un passage de *Benvenuto Cellini* et le récit *Kampagne in Frankreich*. Il conclut ainsi son analyse :

> Ainsi on peut comprendre pourquoi les Mémoires, les romans, et même les drames de Goethe sont si lents. Ils sont réglés sur des temps longs, sur des structures qui se répètent [...]. Il n'y a aucune tension liée à la situation – ce que Schiller a souvent regretté chez Goethe – parce que Goethe n'a jamais laissé jaillir ses conflits des faits politiques eux-mêmes et de leurs successions d'événements. [...] Il met en lumière ce qui se cache derrière les événements.[22]

Beaucoup plus tard, en 2003, alors que je traduisais le texte de son discours pour sa réception de Docteur *Honoris Causa* de l'Université Paris 7-Denis Diderot, il me mit en mains une copie dactylographiée d'un autre discours tenu en octobre 1999 devant la *deutsche Akademie für Sprache und Dichtung* de Darmstadt, qui lui avait décerné le Prix Sigmund Freud pour la meilleure prose scientifique[23]. Distinction qui n'avait pas manqué de susciter un étonnement quelque peu feint chez le récipiendaire qui, avec une légère ironie, s'empressa d'établir de manière originale le lien, au premier abord improbable, entre prose littéraire et écriture de l'histoire :

> Que le Prix pour la prose, la prose écrite, échoie précisément à un historien, cela doit avoir, je suppose, des raisons mythologiques. Car la prose ce n'est pas seulement le texte, qui doit sonner sobrement, simplement et sans détour, comme nous l'apprend tout dictionnaire ; sur lui règne la déesse romaine Prorsa, relookée en Prosa, qui est préposée à l'exploration du passé. Appelée aussi Antevorta, elle accompagne Carmenta, la déesse de la prophétie et de la médecine [...] Prorsa

---

begriffe«, in *Vergangene Zukunft*, p. 211 sq. (»La sémantique historico-politique des concepts antonymes asymétriques«, in : *Le Futur passé*, p. 191 et suiv.).

[22] R. Koselleck, »Goethes unzeitgemäße Geschichte«, p. 301 : »Aber so mag verständlich geworden sein, warum Goethes Memoiren, seine Romane, ja selbst seine Dramen so langsam sind. Sie sind eingestellt auf lange Fristen, auf sich wiederholende Strukturen [...] Es ist keine situationsgeladene Spannung, die Schiller an Goethe so oft vermisst hat, weil Goethe seine Konflikte nicht aus den politischen Taten selbst und ihren Ereignisfolgen hat entspringen lassen. [...] Das, was sich hinter den Ereignissen verbirgt, bring er in das Licht«.

[23] Voir plus haut la note 1.

est la préscience personnifiée du passé. Si ce n'est pas là un Omen favorable pour un historien, alors je ne sais vraiment pas à quoi sert la mythologie.[24]

Se désignant désormais comme »der historische Prosaist«, Koselleck pose d'emblée la question de savoir »ce qui caractérise la prose scientifique de l'histoire quand exactitude et beauté doivent se compléter et se rehausser mutuellement?«. Et pour sortir du dilemme entre rigueur scientifique et beauté de la formulation en prose (encore un couple opposé), il avance deux critères qui, comme on a pu le constater avec le texte sur Goethe, lui sont familiers: le choix et la répétition: »Aucun historien, si sérieuses que soient ses recherches, ne peut tout dire. Il lui faut choisir [...] Res et verba diffèrent toujours. L'art consiste à savoir omettre«[25]. Un art de l'omission que Koselleck compare à l'art de la caricature, qu'il pratiquait avec talent: »La caricature profile ce qui est déjà là mais souligne que ce qui est montré de cette manière n'était pas encore visible avant«.[26] Mais le choix qui donne le pouvoir d'omettre, de taire, de laisser dans l'ombre, constitue un danger auquel on peut remédier – c'est là la deuxième maxime de »l'historien de la prose«:

> En faisant attention au caché, à l'invisible, à ce qui se joue derrière et entre les personnes et leurs événements. Ce sont là les fondements, qui

---

[24] R. Koselleck, »Darmstädter-Rede«, p. 1: »Dass für diese Prosa, die schriftliche Prosa also, der Preis ausgerechnet einem Historiker zufiel, hat vermutlich mythologische Gründe. Denn Prosa ist nicht nur der Text, der nüchtern, schlicht und gerade hinaus zu lauten hat, wie jedes Lexikon uns belehrt; über ihm waltet die römische Göttin Prorsa, abgeschliffen zur Prosa, die für die Erkundung der Vergangenheit zuständig ist. Auch Antevorta genannt begleitet sie Carmenta, die Göttin der Weissagung und der Heilkraft [...] Prorsa ist das personifizierte Vorauswissen der Vergangenheit [...] Wenn das kein günstiges Omen für einen Historiker ist, dann weiß ich nicht, wozu die Mythologie gut ist«. On a dans cette citation un exemple des difficultés de traduction de la prose de Koselleck dont les métaphores sont chargées de réminiscences datant de ses premières études, les Beaux-Arts. L'expression »die römische Göttin Prorsa, abgeschliffen zur Prosa ...« induit des références à l'art statuaire antique. On a pensé traduire par »repolie / remodelée en ...«; »relookée« nous a paru mieux rendre l'ironie sous-jacente du texte.
[25] Ibid. p. 2: »Kein Historiker, so gründlich er geforscht haben mag, kann alles sagen. Er muss auswählen [...] res und verba differieren immer. Die Kunst besteht also im Weglassen-können«.
[26] Ibid. p. 3: »die Karikatur profiliert was schon da ist, zeigt aber auf, was so wie gezeigt zuvor nicht sichtbar war«.

toujours se répètent ou ne se transforment que lentement, de tous les événements. En langage scientifique théorique, cela s'appelle des structures de répétition qui, se glissant dans les événements, les conditionnent et les rendent possibles. Les événements et les personnes ne se répètent jamais, ils sont et restent uniques. Ce qui se répète ce sont les conditions et les modalités dans lesquelles les personnes vivent et agissent et sous le signe desquelles se déroulent les événements.[27]

Ainsi, prié de se positionner dans le champ de l'écriture, de la prose plus précisément, le »historischer Prosaist« Koselleck conclut par une de ces remarques qui fondent depuis toujours sa réputation d'être »un marginal dans sa discipline ... ou, plus exactement un solitaire et un empêcheur de tourner en rond«[28] :

> L'historien a lui aussi un petit peu le droit d'inventer. C'est avec envie que l'historien jette un regard par-dessus la grille prosaïque, qui enclot la science, vers ces écrivains qu'autrefois on appelait poètes. Eux ont toujours le droit d'inventer, raison pour laquelle les historiens ont émis la déplorable affirmation que tous les poètes mentent, alors qu'eux-mêmes restent méthodiquement condamnés à ne devoir que chercher et trouver. Et pourtant, du point de vue purement du langage, ils ont, un peu, part au royaume des idées poétiques ou philosophiques. L'obligation du choix et la nécessité de la répétition génèrent des formes de langage qui ne renvoient pas seulement à la matérialité unique

---

[27] *Ibid.* p. 3: »Deshalb lautet unsere zweite Maxime der Historie, auf das Verborgene, das Unsichtbare achten, auf das, was sich hinter uns und zwischen den Personen und ihren Ereignissen abspielt. Das aber sind die stets sich wiederholenden oder die nur langsam sich verändernden Bedingungen aller Ereignisse. Wissenschaftstheoretisch gesprochen sind es die Wiederholungsstrukturen, die in alle Ereignisse eingehen, indem sie diese bedingen und ermöglichen. Ereignisse und Personen wiederholen sich nie, sie sind und bleiben einmalig. Wohl aber wiederholen sich die Voraussetzungen und Bedingungen, unter denen Personen leben und handeln und unter deren Vorgaben die Geschehnisse sich abwickeln«.
[28] Rudolf Vierhaus, »Ein Außenseiter in seinem Fach ... richtiger: ein Einzel- und Quergänger«, allocution lors de la remise du *Preis des Historischen Kollegs* 1989 à Reinhart Koselleck, cité in Christian Meier, »Gedenkrede auf Reinhart Koselleck«, Neithard Bulst/Willibald Steinmetz (Hg.), *Reinhart Koselleck 1923–2006. Reden zur Gedenkfeier am 24. Mai 2006 in Uni-Gespräche*, Bielefeld, Bielefelder Universitätsgespräche und Vorträge 9, 2007, p. 7.

d'histoires passées. Elles contiennent, pour parler comme notre déesse Prosa, du passé pressenti, donc réitérable.[29]

Le message contenu dans ces textes est le même jusque dans la répétition de certains termes kosselleckiens par excellence tels que »Begriffspaare«, »Gegenbegriffe«, »Wiederholungsstrukturen«, »vorausgewusste Vergangenheit« et bien d'autres. Et ce message est double. D'un côté, en interrogeant le concept d'histoire »unzeitgemäss« que se forge Goethe en se remettant sans cesse en question, lui et ses œuvres, Koselleck souligne la modernité de l'écrivain qui, en croisant le changement temporel avec ses données permanentes, met en lumière »ce qui se cache, l'invisible, ce qui se joue *derrière* et *entre* les personnes et leurs événements«[30] et structure l'histoire. Par ailleurs, le *Ausflug in die Germanistik* de Koselleck est, par-delà sa malicieuse formulation, un message porteur d'une autre de ses idées ou, si l'on préfère, d'un autre de ses combats, ce qu'il appelait d'un terme très fort »der Zwang zur interdisziplinären Arbeit« :

> La contrainte du travail interdisciplinaire, dans lequel se réfractent diverses prémisses théoriques, n'est que l'envers du constat qu'aucune science ne peut renoncer à sa composante historique. Vu dans l'autre sens: l'historiographie de son côté reste, dans l'ensemble, tributaire de la formation du système des sciences sociales.[31]

---

[29] R. Koselleck, »Darmstädter-Rede«, p. 4: »Ein bißchen darf auch der Historiker erfinden. Nur mit Neid blickt er über das prosaische Wissenschaftsgatter auf jene Schriftsteller, die früher einmal Dichter hießen. Sie dürfen immer erfinden, weshalb die Historiker die betrübliche Schutzbehauptung aufgestellt haben, daß alle Dichter lügen, während sie selbst methodisch dazu verurteilt bleiben, nur suchen und finden zu dürfen. Aber rein sprachlich haben sie denn doch teil, ein wenig, an dem Reich poetischer oder philosophischer Einsichten. Der Zwang zur Auswahl und die Not der Wiederholung erzeugen Sprachformen, die nicht allein auf die einmalige Tatsächlichkeit vergangener Geschichten zurückweisen. Sie enthalten, mit unserer Göttin Prorsa gesprochen, vorausgenommene, also wiederholbare Vergangenheit«.
[30] *Ibid.* p. 3, je souligne (cf. note 27).
[31] R. Koselleck, »Wozu noch Historie?«, in *Vom Sinn und Unsinn der Geschichte*, p. 42–43: »Der Zwang zur interdisziplinären Arbeit, in die sich verschiedene theoretische Prämissen brechen, ist nur die Kehrseite der oben geschilderten Sachlage, dass keine Wissenschaft auf ihre historische Komponente verzichten kann. Anders gewendet: Die Geschichtswissenschaft bleibt ihrerseits auf die Systembildung der Sozialwissenschaften insgesamt angewiesen«.

Bertrand Binoche

Recours à Koselleck

L'histoire de la philosophie est faite de »recours« de toutes sortes : un philosophe recourt à des matériaux extérieurs dès lors que son environnement théorique immédiat ne lui offre pas ce dont il éprouve le besoin en vue de penser un objet donné — ou plutôt un objet *non* donné, qu'il s'efforce précisément de construire. Il est alors souvent conduit à se tourner, sinon vers ce que Canguilhem nommait des »matières étrangères«, du moins vers des corpus étrangers. Le recours est une opération qui consiste par nature en une lecture *biaisée*, soit à la fois instrumentale et profane : instrumentale puisqu'il s'agit de chercher ailleurs un ou plusieurs outils permettant de résoudre un problème posé ici ; profane puisque ces outils sont brutalement extraits du contexte où ils avaient émergé et que le nouvel utilisateur ignore plus ou moins délibérément. Il est donc évident que l'objet de l'historien de la philosophie ne coïncide pas avec l'objet auquel le philosophe recourt — sauf bien sûr si l'historien s'intéresse précisément aux recours (par exemple sous l'espèce désormais identifiée par le nom de »transferts culturels«). En conséquence, la question de savoir si un recours est »fidèle« doit être déclarée nulle et non avenue. En revanche, on peut se demander d'une part de quelle insuffisance régionale il est le symptôme et, d'autre part, s'il est productif, s'il fait apparaître de nouveaux concepts intéressants à un titre ou à un autre.

En France, un exemple majeur de recours se rencontre ainsi dans la détresse, indissociablement idéologique et théorique, qui amena Madame de Staël et ses successeurs à chercher en Allemagne de quoi suppléer à l'héritage occulté des Lumières : une nouvelle voie s'ouvrait qui n'a pas fini d'irriguer la pratique française de la philosophie. Il va de soi que les lectures de Kant ou de Fichte proposées par Madame de Staël peuvent faire sourire l'historien professionnel, mais il se montrera moins condescendant s'il comprend que celle-ci cherche à ancrer la philosophie dans un nouveau sol qui ne doive véritablement rien à l'empirisme lockéen auquel elle impute, *via* ses perversions hexagonales, le désastre révolutionnaire avec lequel il s'agit d'en finir.

Le cas dont il sera question ici est infiniment plus modeste, puisque c'est celui de l'auteur même de ces lignes. Pour le dire autrement et employer la première personne dont il n'est pas aisé de faire absolument l'économie dans cette affaire, je souhaiterais *objectiver* le recours à Koselleck qu'il m'a été donné de faire au début des années 90. Par là, je n'en présume aucunement le caractère productif — un recours peut très bien être une impasse (et c'est même sans doute ce qui se produit le plus souvent). Mais il peut être intéressant de voir pourquoi et comment Koselleck a pu sembler *nécessaire* à quelqu'un qui ne connaissait pas plus les problèmes politiques que Koselleck s'efforçait de résoudre dans l'après-guerre que les philosophes dans le sillage desquels il s'inscrivait — quelqu'un qui non seulement méconnaissait tout cela, mais qui persista en toute bonne foi dans son incompréhension car son regard restait rivé à des enjeux propres à l'ouest du Rhin. À rebours des autres approches tentées dans ce volume, les pages qui suivent ne proposeront donc pas une lecture savante. Ni non plus, ce qui pourrait les justifier par un autre biais, une lecture cyniquement instrumentale. Ni même une lecture ouvertement naïve. Elles évoqueront une lecture simplement ignorante ! Ce qui peut motiver ce paradoxe, c'est l'espoir lui-même paradoxal qu'une lecture non instruite peut être instructive, et peut l'être doublement : comme petit exemple d'un »recours« contemporain d'une part ; comme susceptible d'un effet en retour sur l'auteur auquel est consacré ce recueil d'autre part. Pour formuler ce paradoxe plus abruptement : se montrer injuste envers Koselleck, est-ce le lire mal ?

1. Frustrations

Pour opérer l'objectivation mentionnée plus haut, il faut revenir aux quelques pages que Foucault en 1966, au début de la seconde partie des *Mots et les choses*[1], consacrait à ce dont Koselleck fit l'un de ses objets privilégiés, à savoir l'apparition de ce qu'on a pris l'habitude d'appeler en français le »concept moderne d'histoire«. Il est notable

---

[1] Michel Foucault, *Les mots et les choses*, chap. VII, section 1, in Œuvres, t. I, Paris, Gallimard, 2015, p. 1271–1276.

que la période évoquée par le premier (1775–1825) correspond assez bien à la *Sattelzeit* explorée par le second[2]. Foucault, lui, parle de »l'âge de l'Histoire« et il écrit le mot avec une majuscule récurrente qui vise à signifier que l'Histoire est à notre modernité ce que fut l'Ordre à l'âge classique. Dans un cas comme dans l'autre, l'irruption du nouveau principe procède d'une »discontinuité«, d'un »primitif déchirement« dont le nom historiographique est »l'événement«. De cette thèse résulte immédiatement un paradoxe tout à fait polémique, à savoir *la subordination de l'Histoire* (avec majuscule) *à l'événement* (sans majuscule).

En effet, que le nouvel âge soit celui de »l'Histoire« signifie qu'en celle-ci se trouve le »mode d'être fondamental des empiricités« ou encore le »mode d'être de tout ce qui nous est donné dans l'expérience«. Mais le surgissement de cette assertion qui joue comme la grande prémisse de la nouvelle *épistémè* n'est susceptible, sur le plan archéologique, d'aucune imputation causale: on ne peut l'expliquer, on peut seulement en décrire les effets de telle sorte qu'il faut lui accorder le statut d'un »événement radical« ou d'un »événement fondamental«. Pour le dire sans emphase excessive: le surgissement de l'Histoire est un événement. Or ce renversement au terme duquel l'Histoire elle-même apparaît comme le produit d'un événement auquel Foucault se garde bien de mettre une majuscule puisqu'il y en a d'autres, par exemple celui dont procède l'Ordre cartésien, mais qu'il qualifie toutefois de »l'un des plus radicaux sans doute qui soit arrivé à la culture occidentale« —, ce renversement donc est une opération dont il est assez facile de comprendre l'enjeu. Il permet en effet *de promouvoir une historicité, celle de l'événement, contre une autre, celle de l'Histoire.*

Se maintenir dans le temps de l'histoire sans s'assujettir à celui du processus: il ne s'agit pas d'autre chose. Il faut résister *à la fois* à toute tentation supra-historique qui détournerait notre regard de ce qui advient *hic et nunc*, mais il ne faut pas pour autant inscrire ce qui advient *hic et nunc* dans la nécessité totalisante de ce qui doit advenir. Ou pour le dire autrement: les grandes téléologies historiques surgies autour de 1800, dont la vulgate marxiste est le dernier avatar en date,

---

[2] Koselleck revient souvent à 1770 comme point de repère pour dater la cristallisation du nouveau concept d'Histoire: voir par exemple »Wozu noch Historie?«, *Historische Zeitschrift*, 212, 1971, p. 6–7 ou *Le futur passé*, trad. J. et M.-C. Hook, Paris, EHESS, 2016, p. 71.

s'inscrivent elles-mêmes dans un temps historique qui n'est pas le leur et que scandent les ruptures aléatoires conduisant d'un bond d'une *épistémè* à l'autre. L'»événement« est le nom de la solution et si Foucault y recourt, c'est en fils de son temps[3]. C'est ce qui doit permettre de desserrer l'étau et de répéter autrement la tentative de Nietzsche — retourner le dard de l'histoire contre elle-même[4]. Il est bien vrai que l'histoire est le mode d'être de toute empiricité — et *jamais* Foucault ne cessera de le présumer — mais à condition d'ajouter que ce mode d'être *n'est pas* celui des »philosophies de l'histoire«, lesquelles surgissent sous la forme d'un événement.

De là certainement ce qui explique le langage ambigu qu'adopte Foucault, en aval, pour dire que, de cet âge de l'Histoire, »nous ne sommes sans doute pas entièrement sortis« ou que »sans doute nous sommes pris encore dans son ouverture«. En vérité, nous continuons d'affirmer le caractère historique de toute positivité, mais cela ne nous entraîne plus pour autant à chercher ce qui en elle contribue à la réalisation du sujet dont elle serait le médium. Quant à savoir ce qui pourra se produire quand nous serons »entièrement sortis« de l'âge de l'Histoire, voilà qui doit demeurer obscur[5] ... Il faut d'ailleurs noter que c'est l'homme *et non l'histoire* dont l'analyse de Foucault promet finalement la disparition »comme à la limite de la mer un visage de sable«.

Mais, dans le présent contexte, le point décisif se trouve en amont, dans l'obscurité symétrique qui entoure non la disparition virtuelle de l'Histoire, mais son apparition effective. Si l'événement est le nom de la solution, il faut en effet convenir que celle-ci s'avère coûteuse car elle devient du même coup le nom d'un véritable *interdit* historiographique : c'est »une discontinuité énigmatique dans son principe« qui prohibe sans appel toute reconstitution causale. Que l'Histoire soit devenue le nouveau transcendantal historique, c'est là

---

[3] »Cette extrême sensibilité à l'événement — qui n'est que l'autre face, ou la retombée nécessaire, du refus de tout processus à vocation totalisante — traverse l'époque et l'unifie par-delà des clivages philosophiques pourtant patents«, Marlène Zarader, *L'être et le neutre. À partir de Maurice Blanchot*, Paris, Verdier, 2001, p. 81.
[4] Cf. F. Nietzsche, *Considérations inactuelles*, II, 8.
[5] M. Foucault, *Les mots et les choses*, in *Œuvres*, t. I, p. 1275 : »un événement fondamental — un des plus radicaux *sans doute* [...] dont nous ne sommes *sans doute* pas entièrement sortis [...] *sans doute* parce que nous sommes encore pris dans son ouverture«. La répétition insistante de la même locution en quelques lignes suggère que Foucault se trouve ici devant une difficulté performative dont il ne sait pas bien comment la surmonter.

un fait qui se constate *ab effectu* : on en observe les remous dans la réorganisation des savoirs. Mais il ne peut être »expliqué« — sauf (et là encore Foucault se ménage une issue très allusive, à l'emphase plutôt heideggérienne) à s'aventurer hors de l'archéologie en direction de »la pensée se saisissant elle-même à la racine de son histoire«. Mais ce serait là un mystérieux retournement dont l'on ne peut parler qu'au conditionnel car il se trouve exclu par l'analyse archéologique, laquelle se tient fermement et sobrement — on pourrait ajouter heureusement — sur le sol stable des positivités. Si l'enquête donc peut se déployer sur le plan des effets, celui de »la surface visible du savoir«, et montrer comment le langage, le travail et la vie se distribuent désormais par analogie et succession, en revanche, elle ne peut revenir aux origines de ce qui s'atteste ainsi.

Ici, le lecteur français des années 1980 dont nous essayons de reconstituer l'expérience ne peut manquer d'éprouver une certaine frustration car il ne peut pas *ne pas* se demander d'où vient donc que, plus ou moins subitement, l'on ait éprouvé le besoin de présumer la nature historique de toute réalité. Il ne peut pas *ne pas* s'interroger sur ce qui a rendu possible l'œuvre même de Foucault dont cette présomption n'a jamais cessé d'être le principe. Mais s'il se pose ces questions, il transgresse *ipso facto* l'interdit archéologique et se trouve abruptement renvoyé aux mystérieux oracles d'une pensée qui se saisirait »elle-même à la racine de son histoire«, ce qui ne l'avance pas beaucoup.

Notre lecteur frustré se voit donc contraint de fermer ici l'ouvrage de Foucault et de chercher »ailleurs«. Mais, dans les années 1980, en France, l'»événement« a triomphé, il s'est imposé comme un nouveau maître-mot et il fonctionne par conséquent comme un anathème : des »philosophies de l'histoire«, il n'y a alors lieu de parler qu'avec une certaine condescendance, comme on évoque de vieilles mythologies dont on s'étonne et dont l'on déplore qu'elles aient jamais pu susciter l'adhésion de nos aïeux. C'est cela qui explique qu'aucun travail sur l'émergence desdites philosophies ne soit alors disponible en français. Si notre lecteur cependant s'obstine, il doit remonter bien plus loin dans le temps et il rencontre alors toute une série d'études consacrées à »l'histoire de l'idée de progrès« dont la source majeure se trouve en fait dans la 56ème leçon du *Cours de philosophie positive* : avec quelques variantes mineures, toutes racontent comment de Bacon à Comte en passant par Pascal, Fontenelle, Turgot et Condorcet, l'esprit européen a pris progressivement conscience de ses progrès, conscience que l'on peut désigner comme une »idée«, à savoir l'idée du Progrès, avec une majuscule et au singulier. Mais notre lecteur tombe ainsi de Charybde en Scylla : soucieux de comprendre ce qui se trouve éclipsé par l'événement, il achoppe sur une téléologie bien désuète à laquelle il ne peut souscrire sans régresser d'un coup de deux ou trois générations. Il se sent alors bien seul et bien dépourvu.

2. Prélèvements

C'est très précisément ici que se loge le recours à Koselleck.

Puisque l'historiographie française de l'histoire n'offre rien d'autre qu'une alternative insatisfaisante, il faut en effet chercher ailleurs. Or, en 1979, la traduction de *Kritik und Krise* est parue aux éditions de Minuit sous le titre *Le règne de la critique*. En juin–juillet 1980, une longue recension de Michel-Pierre Edmond lui est consacrée dans la revue *Critique* sous l'intitulé : »Un livre sur l'origine de l'État moderne«. Et en octobre 1981, la même revue *Critique* consacre un numéro à la philosophie allemande contemporaine où figure un article ébouriffant d'Odo Marquard dont une note cite l'article »Geschichte, Historie« des *Geschichtliche Grundbegriffe*[6]. Notre foucaldien insatisfait se tourne assez naturellement, en désespoir de cause, du côté de ces références exotiques et il découvre alors avec stupéfaction, enthousiasme et une sorte de soulagement que Koselleck a massivement pris en charge le problème auquel la culture philosophique hexagonale n'offrait pas même l'espace qui aurait permis de le poser. Au-delà de Koselleck, il découvre bien sûr une immense littérature fort savante traitant de l'histoire des philosophies de l'histoire, littérature sans doute obsédée par le problème de la »sécularisation«, mais qui a l'immense mérite d'exister et qui témoigne, par son existence même, que la *Geschichtsphilosophie* n'a pas fait l'objet outre-Rhin du refoulement qui caractérise la conjoncture dans laquelle écrivait Foucault. Toutefois, c'est bien Koselleck, et en particulier les démonstrations figurant dans les articles »*Fortschritt*« et »*Geschichte, Historie*« publiés en 1975 dans le tome II des *Geschichtliche Grundbegriffe* qui

---

[6] O. Marquard, »L'homme accusé et l'homme disculpé dans la philosophie du XVIIIe siècle«, *Critique*, 413, octobre 1981, p. 1016, note 3.

constituent le centre de gravité du corpus auquel recourt notre pauvre apprenti[7].

J'ai d'emblée souligné le caractère »profane« du geste ici analysé sous le nom de »recours«. Si l'on cherche maintenant à expliciter cela, il faut en distinguer deux aspects solidaires. En premier lieu, le recours est ici *direct* : s'il y a médiation, elle se réduit à une simple note de bas de page de Marquard et la rencontre s'opère sans absolument rien devoir à Ricœur dont les prolixes considérations ne parlent guère à un lecteur de Foucault. En second lieu, et corrélativement, le recours est aussi *abstrait* : Koselleck est lu sans qu'il soit tenu aucun compte du contexte politique, historiographique et philosophique qui est le sien. Schmitt, Heidegger ou Gadamer, libéralisme, anthropologie ou herméneutique sont absents d'une telle lecture. Pire : l'anthropologie à laquelle s'adosse son entreprise et la théorie de l'histoire qui en dessine l'horizon ne sont pas seulement mal connues, elles ne sont pas même soupçonnées. Mais alors que reste-t-il ? Qu'est-ce que notre lecteur ignorant peut bien trouver dont il croit, à tort ou à raison, pouvoir faire avantageusement usage pour résoudre un problème qui vient d'un tout autre horizon ?

Réponse : il trouve des matériaux, une pratique et une thèse.

(a) Des matériaux : ce qui ouvre d'abord le champ d'investigation du lecteur de Koselleck, c'est en effet la masse considérable de *références* en bas de page. Cette masse permet de constituer un corpus qui déborde très largement celui dans lequel se trouvait enfermé l'héritier des histoires de l'idée de progrès. Assurément, ce sont surtout les références à la littérature de langue allemande qui se taillent la part du lion : Iselin, Gatterer, Schlözer, Wegelin, Köster, et de plus célèbres comme Schiller ou Friedrich Schlegel, etc. ... Mais pas seulement. Il faudra revenir plus loin sur ce déséquilibre.

(b) Une pratique : il n'est pas question ici de s'arrêter à »l'histoire conceptuelle«, mais juste de noter que l'historien français de la philosophie ne pouvait qu'être frappé par le souci *philologique* de Koselleck. Car notre historien n'est pas du tout philologue — il ne l'était pas, il ne l'est toujours pas. Il a été formé dans une relative indifférence au signifiant. Il lui paraît assez évident que là où ne se rencontre pas le mot, on peut quand même présumer la présence de »l'idée«. Le

---

[7] Otto Brunner, Werner Conze, Reinhart Koselleck (Hg.), *Geschichtliche Grundbegriffe, Historisches Lexikon zur politisch-sozialen Sprache in Deutschland*, Bd. 2, Stuttgart, Klett Cotta, 1975, p. 371–423, p. 593–717.

fétichisme de la lettre lui semble mesquin et incompatible avec les profondeurs du concept. »Lumières«, »Perfectibilité«, »civilisation«, »opinion publique«: qu'importe que ces termes soient effectivement présents dès lors que, comme le dit curieusement notre langue, »la chose y est«. Koselleck rend définitivement impossible ce genre de facilités.

(c) Une thèse: l'extension du corpus d'une part et le scrupule philologique d'autre part conduisaient Koselleck à décrire l'Histoire ramassant en un nouveau sujet ce qui jadis était désigné comme »les histoires«, comme »l'histoire de«: ainsi apparaît un collectif singulier, »l'Histoire »en soi«, »comme telle«, »prise absolument««[8], ou pour le dire autrement »l'Histoire devient d'elle-même le sujet et l'objet«[9]. Ainsi s'exprime Koselleck dans l'article de 1971, »Wozu noch Historie?«, qui repart de la seconde *Considération* de Nietzsche, qui lui aussi définit l'Histoire comme ce qui caractérise la modernité et qui lui aussi date cette émergence des années 1770. Mais là où Foucault évoquait l'infranchissable discontinuité de l'événement dont il observait les effets dans la structuration des savoirs, Koselleck consigne méticuleusement une série de mutations terminologiques dont résulte ce qui se présente à la fois comme un nouveau sujet et un nouvel objet du savoir — l'Histoire comme »concept métahistorique«. Pour le lecteur dont nous avons adopté ici la perspective, l'écart crucial est le suivant: là où Foucault se détourne des textes mêmes consacrés à »l'histoire« pour étudier ceux qui concernent l'économie, la production des richesses et le langage, Koselleck, au contraire, prend pour objet et creuse avec acharnement le corpus dont les références sont citées en bas de page. C'est pourquoi *il exhume au grand jour ce que Foucault devait laisser dans l'ombre*. C'est pourquoi il lève l'interdit archéologique et rend possible ce qui ne l'était pas: une immersion dans l'océan des ouvrages traitant de l'histoire et lui conférant un statut original au tournant des années 1800.

---

[8] R. Koselleck, »Wozu noch Historie?«, p. 6: »Die Geschichte »an sich«, als »solche«, »schlechthin««.
[9] *Ibid.*, p. 7: »die Geschichte wird zum Subjekt und zum Objekt ihrer selbst«.

3. Correction

Notre lecteur n'est pas un passeur. Il n'a pas pour objectif de présenter Koselleck au public français comme l'a brillamment tenté Alexandre Escudier[10]. Ce n'est pas non plus un essayiste qui viserait à simplifier les analyses de Koselleck pour distinguer quelques grands »régimes d'historicité« dont le nôtre se caractériserait par les privilèges accordés au présent. C'est un historien de la philosophie qui cherche à décrire à son tour la transformation qui a donné naissance à »l'Histoire« avec une majuscule, qui demeure sur le terrain de ce qui préoccupait Foucault et Koselleck et qui continue d'arpenter la *Sattelzeit*.

Mais pourquoi donc refaire ce qui l'a déjà été, et ce qui l'a été avec une science incomparable ? C'est que quelque chose le gêne. C'est un lecteur français et les analyses de Koselleck sont étroitement et ouvertement tributaires de l'idéalisme allemand: si les histoires s'amalgament finalement en l'Histoire comme sujet destiné à se prendre lui-même pour objet, c'est en raison du »tournant transcendantal qui conduisit à la philosophie de l'histoire de l'idéalisme« — et Koselleck d'ajouter plus loin qu'il s'agit d'une »création linguistique spécifiquement allemande«[11]. Ici s'atteste sans ambiguïté le tribut que paye celui-ci à une certaine forme de »germanocentrisme« (s'il est permis d'employer cette tournure polémique), lequel présume qu'au fond c'est en Allemagne *et pas ailleurs* que s'est consommée la substantialisation ou mieux la processualisation de l'Histoire. Or cette présomption constituait le ressort de l'article publié par Dilthey en 1901 dans la *Deutsche Rundschau* sous le titre »Das achtzehnte Jahrhundert und die historische Welt« comme elle concluait le chapitre consacré par Cassirer en 1932 à »la conquête du monde historique« dans *Die philosophie der Aufklärung*, sans parler de l'ouvrage de Meinecke paru en 1936, *Die Krisis des Historismus*[12]. Dans une telle perspective, ce qui a pu se produire ailleurs dans le dernier tiers du XVIIIe siècle, chez Voltaire ou Montesquieu, chez Ferguson ou Millar, ne

---

[10] Voir notamment l'ambitieuse tentative de synthèse, A. Escudier, »›Temporalisation‹« et modernité politique: penser avec Reinhart Koselleck, *Annales HSS*, 64–6, 2009, p. 1269–1301, repris in *Revue Germanique Internationale*, 25, 2017, p. 37–67.

[11] R. Koselleck, »Wozu noch Historie?«, p. 6 et 16.

[12] Il appartient à Servanne Jollivet d'avoir souligné le rapport de Koselleck à Meinecke et à l'»historicisme« allemand dans son étude »D'une radicalisation de l'historisme chez Reinhart Koselleck. Le projet renouvelé d'une théorie de l'histoire«, *Revue Germanique Internationale*, 25, 2017, p. 9–36.

peut apparaître que comme *l'ébauche* de ce qu'il appartenait à Herder ou à Hegel de mettre en pleine lumière. Il n'est pas certain que Koselleck, si prudent qu'il se soit montré, et si conscient qu'il ait pu être de la nécessité des dangers d'expliquer téléologiquement l'apparition des grandes téléologies historiques, l'ait été jusqu'à remettre en cause cette hégémonie allemande.

Quoi qu'il en soit, et je laisse ici le partisan de Koselleck prendre sa défense, notre lecteur de Foucault est aussi un lecteur de Braudel – *Civilisation matérielle, économie et capitalisme* est paru en 1979. Il lui semble qu'une approche comparatiste serait susceptible de plus d'équité et qu'elle permettrait de mieux se déprendre de la fascination exercée par »l'idéalisme allemand«. Or cela suppose de poser autrement le problème et de considérer que le fameux »collectif singulier« *a en réalité toujours existé au pluriel*: si l'histoire est devenue le mode d'être de toute empiricité, c'est sous des formes différentes selon les aires territoriales où l'on se situe. »History of civil society« ou »natural history of mankind«, »Geschichte der Menschheit« ou »Geschichtsphilosophie«, »histoire philosophique« ou »tableau historique« — la liste ne prétend bien entendu à aucune exhaustivité, autant de noms de l'histoire qui doivent être étudiés sans préjuger de la forme majestueuse qui les aurait finalement engloutis[13].

S'ouvre ainsi un nouveau champ qui est celui d'une histoire comparée *des* philosophies de l'histoire, lesquelles doivent alors, par l'effet de cette nouvelle hypothèse, être conjuguées en un irréductible pluriel. Mieux: *c'est ce pluriel qui constitue le champ*. Et le champ est nouveau parce qu'il ne se présente pas sous la forme d'un processus (dont l'idéalisme allemand aurait été le terme), mais d'une conjoncture. Ce n'est pas un triomphe graduel, c'est un réseau dépourvu de foyer. L'histoire comparée est aussi une histoire réticulaire. Ce qui la tisse, ce sont d'une part des analogies formelles (des comparaisons proprement dites) et d'autre part des réfractions matérielles (des transferts, si l'on veut). Analogies: entre l'histoire écossaise de la société civile, le tableau historique français de l'esprit humain et la théodicée allemande de l'humanité, on peut repérer des schèmes semblables. Réfractions: de l'une à l'autre existent des points de passage qui sont aussi des points de déformation car, par exemple, Iselin re-

---

[13] C'est de là qu'est née notre trilogie constituée par *Les trois sources des philosophies de l'histoire (1764–1798)* [1994], rééd. Paris, Hermann, 2013; *La raison sans l'Histoire*, Paris, PUF, 2007; *Nommer l'histoire*, Paris, EHESS, 2018.

cense l'*Essai* de Ferguson et Schlegel le *Tableau historique* de Condorcet. »L'âge de l'Histoire« apparaît alors comme celui des modalités concurrentes en fonction desquelles l'histoire acquiert simultanément un statut de principe en des lieux distincts. La conjoncture est conflictuelle, elle comporte par nature le risque permanent des malentendus, des polémiques sans objet et des faux accords. On comprend qu'au-delà de l'Histoire (avec une majuscule), c'est une nouvelle histoire (sans majuscule) qui surgit, c'est-à-dire un nouvel espace d'investigation, celui *d'une histoire proprement européenne des philosophies*. Et »l'Europe« de cette histoire n'est pas »spirituelle«, elle ne présume pas que les philosophes communiquent immédiatement dans l'éther abstrait de questions communes. Elle se présente au contraire comme un tissu hétérogène où l'on ne se comprend jamais très bien, à supposer que l'on ne s'ignore pas tout à fait. Une Europe où, par exemple, Koselleck ne peut circuler sans obstacles (sa pénétration en France est d'ailleurs plutôt laborieuse) et sans obstacles qui altèrent nécessairement son intelligence, sans que ces altérations doivent être a priori perçues comme des pertes ou des trahisons.

Revenons une dernière fois à notre objet : si l'on adopte une perspective de ce genre, avons-nous dit, le collectif singulier a d'entrée de jeu existé au pluriel. Peut-être faudrait-il aller plus loin et risquer la proposition suivante : *le collectif singulier n'a jamais existé du tout* car l'histoire n'a jamais été »son propre sujet«. Peut-être faudrait-il plutôt s'exprimer ainsi : le génitif objectif (l'histoire de France ou du commerce, etc.) devient subjectif (l'histoire de la société civile ou de l'esprit humain, etc.), mais ledit sujet n'est pas l'histoire tout court : il est précisément la société civile, l'esprit humain, l'humanité, et chacun de ces termes est lui-même équivoque, et l'on peut allonger la liste. C'est à chaque fois un sujet propre qui se réalise en l'histoire selon des modalités propres. C'est pourquoi *la* philosophie de l'histoire, au singulier, n'existe pas.

Mais dire qu'elle n'existe pas au singulier, est-ce dire qu'elle existe au pluriel ? En vérité, il faut aller au bout de l'exigence nominaliste : »philosophie de l'histoire«, c'est en soi un nom que l'on donne rétrospectivement à bien des discours qui ne se nommaient pas ainsi — Ferguson, Iselin ou Condorcet n'emploient pas ce syntagme ; ou qui se nommaient ainsi sans pour autant désigner ce que nous, nous appelons ainsi — Voltaire intitule *Philosophie de l'histoire* un petit ouvrage qui n'a pas grand-chose à voir avec ce que le lecteur d'aujourd'hui s'attend à trouver sous ce nom. Mais alors l'enquête doit se réorienter en direction des noms par lesquels les philosophes désignent les histoires qu'ils racontent pour concevoir l'histoire et en direction des récits mêmes que recouvrent ces noms. On peut appeler cela des »historicités philosophiques«. Elles débordent très largement ce qu'on a coutume d'appeler »philosophies de l'histoire« et elles ne coïncident que très partiellement avec les »geschichtliche Grundbegriffe« de Koselleck. Elles constituent un nouvel objet, ce qui bien sûr ne veut pas dire un objet plus intéressant.

Recourir à Koselleck, c'est réfracter Koselleck, pour ainsi dire, en toute méconnaissance de cause, pour faire autre chose. Cela n'interdit pas de lire Koselleck pour lui-même. C'est juste un autre chemin dont les issues sont imprévisibles et dont il est très heureux qu'elles le soient s'il est vrai que philosopher, c'est être à la recherche de la question plus que de la réponse.

III. Geschichtstheorie und politische Theorie

Jochen Hoock

Reinhart Koselleck, la génération 45 et le cas Schmitt

En 1998 Reinhart Koselleck donnait devant un public néerlandais une conférence publiée la même année sous le titre »De late komst van de Duitse natie«[1]. Elle fut traduite en allemand deux années plus tard sous un intitulé se référant à l'ouvrage de Helmut Plessner *Das Schicksal des deutschen Geistes im Ausgang seiner bürgerlichen Epoche* paru en 1935 lors de l'exil de Plessner aux Pays-Bas et réédité en 1959 à Stuttgart sous le titre plus parlant *Die verspätete Nation*[2]. À peine une décennie après la réunification allemande, cette conférence de Koselleck était l'occasion d'une sorte d'*état des lieux* s'accompagnant d'une réévaluation des débats sur la nation allemande depuis 1945 et des catégories fondamentales instruisant ce que l'on a pu qualifier de »Wendediskurs« après la chute du Troisième Reich. Koselleck y avait participé en tant qu'acteur et observateur distant, tout en essayant de développer des critères formels pouvant orienter le travail de l'historien. Comment caractériser ces étapes ? Nous en esquisserons les grandes lignes avant de tenter une interprétation dans une sorte de lecture à rebours, dont l'article sur Plessner et la nation allemande nous livre dans une certaine mesure la clé. Koselleck y récuse toute lecture du processus historique sous les prémices d'une apparente fatalité, d'un *post hoc, ergo propter hoc*. Il défend Plessner et ses analyses de 1935 contre l'assimilation, par le biais d'une lecture téléologique, à la *Sonderwegsthese*, que suggère le titre de 1959.

Nous retiendrons pour notre contribution trois périodes : celle des années 1950/65 coïncidant avec les années d'études de Reinhart

---

[1] Publié dans *Leven met Duitsland. Opstellen over geschiedenis en Politiek,* aangeboden aan Maarten Brands, Amsterdam, van Oorschot, 1998, p. 11–33.
[2] R. Koselleck, »Deutschland – eine verspätete Nation?« in: *Zeitschichten. Studien zur Historik,* Frankfurt/Main, Suhrkamp, 2000, p. 359–379 (trad. fr. »Les ressorts du passé«, *Espaces Temps,* 74–75, 2000, p. 144–159).

Koselleck, celle des années 1970/80 marquée par une évolution rapide du système universitaire et, enfin, celle de l'unité allemande menant à une réévaluation du passé récent et des réflexions sur le rôle de la mémoire primaire pour le travail de l'historien.

1. L'expérience de l'après-guerre et des années d'études

La libération du prisonnier de guerre Koselleck des camps russes passa par un bref séjour dans le camp d'Auschwitz, dont l'expérience lui est resté, selon ses propres dires, plus que toute autre »auf den Leib geschrieben«, inscrite dans sa chair. La période d'études et de recherches reste de ce fait sous l'emprise de la quête des causes de ce que Friedrich Meinecke assimilait en 1949 à une »catastrophe collective« et où d'autres ne voyaient qu'un faisceau de crimes de guerre et de responsabilités individuelles. Hiroshima et les débuts de la guerre froide ouvrent au même moment le champ d'interrogations qui a nourri au cours des années 50 les débats entre étudiants et enseignants. Karl Jaspers, Hans-Georg Gadamer et Karl Löwith ne sont que quelques noms associés à ces débats et séminaires que Koselleck a fréquentés dans les facultés de philosophie et de droit de l'université de Heidelberg. À travers toute l'Allemagne, historiens, juristes et philosophes se partagent alors les grands thèmes de la première »Wendedebatte« qui accompagne la formation de la première République fédérale d'Allemagne et qui a été brillamment analysée par Lena Foljanty dans *Recht oder Gesetz*[3] Reinhart Koselleck y participe en tant que jeune chercheur en s'engageant dans les travaux du *Arbeitskreis für moderne Sozialgeschichte* avec un projet sur l'histoire de la Prusse durant la période cruciale du *Vormärz*. En même temps il collabore à la préparation d'une histoire générale de l'administration qu'Ernst Forsthoff, un proche de Carl Schmitt, qui enseignait le droit public à Heidelberg, avait lancée au milieu des années 1950 en pleine controverse sur la compatibilité des principes de l'Etat de droit avec ceux du *Sozialstaat* naissant.[4] Le premier résultat de ces contacts et recherches a été pour

---

[3] L. Foljanty, *Recht oder Gesetz. Juristische Identität und Autorität in den Naturrechtsdebatten der Nachkriegszeit*, Beiträge zur Rechtsgeschichte des 20. Jahrhunderts, Bd. 73, Tübingen, Mohr Siebeck, 2013, passim.
[4] E. Forsthoff, *Deutsche Verfassungsgeschichte der Neuzeit*, 1. Aufl. Berlin, Junker und Dünnhaupt, 1940.

Koselleck un long article analysant la réaction de la bureaucratie prussienne face au mouvement social au cours de la première phase de l'industrialisation.[5] Les instruments juridiques de la réforme administrative et sociale, les mesures qui en découlent tout comme leur dynamique propre y occupaient une place centrale. Le projet de thèse d'habilitation dans lequel s'engagera Koselleck au début des années 1960 sous la direction de Werner Conze reprendra cette problématique. A la différence de la thèse de doctorat, soutenue quelques années plus tôt, qui associait la pathogenèse du monde moderne au mouvement des idées du 18e siècle, c'est l'interaction des différentes strates d'acteurs politiques, administratifs et sociaux associés aux réformes prussiennes du début du 19e siècle, qui constitue l'objet de l'enquête. Ce tournant est étroitement lié aux échanges dans le cadre du *Ebracher Kreis* initié par Ernst Forsthoff et au dialogue intensif avec Ernst-Wolfgang Böckenförde, un élève de Carl Schmitt, dont les travaux tentaient de montrer que la vitalité du droit codifié, autrement dit de la législation en vigueur, dépend de sa capacité à répondre au changement social. Autrement dit pour Böckenförde, le droit ne peut pas être séparé de l'état de la société comme il ne se laisse pas concevoir en dehors du domaine politique tant il est lié aux dispositions intellectuelles et morales de l'ensemble des acteurs appelés à le porter et le supporter.[6] Si la référence directe est ici Hermann Heller et sa conception de la constitution en tant que »normgeformtes Sein«, la position de Böckenförde vise tout autant, à travers l'affirmation de l'historicité du droit, la permanente responsabilité du décideur, qui constituait la ligne de défense de Carl Schmitt, quand il s'agissait de répondre aux véritables causes de la catastrophe allemande. Dans le contexte contemporain, ces thèses coupaient court aux aspects déculpabilisant de la »Naturrechtsdebatte« nourrie par d'anciens responsables du IIIe Reich, tout en faisant place à un programme historique que Koselleck développera en 1970 dans *Wozu noch Historie?*, où il intime à l'enseignement universitaire et à la recherche historique cinq maximes ou règles de conduite:

---

[5] Cf. R. Koselleck, »Staat und Gesellschaft in Preußen, 1815–1848«, in Werner Conze (Hg.), *Staat und Gesellschaft im deutschen Vormärz, 1815–1848*, Stuttgart, Klett, 1962, p. 79–112.
[6] Cf. J. Hoock, »Le métier de juriste entre règle de droit et expérience de l'histoire«, in: *Revue de Synthèse*, 132, 2, Mai 2011, pp. 277–291.

- être attentif au détail et au fait concret;
- accepter la nécessité de se servir des prémisses théoriques des disciplines voisines;
- soigner l'effet de distanciation des énoncés historiques;
- souligner les implications critiques de la méthode historique et philologique;
- reconnaître l'impossibilité d'une quelconque utilité immédiate de la connaissance historique tout en s'attachant à en dégager les leçons médiates.

À tout cela venait s'ajouter l'exigence d'une approche spécifique liée à la théorie des temps historiques.[7] On retrouve ces règles dans la conception de la réforme des études d'histoire que Koselleck allait défendre sous le nom de *Bielefelder Modell*, où histoire, droit et sciences sociales cesseraient d'être de simples disciplines voisines en s'ouvrant les uns sur les autres. Mais avant que ce modèle n'ait pu être mis à l'épreuve, plusieurs séminaires à Heidelberg ont tenté d'ouvrir l'approche historique aux réalités de la société contemporaine.

2. Sociétés concentrationnaires et post-concentrationnaires: les années de plomb

Ces séminaires étaient le fruit du dialogue mené avec la jeune génération et portaient pour l'essentiel sur l'expérience historique, que Koselleck ne détachait pas de l'expérience primaire des acteurs historiques. C'est dans ce contexte que nous, jeunes assistants, avions proposé à Reinhart Koselleck d'organiser un séminaire de doctorants sur le thème des »Sociétés concentrationnaires et post-concentrationnaires«. Parmi les doctorants qui s'y étaient engagés, il y avait entre autres Falk Pingel, qui travaillait sur la résistance dans les camps de concentration et avait noué beaucoup de contacts avec des témoins

---

[7] R. Koselleck, »Wozu noch Historie?«, in *Historische Zeitschrift*, 212 (1971), pp. 1–18, réimp. in R. Koselleck, *Vom Sinn und Unsinn der Geschichte. Aufsätze und Vorträge aus vier Jahrzehnten*, Frankfurt a. M., Suhrkamp, 2010, p. 32–51 – cf. aussi l'excellente analyse que donne Niklas Olsen de ce moment décisif dans la carrière de Koselleck sous le titre »A Message to the Historical Profession and a Personal Program«, in *History in the Plural: an introduction to the work of Reinhart Koselleck*, New York, Berghahn Books, 2012, p. 217 suiv.

rescapés des camps de la mort.[8] Certains d'entre eux participèrent au séminaire, qui allait vite s'élargir à de jeunes médecins et psychiatres venant des cercles qui s'étaient formés autour de Victor von Weizsäcker après 1945 à la faculté de médecine de Heidelberg. Parmi eux il y avait surtout Wilhelm Kütemeyer, un ami intime de Reinhart Koselleck et témoin par excellence de la genèse du régime concentrationnaire. Ayant été au début des années trente l'assistant du philosophe Alfred Bäumler, grand spécialiste de l'esthétique de Kant, il s'était trouvé, après avoir été dénoncé par son patron comme résistant au nazisme, pour un temps prisonnier à Dachau avant de s'engager dans des études de médecine en suivant dans l'après-guerre le courant psychosomatique représenté par Viktor von Weiszäcker. C'est en tant que médecin pratiquant que Wilhelm Kütemeyer avait présenté à la fin des années 50 sa thèse d'habilitation à la faculté de médecine de Heidelberg, où elle s'était »perdue« – en fait elle avait été reléguée au fond d'un tiroir afin de la soustraire à la soutenance publique – avant que, sur l'initiative de Koselleck, Böckenförde ne la fasse retrouver tout en exigeant de la faculté qu'elle ouvre la procédure d'habilitation. Avec Kütemeyer, la notion d'une »société post-concentrationnaire« entrait dans le programme du séminaire, qui portait l'interrogation, au-delà de l'analyse du fascisme, sur la pathologie sociale des sociétés modernes. Les enquêtes menées par les étudiants nourrissaient cette dimension de nos interrogations. Beaucoup d'entre eux découvraient le silence qui avait pesé tout au long de l'après-guerre sur la participation active de la population de la ville lors des persécutions antisémites, qui parfois impliquaient leurs propres parents. Ces drames personnels ont créé une situation de plus en plus difficile à maîtriser en termes pédagogiques. Mais le scandale public a éclaté quand l'un des étudiants a fait circuler lors d'une manifestation publique des documents d'archives témoignant d'action d'euthanasie dans les cliniques de la ville. Ce document mettait en accusation surtout Karl Heinrich Bauer, le médecin qui avait assisté Karl Jaspers durant la guerre et qui avait été nommé à côté de Jaspers vice-recteur lors de la refondation de l'université de Heidelberg par les Américains en 1945. A cela s'ajoutaient les activités du »Patientenkollektiv«, issu en grande partie du séminaire, qui rejoignait les groupes d'action formés autour de

---

[8] F. Pingel, *Häftlinge unter SS-Herrschaft. Widerstand, Selbstbehauptung und Vernichtung im Konzentrationslager*, Hamburg, Hoffmann und Campe, 1978.

Rudi Dutschke et les étudiants du SDS. Le séminaire alternait désormais avec des réunions politiques à la *Mensa* et sur la place publique.

Pour Koselleck, ce séminaire était manifestement une occasion de revenir sur sa façon de travailler son expérience personnelle de la guerre et de l'après-guerre. Ce que *Kritik und Krise* avait présenté comme l'expression de la pathogenèse du monde bourgeois demandait de toute évidence à être interrogé de nouveau. Avec la crise présente s'ouvrait tout un champ d'interrogations quant à la fonction de l'historiographie dans les sociétés de communication. C'était désormais un thème récurrent des »Arbeitsvorlesungen« que proposait Koselleck et qui suscitaient des discussions intensives au sein du séminaire. Elles étaient inséparables d'une réflexion sur la mémoire et la mort, qui marquait l'enseignement de Koselleck depuis la fin des années 1960 où avait débuté sa longue enquête sur les monuments aux morts qu'accompagnait une série d'excursions. Que cette réflexion sur la relation des vivants avec leur passé s'inscrive dans une période marquée par les procès des gardiens d'Auschwitz et Birkenau et par une profonde crise d'identité de la jeunesse estudiantine allemande était un élément constitutif des tentatives de réponse esquissées dans les nombreux articles rédigés à cette époque, dont l'essai *Terreur et rêve* est sans doute l'expression la plus directe.[9] Issue d'un dialogue avec la psychanalyste Charlotte Beradt, qui avait recueilli dès 1933 les rêves de ses contemporains berlinois avant d'être contrainte à l'émigration, l'analyse thématise plus largement la *Zeiterfahrung*, autrement dit l'expérience du temps présent, comme l'indique le sous-titre de la version allemande de cet article rédigé en 1971.[10] Témoignant de formes d'expérience *in eventu*, ces documents »donnent accès à des couches du vécu que ne livrent même pas les notes d'un journal scrupuleusement tenu« tout en s'ouvrant sur une dimension anthropologique et un diagnostic du présent qui autrement échappent à l'historien.[11]

---

[9] R. Koselleck, »Terror und Traum. Methodologische Anmerkungen zu Zeiterfahrungen im Dritten Reich«, in *Vergangene Zukunft. Zur Semantik geschichtlicher Zeiten*, Frankfurt/Main, Suhrkamp, 1989, p. 278–299 (trad. fr. »Terreur et rêve«, in *Le futur passé, Contribution à la sémantique des temps historiques*, trad. par Jochen Hoock et Marie-Claire Hoock Paris, Éditions de l'EHESS, 1990, p. 249–262).

[10] Cf. Les indications de sources in *Vergangene Zukunft*, p. 278–299 (*Le futur passé*, p. 332).

[11] R. Koselleck, »Terror und Traum«, p. 286: »Für den Historiker, der sich mit der Geschichte des Dritten Reiches beschäftigt, stellt die Dokumentation der Träume eine

De nombreuses interventions dans les années à venir reviendront sur les conséquences méthodologiques de cette position. La plus importante d'entre elles est sans doute l'essai intitulé *Erfahrungswandel und Methodenwechsel*[12] qui, en abordant le rôle et la fonction de la pression de l'expérience vécue dans la façon d'aborder les événements historiques, précisait ce que Koselleck avait défini de manière générale comme un »historisme réfléchi à dessein systématique«.[13] A la multiplicité des structures temporelles correspondent en effet, selon cette analyse, des modes ou étapes qui s'expriment à travers différentes façons d'écrire l'histoire : *Aufschreiben* comme un acte initial, *Fortschreiben* en accumulant des faits dans la durée, puis *Umschreiben* comme un acte de révision pour en développer rétrospectivement une nouvelle histoire. Seule une histoire intégrant ces différentes étapes pourrait restituer l'unité de l'histoire dans toutes ses dimensions, de l'imprévisible actualité aux nécessités structurelles perceptibles dans la seule perspective ex-post.

3. La conquête de l'unité allemande comme problème historique

La conquête de l'unité allemande dans les années 1990 correspond à ce type de défi que Koselleck relève avec sa relecture du livre de Helmuth Plessner. L'argument central que Koselleck oppose à une lecture téléologique de l'histoire allemande, en particulier celle du *Sonderweg*, est celui du rôle de structures fédérales comme facteur récurrent de l'évolution historique dans l'espace germanique. Développée dans maintes conférences depuis le milieu des années 1970, cette analyse revient à accorder une fonction stratégique à la mobilisation de ces structures comme l'avait fait Hermann Heller au début des années 1930 avec sa conception de l'actualisation du droit acquis comme

---

Quelle ersten Ranges dar. Sie öffnet Schichten, an die selbst Tagebuchnotizen nicht heranreichen«, trad. fr : »Terreur et rêve«, p. 255. Pour l'actualité de cette approche cf. Michèle Leclerc-Olive, »Entre Mémoire et expérience, le passé qui insiste«, *Projet*, 2003/1 (n° 273), Dossier : »Rythmes et temps collectifs«, p. 96–104.

[12] R. Koselleck, »Erfahrungswandel und Methodenwechsel: eine historisch-anthropologische Skizze«, in *Zeitschichten*, p. 27–77.

[13] »Ein reflektierter Historismus in systematischer Absicht«, in R. Koselleck, *Begriffsgeschichten, Studien zur Semantik und Pragmatik der politischen und sozialen Sprache*, Frankfurt/Main, Suhrkamp, 2006, p. 399.

condition de sa permanence structurante. En même temps, elle revient à réaffirmer l'historicité du droit et le rôle de l'acteur politique, que Koselleck retenait comme leçon à tirer de la crise finale de la République de Weimar et de ses entretiens avec Carl Schmitt. Le refus de toute approche téléologique, qui rejoint le rejet des utopies des Lumières à la base de *Kritik und Krise*, prend tout son sens dans le croisement des temporalités capable de rendre compte des divergences propres à l'histoire politique, économique, sociale et culturelle, qui, avec les choix qu'elles offrent, éclairent les responsabilités des acteurs. La situation du *Vormärz* et de la première république allemande tout comme celle de la fin de la république de Weimar deviennent ainsi des références dans l'analyse des possibles qu'offre la situation après la chute du mur de Berlin.

Cette approche est depuis le début des années 60 une constante dans la réflexion de Koselleck sur la politique allemande. Une référence importante reste tout au long de cette période l'œuvre de Lorenz von Stein, un intérêt que Koselleck partage avec Böckenförde. L'»historisme réfléchi dans un dessein systématique« que Koselleck prône au même moment avec son essai *Erfahrungswandel und Methodenwechsel* procède de la même analyse politique, qui mobilise, avec les ressources normatives, les forces et les récurrences socio-économiques de la société pour évaluer les incertitudes et les impondérables du moment. Elle motive aussi la réflexion sur la mémoire et la mort qui marque l'enseignement de Koselleck depuis la fin des années 1960 où débute sa longue enquête sur les monuments aux morts. C'est à ce niveau de l'articulation entre expérience primaire et histoire intégrant la *Zeiterfahrung* que l'on peut identifier des modes de raisonnements ressemblant à la »Selbstfindung« que décrit Kurt Flasch lorsqu'il analyse l'évolution intellectuelle du philosophe Hans Blumenberg, autre membre de la génération 45.[14] Que l'un et l'autre se rencontrent dans l'évaluation de la modernité est un trait marquant de la génération 45. Si grande que puisse paraître la distance entre le diagnostic de crise du jeune Koselleck et la conversion à la légitimité des temps modernes de Blumenberg après de longues années consacrées aux scolastiques – les deux auteurs se rejoignent finalement dans des choix méthodologiques qui rattachent Koselleck comme Blumenberg à une démarche rationnelle seule capable de

---

[14] Kurt Flasch, *Hans Blumenberg. Philosoph in Deutschland: Die Jahre 1945 bis 1966*, Frankfurt/Main, Vittorio Klostermann, 2017, p. 620 (passim).

démêler les interférences de facteurs multiples, qui caractérisent l'évolution historique.

Conclusions

Ce parallèle peut surprendre. Il trouve sa justification dans le refus commun des implications idéologiques de la »Wendedebatte«, qui accompagne la naissance de la République fédérale. La renaissance du droit naturel comme pendant du théorème d'une sécularisation dévastatrice, la catastrophe inhérente à la modernité comme à la pathogénèse du monde bourgeois ont été des thèmes communs aux deux auteurs tout comme la référence à Carl Schmitt avant leur réexamen en fonction d'une analyse critique et réaliste de l'expérience de la société contemporaine. Dans les deux cas, le vécu de l'enseignant et le cours réel des réformes de l'après-guerre fournissent la matrice d'une relecture de leur positionnement intellectuel. Dans le cas de Koselleck, la référence au fédéralisme est en termes politiques l'expression d'un pragmatisme réformateur qui pour l'historien se résumait dans un constat qui pourrait être celui de sa génération : »Du point de vue de la tâche scientifique d'une théorie de l'histoire, il s'agit de savoir ce dont elle est capable au plan analytique afin d'extraire un ordre rationnel du chaos du matériau ou des préjugés historiques. L'histoire elle-même (si ce terme chargé d'idéologie peut être accepté) est irrationnelle – c'est tout au plus son analyse qui est rationnelle«.[15]

---

[15] R. Koselleck, »Historik und Hermeneutik«, Vortrag zu Ehren Hans-Georg Gadamers 85 Geburtstag, am 16.2.1985, in: *Zeitschichten*, p. 113: »Für die wissenschaftliche Aufgabe einer Historik kommt es darauf an, zu wissen, was sie analytisch leistet, um dem Chaos geschichtlicher Befunde oder historischem Vorwissen eine rationale Ordnung abzugewinnen. Geschichte selber, wenn diese ideologieträchtige Vokabel einmal hingenommen wird, ist unvernünftig – vernünftig ist höchstens deren Analyse« (trad. fr. modifiée d'Alexandre Escudier in *L'expérience de l'histoire*. éd. par Michael Werner, Paris, Hautes Etudes, Gallimard, Le Seuil, 1997, p. 195).

Alexandre Escudier

Un »premier« Koselleck néo-hobbésien ?

De Kritik und Krise à l'»ontologie historique« et retour

De la crise de l'absolutisme à l'iconologie politique de la mort de masse au XXᵉ siècle, l'œuvre de Reinhart Koselleck est vaste et complexe. On n'en retient que rarement la basse continue de théorie politique qui l'informe d'un bout à l'autre. Et si on y consent, c'est sur un mode dénonciatoire, en général conceptuellement fort confus, qui consiste à renvoyer Koselleck à l'enfer et à l'index du schmittisme. La critique idéologique, voire morale, est incapable de faire accéder à une compréhension fine de ce qui l'offusque : l'intrication profonde en effet, chez Koselleck, de la question de l'histoire et du problème politique. C'est ce qu'il s'agit d'examiner ci-après en repartant du premier travail académique de Koselleck, intitulé *Kritik und Krise*[1], et du projet concomitant sous-jacent d'une »ontologie de l'histoire«.

---

[1] Une mise au point d'ordre philologique s'impose d'entrée de jeu car il existe plusieurs versions de *Kritik und Krise*, avec notamment des sous-titres dissemblables. Une première variante est constituée par la version dactylographiée ayant donné lieu à la soutenance de thèse sous le titre : *Kritik und Krise: Eine Untersuchung der politischen Funktion des dualistischen Weltbildes im 18. Jahrhundert*, sous la direction de Johannes Kühn, université de Heidelberg, 20 novembre 1954, IX–156 p. Une seconde version a paru cinq ans plus tard sous l'intitulé : *Kritik und Krise: eine Studie zur Pathogenese der bürgerlichen Welt*, Freiburg, Alber, 1959, X–229 p.; elle a été ré-éditée en 1969. Une troisième version modifiée, comportant des compléments importants dans les notes (en forme de sémantique historique sur de grandes notions alors en jeu) est publiée avec le même sous-titre chez Suhrkamp à Francfort/Main, en 1973. Il s'agit de l'édition définitive. Elle a été régulièrement réimprimée de 1976 à 2011. La traduction française paraît en 1979 sous l'intitulé *Le règne de la critique* (Paris, Minuit); elle a été réalisée par Hans Hildenbrand à partir de l'édition de 1959. Elle est par conséquent incomplète, notamment quant aux micro-études »begriffsgeschichtlich« ajoutées dans les notes par Koselleck dans l'édition Suhrkamp de 1973. Je citerai ci-après en abrégé »K« pour l'édition Suhrkamp définitive de 1973 et »C« pour la traduction française de 1979. La reconstruction critique que je propose restera incomplète tant que n'auront pas été conduits un repérage et une analyse systématiques des modifications opérées par Koselleck entre les versions de 1954, 1959 et 1973. Dans le cadre du présent article, je me contenterai simplement de signaler les passages de 1959

Un »premier« Koselleck néo-hobbésien?

Dans un premier temps, je m'efforcerai de dégager les articulations principales de *Kritik und Krise* quant à la dialectique de l'État absolutiste. Je marquerai la nature et les limites de sa méthode comme de ses sources; j'indiquerai également la surdétermination philosophique de sa grille d'analyse. Dans un second temps, je reviendrai sur un certain nombre d'inflexions de son travail par-delà *Kritik und Krise*, à propos notamment de l'histoire de la Prusse, des thématiques entre elles liées de la »Sattelzeit«, de la »temporalisation«, de l'»accélération« et de l'»ontologie historique« surtout. Mon propos relève de ce qu'on pourrait appeler un *scepticisme endetté*. Entendons par là qu'il me semble à la fois nécessaire de critiquer certaines thèses de Koselleck et de continuer d'en reconnaître la productivité heuristique comme questionnement fondamental sur la modernité. Il y a en effet plusieurs manières non hagiographiques d'hériter d'une pensée, et la critique n'est pas la moins infidèle ni la moins reconnaissante des attitudes. Nulle *reductio ad schmittum* ici donc, alors même qu'une véritable surcharge interprétative schmittienne me semble tout à fait repérable dans le propos uniment onto-historique et onto-politique initial de *Kritik und Krise*[2].

---

introuvables dans la version de 1973 relativement aux questions qui me retiennent ici, et non pour l'ensemble du texte de *Kritik und Krise*.

[2] Il convient de strictement distinguer ici *présupposés philosophiques* (quant aux critères de viabilité de tout ordre politique) et *préjugés idéologiques* (i. e. les affects antilibéraux de la génération de Schmitt, Brunner et Conze). Foncièrement hobbésien, Koselleck ne se départit pas d'un certain nombre de *présupposés philosophiques*, qu'il partage en partie avec Carl Schmitt. Il en va tout autrement des *préjugés idéologiques*, aussi bien pour des questions de tempérament personnel que d'expérience générationnelle. C'est pourquoi aucune *reductio ad schmittum* intégrale de Koselleck n'est à mon sens tenable. Le jugement d'Ivan Nagel demeure sur ce point définitif: »Bei sorgfältiger Lektüre von *Kritik und Krise* entdeckt man freilich, wie präzis sich Koselleck von Carl Schmitt absetzt: Er denkt den Staat von Hobbes aus, nicht auf Donoso Cortès hin. Eine als Anthropologie verkleidete Theologie, die gegen die Erbsünde des stets bösen Menschen total den Staat (oder: den totalen Staat) ermächtigt – diese düstere Theologie von Menschenargwohn und Menschheitsfurcht blieb dem Aufklärer über Aufklärung, der Koselleck war und ist, nicht nur im Gedanken, sondern dank Konstitution und Temperament anrüchig und fremd«, Ivan Nagel, »Der Kritiker der Krise« [2004], in Stefan Weinfurter (hg.), *Reinhart Koselleck (1923–2006): Reden zum 50. Jahrestag seiner Promotion in Heidelberg*, Heidelberg, Winter, 2006, p. 22–31, p. 27. Sur la *reductio ad schmittum*, cf. Koselleck lui-même in Id., »Dankrede« (23.11.2004), in S. Weinfurter (hg.), *Reinhart Koselleck (1923–2006)*, p. 33–60, ici p. 55.

Alexandre Escudier

1. Reconstruction critique des thèses centrales de *Kritik und Krise*

Kritik und Krise est rarement lu de près. On prend rarement soin d'analyser dans le détail la »dialectique des Lumières« (C135–K135)[3] qui s'y trouve exposée et que l'on peut ramasser comme suit : l'État absolutiste a permis l'épanouissement de la »société« grâce à la neutralisation des guerres civiles confessionnelles en interne et l'équilibre des puissances monarchiques en externe, mais il a fini par succomber à la remoralisation dualisante, agonistique, du politique par la critique des philosophes d'abord, des cercles urbains de discussion ensuite (loges maçonniques incluses), et l'inflation des philosophies de l'histoire à visée utopique enfin – toutes choses qui nous auraient fait durablement entrer dans le cycle totalitaire moderne des révolutions, cette structure dynamique de la »guerre civile mondiale«. Examinons comment cette thèse générale est élaborée.

1.1 La »structure politique de l'absolutisme«

L'analyse s'engage sur la »structure politique de l'absolutisme« (chap. 1). D'obédience clairement schmittienne, elle porte sur deux niveaux dissemblables : la politique interne (Hobbes) et la politique externe (Vattel) des États absolutistes.

Reposant sur un corpus de sources littéraires et philosophiques fort limité (Barclay, Agrippa d'Aubigné, Hobbes, Spinoza, Vattel), le premier temps du propos consiste à montrer comment l'État absolutiste a privatisé l'espace intérieur de la conscience morale en neutralisant les différends confessionnels qui faisaient rage depuis la Réforme dans l'espace public. En mettant un terme à la guerre civile *(stasis)*, en se posant comme le garant de la stabilité pour ainsi dire non stasique de l'ordre politique, l'État absolutiste a non seulement subordonné la morale aux fins premières du politique (la paix et la sécurité), mais il l'a surtout détachée de sa matrice religieuse. La conscience religieuse est désormais sommée de se couper des affaires du siècle. »Pour survivre, le sujet doit cacher sa conscience« (C17-K15). Il en résulte en

---

[3] *Dialektik der Aufklärung* aurait d'ailleurs dû être le titre du livre si Adorno et Horkheimer ne l'avaient déjà utilisé avant Koselleck, cf. »Dankrede« (23.11.2004), in S. Weinfurter (hg.), *Reinhart Koselleck (1923–2006)*, p. 33–60, ici p. 34.

chaque individu deux parts distinctes, non médiatisées : le *sujet* de l'État absolutiste d'un côté et le *for intérieur* de la conscience morale de l'autre. Ce faisant, le sujet de l'État est délié de toute responsabilité politique, et le for intérieur devient le foyer à partir duquel quelque chose comme une critique morale de l'ordre existant peut en réaction se dégager.

Le propos de Koselleck est bien de nature *dialectique* au sens où il s'agit de montrer que l'ordre instauré par l'État absolutiste afin de résoudre un premier problème – les guerres de religion, et la guerre civile en général – en induit structurellement un autre, qui éclatera finalement à la fin du cycle absolutiste avec le début de l'ère révolutionnaire transatlantique (1776–1789). En se posant, l'État absolutiste instaure les conditions de possibilité structurelles de sa critique comme de sa ruine. L'ordre positif se pose en même temps qu'il pose sa possible négation. »L'État a créé un ordre nouveau, dont il a été ensuite la victime. Dès le départ, le for intérieur de la morale, concédé par l'État et réservé à l'homme en tant qu'›homme‹, était un foyer de troubles propres au système absolutiste. L'instance de la conscience était le reste non surmonté de l'état naturel, qui survivait dans l'État arrivé à sa perfection. La neutralisation de la conscience par la politique favorise la sécularisation de la morale« (C32–K30). C'est en ce sens que »l'esprit bourgeois a recueilli la succession de la religiosité théologique« (C33–K31). Mais il est clair ici que Koselleck travaille avec des catégories historiographiques amples et vagues, avec des sortes de quasi-sujets collectifs non objectivables empiriquement (»esprit bourgeois«, »religiosité théologique«, »l'homme«, le »for intérieur«, etc.). Il est également manifeste que Hobbes sert de fil conducteur à sa reconstruction d'ensemble, comme si un corpus philosophique sans efficace historique propre pouvait permettre de cartographier l'effectivité socio-historique advenue[4].

À un second niveau (la politique externe de l'État absolutiste), Koselleck s'appuie essentiellement sur *Le Droit des gens* de Vattel[5]. Il s'emploie à montrer que l'état de nature belliqueux toujours possible entre les États a été jugulé par le »droit des gens« et l'équilibre des

---

[4] On comparera par exemple le caractère massif de *Kritik und Krise* à la finesse des analyses de Fanny Cosandey et Robert Descimon, *L'absolutisme en France*, Paris, Seuil, 2002.

[5] Emer de Vattel, *Le Droit des gens : Principes de la loi naturelle, appliqués à la conduite et aux affaires des Nations et des Souverains*, 2 vol., Londres/ Neuchâtel, 1758.

puissances en Europe depuis les traités de Westphalie (1648) et surtout la paix d'Utrecht (1713), qui a durablement consacré la fin de l'hyperpuissance française. Cette situation est propice à la croyance en un possible progrès moral, laquelle est à la fois le produit structurel de l'ordre absolutiste et le grand leurre *anti-politique* moderne quant aux conditions de possibilité pérennes de toute paix et de tout ordre politique (interne comme externe) : l'État (C40–K38). Contenue en Europe même, la guerre donne alors l'illusion d'avoir tout à fait disparu[6]. Koselleck s'inscrit dans le droit fil de la thématique du »jus publicum europaeum« de Carl Schmitt dans *Le Nomos de la terre*[7]. Ceci étant, il n'entre pas en matière sur un aspect important de la proposition schmittienne, à savoir que l'équilibre interne du système des États européens s'est soldé par une concurrence maritime et coloniale intense (des »prises de terre«) dont la caractéristique essentielle était de reconduire ailleurs, et aux dépens d'autres territoires et populations, l'affrontement guerrier ouvert qui avait été pour un temps contenu en Europe. Sous un mode thalassocratique et colonial inédit, la politique externe de l'État absolutiste pérennise l'agonistique intra-européenne des puissances et ne consiste donc pas simplement, comme en interne, à subordonner la morale à la politique de sorte à circonscrire la violence illimitée de la guerre juste.

1.2 Situation philosophique et sociologique des Lumières

Le second moment de l'analyse (chap. 2) consiste à montrer comment, depuis la fin du XVIIe siècle, la société civile – cette créature induite par l'ordre pacifié de l'État absolutiste – s'emploie à remoraliser l'ordre politique à partir du for intérieur individuel, de la critique philosophique et de nouvelles pratiques urbaines de sociabilité. Les Lumières philosophiques, dès la fin du XVIIe siècle, équivaudraient selon Koselleck à une dilatation vers l'espace public du for intérieur privé que l'état absolutiste avait relégué hors de la sphère politique et

---

[6] Mais *quid* de la guerre de succession d'Espagne (1701–1714), de la guerre de succession d'Autriche (1740–1748) ou encore de la guerre de Sept ans (1756–1763) ? Le système westphalien n'a nullement la stabilité qu'on lui prête : le mode dynastique de dévolution du pouvoir en régime hiérocratique (et non démocratique) est un facteur belligène chronique en Europe même.

[7] Carl Schmitt, *Der Nomos der Erde im Völkerrecht des Jus Publicum Europaeum*, Cologne, Greven, 1950.

de sa structuration éthico-religieuse (C43–K41). Le mouvement du politique va alors du dedans vers le dehors, du for intérieur vers l'État en passant par la »société« qui, collection de consciences morales extériorisées, finira par se dresser en face du pouvoir absolutiste afin de le réinstituer intégralement à partir d'elle seule de sorte à pouvoir dire en substance : non pas seulement *L'État, c'est nous*, mais *L'État, c'est nous en tant que Critique morale illimitée de droit*.

Koselleck repart pour ce faire de John Locke, mais le fait remarquable est qu'il fait totalement l'impasse sur les *Two Treatises of Government* pour ne retenir qu'un seul passage, fort bref, de l'*Essay on human understanding* (II, 28, §7–10). C'est dans ces quelques pages que Locke avance la triade »divine law«, »civil law«, »philosophical law« (appelée également »law of opinion or reputation«).

Koselleck a de ce texte une lecture maximaliste. Il y voit essentiellement trois choses : 1) un réarmement normatif de la »loi divine« contre l'ordre supra-confessionnel de l'État argumenté par Hobbes pour mettre fin au quasi état de nature de la guerre civile ; 2) une autonomie normative attribuée aux jugements moraux formulés depuis la »loi philosophique« et ses instances dialogiques dans la société (notamment les clubs) ; 3) *summa summarum*, autant de sources de normativité orthogonales aux »lois civiles« du Léviathan (C47–K45 ; C48–K48).

Typique du premier Koselleck, cette lecture représente un véritable forçage du texte, afin d'accréditer la thèse générale de *Kritik und Krise* sur l'époque. En ne hiérarchisant pas les trois types de lois (divine, civile, philosophique), Locke aurait ainsi préprogrammé un conflit général des normativités. Il n'y a pourtant chez Locke ni conflit ni absence de hiérarchie. Les »lois civiles« fixent des principes d'action infranchissables sous peine de sanction ; elles cadrent le licite quant à la *vie*, la *liberté* et la *propriété* privée. Les »lois divines« le font également à un niveau plus intérieur de la conscience religieuse affrontée à la question des fins dernières. Les jugements moraux ordinaires et le contrôle social au sein de la société civile parachèvent – au niveau des mœurs – ce bornage des pensées et des actions individuelles. Malgré cela, Koselleck ne veut voir chez Locke que l'annonce du divorce entre la loi positive de l'État et la loi philosophique de la société civile.

Comme en plusieurs passages de *Kritik und Krise*, le défaut de méthode est quadruple au regard des conclusions générales : Koselleck ne s'appuie le plus souvent que sur un corpus philosophique, et qui plus est sur fort peu d'auteurs ; du corpus de ces rares auteurs, il ne retient que très peu de textes; il les sursollicite très fréquemment pour le besoin de sa démonstration; enfin, après vérification, certaines citations et références cruciales pour le propos se sont avérées introuvables dans les éditions citées. Quatre biais pour le moins dirimants au regard du caractère massif des thèses critiques soutenues quant aux Lumières. C'est pourquoi il me semble qu'on peut à bon droit parler d'un *premier Koselleck à thèse*, davantage situé du côté d'une certaine théorie politique normative, néo-hobbésienne, que d'une pratique méthodiquement réglée de l'histoire.

Dans ce chapitre 2 de *Kritik und Krise*, la démonstration de Koselleck consiste *in fine* à aligner toutes les planètes. Le »for intérieur« du sujet de l'absolutisme passe de l'espace privé vers l'espace public. Les convictions »religieuses« deviennent des articles de foi »moraux« »sécularisés«. La critique philosophique se pense comme mieux-sachante et mieux-disante moralement; elle devient la pratique généralisée d'un groupe social (Philosophes, cafés, salons, clubs, loges maçonniques) se pensant comme cette élite qui doit impulser les transformations générales de la société future. La »République des lettres« prétend détenir l'*imperium* véritable et s'adonne à une guerre illimitée de tous contre tous. Héritière de Pierre Bayle, la »critique« est sanctifiée par Voltaire comme la »10e Muse«, ouvrant ainsi la voie à Diderot, à Beaumarchais et à son Figaro, jusqu'à la Révolution française.

C'est l'heure de ce que Koselleck appelle le »Règne de la Critique«. La formule figure en français dans le texte allemand (K51), avec la double majuscule, sans guillemets ni référence à aucune source. Elle concentre la thèse générale du livre, à savoir l'inversion fondamentale de l'ordre de fondation de la société politique depuis le *De cive* de Hobbes: l'*imperium* est passé du côté de la *libertas*, la liberté instituée du côté de la licence pré-politique. C'est désormais la société, et la puissance critique de la philosophie, qui est en passe d'usurper le trône et de créer les conditions d'un nouvel état de nature pré-stasique.

Selon Koselleck, ce sont les clubs ainsi que les différentes diasporas protestantes (notamment en Hollande et en Angleterre) qui vont être les relais sociologiques concrets susceptibles de faire infuser dans la société les axiomes comme l'*ethos* de la Critique. En France, le Club de l'Entresol de l'abbé D'Alary et de l'abbé de Saint-Pierre déchante toutefois de ne pas avoir débattu à huis clos, dans la confidence et le »secret«. Le cardinal Fleury le contraint de fermer en 1731. Les loges maçonniques se mettent ultérieurement à l'abri de ce genre de mésaventures en généralisant la pratique du secret. Elles y ajoutent la leçon de »l'égalité« transclasse dans la fraternité des loges (à l'instar de l'égalité entre hommes et femmes dans les »salons«). C'est pour Koselleck un avant-goût de la »liberté civile«, comme le prélude pratique aux principes philosophiques à réaliser : »La liberté en secret devient le secret de la liberté« (C62–K60). Koselleck affectionne ce genre de renversement de formule valant démonstration. Dans les loges maçonniques, les individus s'éprouvent alors en tant qu'égaux, fraternels, libres dans le secret, et représentants d'une moralité et destinée supérieure de l'humanité. Ces petites communautés morales se rêvent en lieu et place des États absolutistes, immoraux et arbitraires, à l'instar de la raison d'État. C'est l'horizon du cosmopolitisme moral (chez Lessing, mais aussi Weishaupt, Knigge et Wieland) qui se substitue à la réflexion sur les conditions de possibilité minimales de tout ordre politique pacifié en interne comme en externe.

Toutes ces aspirations se heurtent pourtant à la structure politique de l'absolutisme qui dénie aux sujets toute participation et responsabilité politiques. Le blocage politique est complet ; les couches sociales montantes n'ont d'autre alternative que de sur-investir l'inflation verbale critique puis la crise concrète de l'État absolutiste. L'analyse de Koselleck est ici très franco-centrée ; il ne tient nullement compte de la diversité des systèmes absolutistes et des répertoires de contestation induits. Il entend néanmoins repérer une montée des langages dualistes, agonistiques, du politique (C104–K102). C'est à cette occasion qu'il jette les premières bases de sa sémantique historique autour des grandes notions antonymiques alors débattues (*Gegenbegriffe*, C84–K83)[8]. Cette structuration politique et discursive est explosive ; la Critique est achevée, la Crise peut bientôt commencer. Le parti des Jacobins n'aura qu'à se baisser pour ramasser l'*imperium* arraché par la société civile des mains de l'État.

La *surcharge schmittienne* du chapitre 1 de *Kritik und Krise* est redoublée dans le chapitre 2 d'une *surchage cochinienne*, par référence aux travaux d'Augustin Cochin sur les loges maçonniques et le jacobinisme (C92–K91). Du chapitre 1 au chapitre 2, la démonstration boucle sur elle-même. Logée dans le for intérieur du sujet absolutiste,

---

[8] Cf. les longues notes de bas de page de l'édition 1959, rejetées en annexes séparées dans la traduction française de 1979 (C157 sq.), et complétées dans l'édition définitive Suhrkamp de 1973.

la réserve destituante de »droit naturel« s'est muée en *potestas indirecta* de la société civile contre l'État : »La morale est le souverain présomptif« (C70–K68 ; C125–K124).

1.3 Philosophie de l'histoire et futurisation utopique de l'eschatologie

Ce n'est que dans le troisième et dernier moment de son argumentation que Koselleck aborde la question de la philosophie de l'histoire comme genre réflexif et matrice politique (chapitre 3). C'est là ce que j'appellerai la *surcharge löwithienne* non seulement de *Kritik und Krise* mais de toute la pointe politique de sa sémantique historique. On sait à quel point Karl Löwith a pour lui compté puisqu'il a traduit *Meaning in History* (conjointement avec Hanno Kesting) avant de préfacer son autobiographie[9]. Le premier Koselleck de *Kritik und Krise* reste largement dans la dépendance de Löwith sur le sujet de la philosophie de l'histoire, son originalité étant de l'articuler à la proposition schmittienne sur la structure politique de l'État absolutiste. Ce n'est que par la suite, dans la discussion avec Hans Blumenberg en 1975, que Koselleck actera la nécessité de se démarquer de toute »*Ableitungsthese*« stricte faisant de la philosophie de l'histoire une version sécularisée de la théologie ; il accordera alors qu'il serait plus pertinent de n'en retenir que la dynamique métaphorique, au niveau des mutations du langage socio-politique moderne[10].

Pour l'heure, *Kritik und Krise* fait du genre naissant de la »philosophie de l'histoire« l'héritière de l'eschatologie chrétienne (C110–K108) et le principal discours de dissimulation de la structure conflictuelle réellement à l'œuvre entre la société et l'État. Interdits en 1785, les franc-maçons de Bavière »font du plan de salut de Dieu, en le sécularisant, un plan rationnel de l'histoire« (C112). »Grâce à cette identification du plan indirectement politique avec le cours de l'histoire, on dissimule la possibilité de la révolution tout en la provoquant« (C113). La décision ultime, l'issue de la Crise, est ajournée

---

[9] R. Koselleck, »Dankrede« (23.11.2004), in S. Weinfurter (hg.), *Reinhart Koselleck (1923–2006)*, p. 45.
[10] Cf. l'excellente analyse de Gennaro Imbriano, *Der Begriff der Politik. Die Moderne als Krisenzeit im Werk von Reinhart Koselleck*, Francfort/Main, Campus, 2018, p. 120 sq.

mais par là même déclenchée : »La tension entre l'État et la société se décharge apparemment dans l'avenir lointain« (C113)[11].

Le point nodal est qu'en couplant morale et philosophie de l'histoire les franc-maçons abolissent les conditions quasi transcendantales du politique : »Haut et bas, intérieur et extérieur cessent d'être des phénomènes historiques, car avec l'épanouissement de la morale disparaît toute autorité et donc aussi l'État« (C112–K110). En futurisant le progrès moral ainsi que la réconciliation de l'humanité, les loges maçonniques ruinent la variante hobbésienne de l'autorisation absolutiste. C'est la conscience individuelle (et non l'*auctoritas*) qui est désormais la source du droit ; la légitimité morale prime sur la légitimité absolutiste. Le pouvoir »doit devenir une fonction de la société«, de même que doit advenir la »moralisation de la politique« (C123–K123). Mais l'argumentation kosselleckienne va encore au-delà ; elle consiste à affirmer que c'est en dissimulant aux acteurs d'alors le processus de re-moralisation/destruction en cours du politique que la philosophie de l'histoire a ouvert la voie à la mise en crise effective du régime absolutiste. »Voiler cette dissimulation en tant que telle, c'est la fonction historique de la philosophie bourgeoise de l'histoire« (C132–K133 ; C155–K157).

Rousseau est identifié par Koselleck comme un des points de basculement du »Règne de la Critique« futurisée vers le cycle totalitaire moderne : »Rousseau cherchait l'unité de la morale et de la politique ; il a trouvé l'État total, la révolution permanente cachée sous le manteau de la légalité« (C135–K136). La charge est pour le moins massive. C'est dans les passages sur Rousseau que Koselleck porte à son comble sa rétroprojection des catégories politiques de la guerre froide (C138–K138). Et en cela, tout comme Jacob Talmon et tant d'autres, il n'est qu'un auteur fort datable de la guerre froide, historien dénonciatoire des idées.

L'ultime point de la reconstruction consiste à montrer comment, avec l'Abbé Raynal[12], la tension verticale entre société (critique) et

---

[11] Je me réfère à la version de 1959 traduite en français en 1979 car la version remaniée allemande de *Kritik und Krise* en 1973 a été sur ces points largement modifiée par Koselleck (K110–113). Mon hypothèse – provisoire – est que Koselleck avait entretemps, grâce aux articles du *Lexikon*, considérablement élargi sa documentation sémantique sur le concept de »Geschichte« et le processus de »Verzeitlichung« de sorte qu'il a procédé à la révision du texte de 1959.
[12] Guillaume-Thomas Raynal, *Histoire philosophique et politique des établissemens & du commerce des européens dans les deux Indes*, 6 vol., Amsterdam, 1770.

État (absolutisme) minant l'ancien monde européen est recodée horizontalement dans une sorte de spatialisation de l'utopie futurisée. C'est ce que Koselleck appelle la »différence atlantique«, soit le »masque géographique« du premier masque dissimulant de la philosophie de l'histoire. Ce masque de second degré, ce sont les colonies américaines, cette anticipation de l'humanité réconciliée par-delà l'ordre politique des séparations. La vérité morale (celle portée par la société, et non l'État) adviendra dans le Nouveau Monde au prix d'une coupure politique et géographique avec la vieille Europe. Koselleck résume le propos en ces termes : »Raynal fait basculer de sa verticalité sociale la différence entre l'ancien régime et la nouvelle société et lui donne un masque géographique. Le dualisme moral qui jusqu'ici guidait la critique se dilate jusqu'à la différence atlantique, laquelle devient le signal historique de la crise qui entraîne un renversement définitif« (C149–K150). Ici encore, après vérification des passages invoqués, on peut dire que Koselleck sur-sollicite le texte de Raynal qui ne dit nulle part cette montée de la guerre civile sur fond de philosophie de l'histoire moralisante ; à propos de la résistance passive des colonies américaines, Raynal précise en un sens tout différent qu'il n'y a pas eu de guerre civile alors qu'on aurait pu s'attendre à ce que ce soit le cas en un siècle de fanatisme[13]. Là où Raynal n'aurait fait que prophétiser la »différence atlantique«, Thomas Paine – avec sa revue *The Crisis* (1776–1783) – contribue à faire advenir la décision ultime dans les Treize Colonies d'Amérique. Et l'auteur de *Kritik und Krise* de scruter le bouclage cybernétique de ce militantisme en montrant à grand peine comment Raynal, dans les rééditions successives de son ouvrage, cite les textes de Paine parus entretemps sur ces questions névralgiques de guerre civile et de justice utopique réalisée par le Nouveau Monde (C152–K152).

La boucle de *Kritik und Krise* se referme ici. La »Critique« philosophique avait été l'hypocrisie de premier degré donnant l'assaut contre l'État absolutiste qui l'avait pourtant rendue possible. La »philosophie de l'histoire« sera »l'hypocrisie de l'hypocrisie« (C155–K157), soit cette hypocrisie de second degré dissimulant la première sous la forme temporalisée de l'utopie d'abord et du »masque« spatial de la »différence atlantique« ensuite. Les conclusions de *Kritik und Krise* sont dès lors claires au seuil de 1789. Elles pourraient être aisé-

---

[13] G.-T. Raynal, *Histoire philosophique et politique des établissements & du commerce des européens dans les deux Indes*, VI, p. 410.

ment résumées en reformulant comme suit la maxime hobbésienne princeps : *Moralitas (ut Critica ut Utopia ut Historia)* non auctoritas *fecit legem*. Remède à la *stasis*, surplombant son monde, le Léviathan armé du glaive et de la crosse épiscopale ne repose plus sur la terre ferme, et le lien généalogique direct avec le XXe siècle est clairement affirmé. »De la critique souveraine naît la souveraineté de la société« (C154–K155). »La guerre civile, sous la loi de laquelle nous vivons encore aujourd'hui« (C155–K156), voilà la contribution au monde moderne de la »souveraineté de l'utopie« (C156–K157), ce chèque sans provision sur l'avenir dont »la traite a été présentée pour la première fois en 1789« (C156–K157). Pour Hanno Kesting, Roman Schnur, Nikolaus Sombart et Reinhart Koselleck, ces jeunes étudiants de Heidelberg obnubilés par la »guerre civile mondiale« *(Weltbürgerkrieg)* au début des années 1950[14], cette traite continuait d'être présentée au monde moderne selon des variantes toutes aussi coûteuses les unes que les autres en désastres humains. Le face à face à la fois idéologique et thermo-nucléaire des USA et de l'URSS durant la guerre froide ne représente pour Koselleck que le dernier avatar de cette structure agonistique. L'inquiétude était partagée, générationnelle, car décuplée par la puissance mortifère de la technique. C'était »l'ère du délai« et le »temps de la fin«, selon Günther Anders, à savoir : non plus »le royaume sans l'apocalypse« via l'utopie mais »l'apocalypse sans le royaume«[15].

2. Inflexions thématiques et continuités théoriques après *Kritik und Krise*

2.1 Après la »Krise«? Prusse, »Sattelzeit«, temporalisation et accélération modernes

Le travail d'habilitation a considérablement déplacé le questionnaire kosellekien en direction de l'histoire des concepts et des temporalités, articulées à une histoire sociale exigeante[16]. Le corpus analysé (juri-

---

[14] Niklas Olsen, *History in the plural: an introduction to the work of Reinhart Koselleck*, New York, Berghahn Books, 2012.
[15] Günther Anders, *Endzeit und Zeitenende: Gedanken über die atomare Situation*, Münich, Beck, 1972.
[16] R. Koselleck, *Preußen zwischen Reform und Revolution. Allgemeines Landrecht, Verwaltung und soziale Bewegung von 1791 bis 1848*, [1965] Stuttgart, Klett, 1967.

dique, administratif, et relatif aux mouvements sociaux) change du tout au tout. Concrètement, Koselleck analyse le rôle joué par la »bureaucratie« prussienne suite aux réformes juridiques et économiques en Prusse de 1791 à 1848. Encore marginale dans *Kritik und Krise*, l'attention portée à l'évolution du lexique socio-politique devient majeure. La thèse ultime consiste à réapprécier le rôle modérateur et modernisateur, pour ainsi dire *katéchontique* (*versus* Révolution) de la bureaucratie prussienne[17] une fois amorcé le cycle révolutionnaire moderne.

C'est à partir de ce grand déplacement que Koselleck va reprendre et reformuler, au travers du schème général de la »Sattelzeit«, ce que *Kritik und Krise* avait permis de repérer, au XVIIIe siècle, à savoir la montée du genre de la »philosophie de l'histoire« ainsi qu'un processus de sécularisation intra-mondain des agendas critiques de justice socio-politique. Cette grande thématique se trouve donc reprise mais à la faveur d'inflexions propres au nouveau champ d'investigation du langage socio-politique allemand moderne, en ses »concepts fondamentaux«[18]. Rédigée pour partie dès l'automne 1963, publiée selon une première version en 1967[19], l'introduction générale (1972) au grand dictionnaire des *Geschichtliche Grundbegriffe* fixe durablement le programme de la »Begriffsgeschichte« et le questionnaire englobant de la »Sattelzeit«. Du point de vue thématique, il est possible de montrer que la question de la »Kritik« et de la »philosophie de l'histoire« fauteuses de »Krise« connaît une triple inflexion durable, au plus tard à partir de 1963 : en direction de la »Sattelzeit« d'abord, de la »temporalisation« de l'utopie ensuite et enfin du problème de l'»accélération«. Ce dernier sera de plus en plus accentué, dans ses

---

[17] À l'encontre de la stigmatisation, proto-autoritaire, dont cette bureaucratie fait l'objet après 1945, afin d'expliquer la catastrophe nazie et l'exceptionnalité historique allemande en termes de modernisation avortée.

[18] Pour une présentation générale de la »Sattelzeit«, cf. Jordan Stefan, »Die Sattelzeit. Transformation des Denkens oder revolutionärer Paradigmenwechsel?«, in Achim Landwehr (hg.), *Frühe Neue Zeiten. Zeitwissen zwischen Reformation und Revolution*, Bielefeld, Transcript, 2012, p. 373–388.

[19] R. Koselleck, »Richtlinien für das ›Lexikon Politisch-sozialer Begriffe der Neuzeit‹«, in *Archiv für Begriffsgeschichte*, 11, 1967, Bonn, Bouvier, p. 81–99. Il s'agit de la première version, rédigée pour partie dès 1963, de ce qui deviendra l'introduction au *Lexikon der geschichtlichen Grundbegriffe* en 1972. J'ai systématiquement comparé entre elles les versions 1963/67 et 1972 de ce texte programmatique dans mon étude sur »La ›Sattelzeit‹ : genèse et contours d'un concept d'époque«, in *Éthique, politique, religions*, 17/2, 2020, p. 115–136.

dimensions matérielles et métaphorologiques, à proportion de ce que sera atténuée, jusqu'à la fin, la surcharge löwithienne initiale[20]. Mais il est d'autres continuités qui méritent examen : d'un côté, dès 1953, la triple visée hétérogène d'une »ontologie de l'histoire« et, de l'autre, la critique de la dénégation moderne des conditions pérennes de tout ordre politique non violent. Qu'est-ce à dire ?

2.2 Les trois fonctions de l'»ontologie de l'histoire«

Dans un document essentiel, la lettre adressée à Carl Schmitt le 21 janvier 1953[21], Koselleck formule le projet d'une »ontologie de l'histoire« *(Geschichtsontologie)*. Ce texte est remarquable en raison de sa précocité bien sûr, mais surtout parce qu'il recèle une diversité de problèmes bien plus grande qu'il n'y paraît au premier abord.

2.2.1 *Geschichtsontologie I* anti-Meinecke

L'aspect le plus évident est la critique non pas ontologique mais épistémologique de l'historisme classique, alors incarné par l'œuvre de Friedrich Meinecke, cet héritier du rankisme. Fidèle à l'injonction de Carl Schmitt d'historiciser les concepts juridiques en fonction des propriétés agonistiques de chaque situation, Koselleck accuse Meinecke de pratiquer une histoire qui ne thématise jamais la relativité historique des notions utilisées par l'historien dans son rapport à un langage des sources lui-même historiquement contingent en ce qu'il participe du champ stratégique des luttes. On devine ici sans peine le motif naissant de la sémantique historique comme cœur épistémologique du métier d'historien (versus critique des sources naïves de Leopold von Ranke et de tous ses épigones historistes).

Mais la critique se dédouble, au sens où si Meinecke est bien ac-

---

[20] Je ne peux développer ces trois points ici faute de place. Je me permets de renvoyer à mon étude : »La ›Sattelzeit‹ : genèse et contours d'un concept d'époque« citée note précédente.
[21] K. Koselleck, C. Schmitt, *Der Briefwechsel (1953–1983)*, Berlin, Suhrkamp, 2019, p. 9–13. Sur ce texte, dans l'ordre de parution, cf. N. Olsen, *History in the plural*, p. 58 sq. ; Servanne Jollivet, »D'une radicalisation de l'historisme chez Reinhart Koselleck. Le projet renouvelé d'une théorie de l'histoire«, *Revue germanique internationale*, n° 25, 2017, p. 9–36, ici p. 18 sq. (extraits traduits en français) ; G. Imbriano, *Der Begriff der Politik*, p. 50 sq.

cusé, selon ce premier grief, de n'être *pas assez* conséquemment historiste, Koselleck lui reproche également de l'être *trop*, et de ne pouvoir ainsi échapper au relativisme historique, autrement dit à la fameuse »crise de l'historisme« abondamment débattue durant les années 1920–1930 (Troeltsch, Heussi, Meinecke). Pour Koselleck en effet, la seule façon plausible ne pas sombrer dans l'idée de contingence historique radicale, c'est de dégager les structures d'arrière-plan de toute histoire possible. Ce n'est que de la sorte que le divers en apparence hétérogène *des histoires* pourra être réflexivement rapporté à des structures génératives indépassables, permettant non seulement d'ordonner la diversité advenue selon ses arêtes transhistoriques mais aussi de prognostiquer[22] pour partie les ressorts fondamentaux du possible. Ce second grief est tout différent du premier. Il ne s'agit plus de radicaliser la méthode historique en direction de l'histoire des langages politiques (*versus* »Geistesgeschichte« surannée), il s'agit d'esquisser une méta-théorie de la matière historique même, l'objet de l'historien, selon ses conditions indépassables de possibilité. Cette sortie onto-historique du relativisme radical de l'historisme assigne du même coup une fonction non seulement épistémologique mais aussi politique à la sémantique historique. La *Begriffsgeschichte* devra s'efforcer de désarmorcer les guerres illimitées de la modernité en leurs langages mêmes. En cela, telle une cellule de dégrisement idéologique, elle revêt une fonction de décélération et de *retenue katéchontique*. Au final, on le voit, le projet est ainsi celui d'une double refondation de l'historisme : au niveau d'une ontologie historique et relativement à l'ontologie politique qui s'y trouve implicitement enchâssée afin de juguler l'anti-politique dualiste des Lumières (cf. 2.2.3. *infra*).

2.2.2 *Geschichtsontologie II* anti-Heidegger

Le projet d'»ontologie de l'histoire« va pourtant bien au-delà de cette double critique de Meinecke à la fois pas assez et trop historiste. Il vise également *Être et temps* d'Heidegger et son appréhension de l'historialité uniquement en référence au solipsisme temporalisé du *Dasein* dans sa résolution devançante vers la mort. C'est ici que – contre Hei-

---

[22] Sur ce point, le rapport de Koselleck à Lorenz von Stein est crucial, cf. son article »Geschichtliche Prognose in Lorenz v. Steins Schrift zur preussischen Verfassung« [1965], in *Vergangene Zukunft. Zur Semantik geschichtlicher Zeit*, Francfort/Main, Suhrkamp, 1979, p. 87–104.

degger – Koselleck insiste sur le fait que ce sont les déclinaisons structurales de la finitude humaine qui sont au fondement de toute historicité concrète et, partant, de la science historique qui la prend pour objet : *Herr/Knecht, Freund/Feind, Geschlechtlichkeit/Generation*[23], voilà les premiers couples notionnels »ontologiques« que Koselleck avance dès 1953 et qu'il complètera en leur donnant un statut »quasi transcendantal« en 1985[24]. Mais l'argument est en soi hétérogène et mal fondé pour la bonne et simple raison que seul le couple »génitalité/génération« *(Geschlechtlichkeit/Generation)* peut prétendre à un tel statut ontologique (la reproduction démographique de l'espèce au fil du temps). Les autres couples ainsi que les questions »géopolitiques« invoquées relèvent d'un état historique déjà avancé de l'humanité distribuée sur le globe en groupes morphologiquement et politiquement distincts. *Herr/Knecht* relève en effet soit de la domination politique après conflit violent puis soumission du vaincu et de sa descendance, soit de la domination économique et donc d'un phénomène historiquement avancé de stratification et de hiéarchisation sociale des partages inégaux du pouvoir, de la richesse et du prestige. Dans le même ordre d'idée, *Freund/Feind* suppose d'une part l'existence d'au moins deux groupes de population se définissant les uns par rapport aux autres comme polities : d'au moins deux groupes de population se définissant les uns par rapport aux autres comme polities dans une relation d'extériorité pouvant dégénérer en conflit armé. Il en va de même a fortiori pour les questions »géopolitiques«, mais simplement à un degré supérieur de différenciation fonctionnelle de l'appareil politique et militaire desdits groupes susceptibles d'avoir des relations soit de négociation non violente, soit de guerre ouverte sur un espace géopolitique.

Ces dernières notions n'ont donc pas un statut ontologique mais bien historique avancé. Je dirai pour ma part qu'elles fonctionnent *comme si* elles étaient ontologiquement premières seulement à partir du moment où le monde néolithique devient un *monde plein* dans

---

[23] »Die Lehre von dieser Endlichkeit ist als Eschatologie auch aller Geschichtswissenschaft ontologisch vorzuordnen. ›Herr und Knecht‹, ›Freund und Feind‹, Geschlechtlichkeit und Generation und alle ›geopolitischen‹ Fragen gehören hierher. Heidegger ist an allen diesen Phänomenen im Zuge seiner Existenzanalysen in ›Sein und Zeit‹ vorbeigegangen«, lettre du 21.01.1953, in R. Koselleck, C. Schmitt, *Der Briefwechsel*, p. 12.
[24] R. Koselleck, »Historik und Hermeneutik« [1985], in *Zeitschichten. Studien zur Historik*, Francfort/Main, Suhrkamp, 2000, p. 97–118 (trad. fr. : »Théorie de l'histoire et herméneutique« in Id., *L'expérience de l'histoire*, Paris, Seuil/Gallimard, 1997, p. 181–199).

lequel l'évitement attesté des ethnies entre elles et l'essaimage spatial en cas de dissensions internes ne suffisent plus à solutionner les conflits sans recourir à la violence externe ou interne aux groupements humains. Les conflits violents de prédation et de vengeance collective entre les groupes *(dedans/dehors)* sont nés à un moment particulier de l'aventure humaine: lorsque les bandes de chasseurs-cueilleurs néolithiques capables de stockage se sédentarisent, accumulent toujours plus de denrées et passent à une économie de plus en plus agraire et à une morphologie segmentaire. Tout comme est historiquement alors advenue la stratification sociale *(haut/bas)* grosse de conflits en dotations inégales de pouvoir, de richesse et de prestige[25]. La naissance néolithique de la guerre en externe et de la stratification sociale en interne, voilà ce qu'il conviendrait de tenir pour la double racine historique, et non ontologique, des couples *Feind/ Freund* et *Herr/Knecht*. Sans thématiser explicitement la chose, Koselleck a sans doute perçu la difficulté puisqu'il s'emploie par la suite à formaliser (i. e. dés-empiriciser) encore davantage ces couples notionnels de sorte à pouvoir maintenir le projet initial d'une ontologie de l'histoire. Il en résulte les deux couples *dedans/dehors* et *haut/bas*, à quoi il ajoute *avant/après* relativement au problème pluriel de la temporalité (succession des générations, succession *vs* simulanéité, événement *vs* structure)[26]. La seule catégorie alors avancée afin de fonder ces nouveaux binômes est non pas l'être-pour-la-mort de Heidegger mais le »pouvoir de mettre à mort« *(das Totschlagenkönnen)*. Aussi bien l'ombre théorique de Hobbes plane-t-elle du début à la fin au-dessus de la réflexion méta-historique de R. Koselleck[27].

Mais là encore, les ressorts de l'existential »Totschlagenkönnen« ne sont pas explicités plus avant par Koselleck dont la position ultime

---

[25] Cf. Raymond C. Kelly, *Warless Societies and the Origin of War*, Ann Arbor, University of Michigan Press, 2000.

[26] En 1993, Koselleck dira avoir retrouvé cette triade fondamentale chez Goethe, sans la connaître encore lorsqu'il traite du problème, à plusieurs reprises, à partir de 1953, cf. R. Koselleck, »Goethes unzeitgemäße Geschichte« [1993], Id., *Vom Sinn und Unsinn der Geschichte. Aufsätze und Vorträge aus vier Jahrzehnten*, Berlin, Suhrkamp, 2010, p. 286–305, ici p. 298. Voir également en ce sens l'interview donnée sous le titre »Geschichte(n) und Historik« [2001], in R. Koselleck et Carsten Dutt, *Erfahrene Geschichte. Zwei Gespräche*, Heidelberg, Winter, 2013, p. 47–67, ici p. 49–52.

[27] Je me permets de renvoyer à mon analyse détaillée de tout ceci dans »›Temporalisation‹ et modernité politique: penser avec Koselleck«, *Annales. Histoire, Sciences Sociales*, 6/2009, p. 1269–1301, repris in J. Barash, S. Jollivet (éd.), *Reinhart Koselleck, Revue Germanique internationale*, vol. 25, 2017, p. 37–69.

consiste à simplement affirmer que l'espèce humaine est conflictuelle de constitution *(das Konfliktwesen Mensch)*[28]. Cela n'est pas philosophiquement satisfaisant car il est permis d'invoquer des raisons plus tangibles de cette conflictualité pérenne, trop immédiatement synonyme de guerre externe ou de guerre civile dans la matrice koselleckienne. Du plus générique à l'historique, on peut en dénombrer au moins six, toujours empiriquement agrégées à l'instant t[29]. L'espèce humaine n'étant pas génétiquement programmée quant à ses fins possibles en matière d'action *(praxis)*, de fabrication *(poesis)* et de connaissance *(theoria)*, elle peut être dite libre (1). Cette liberté – de représentation, de langage et de pensée notamment – induit des divergences de vue quant aux meilleures solutions à apporter aux problèmes qui se présentent au groupe d'appartenance (2). La faillibilité de la rationalité humaine (3) accentue les divergences idiosyncrasiques déjà elles-mêmes conflictogènes, et cela d'autant plus volontiers qu'un irréductible fond d'irascibilité pulsionnelle (4) persiste chez certains individus davantage enclins que d'autres à imposer leurs vues au groupe, et ce dans un rapport étroitement articulé à la variabilité historique de la maîtrise psychique de soi (5). Enfin, la différenciation fonctionnelle du pouvoir, la stratification sociale et les rivalités pour les ressources et le territoire s'accroissant depuis la mutation du néolithique, les inégalités en matière de pouvoir, de richesse et de prestige (6) deviennent une source majeure de la conflictualité interne autant qu'externe des groupes humains, et cela quel que soit leur niveau de développement matériel et d'institutionnalisation étatique. Évalué à cette aune, et sauf à confondre homicide et histoire, l'existential du »Totschlagenkönnen« n'a rien d'ontologique. Il ne devient une modalité de l'agir humain collectif que là où, historiquement, les arrangements groupaux d'un monde plein échouent à régler les conflits sans recourir à la violence, en interne comme en externe. En d'autres termes, et pour les six raisons précédemment énumérées, la *conflictualité* de l'espèce humaine est de même rang ontologique que sa *liberté générique* non préprogrammée. Par contre, *la conflictualité violente groupalement organisée* – autrement dit la guerre et non le simple

---

[28] Écartons ici d'emblée l'objection triviale de la mise à mort singulière de tel être humain par tel autre (que le motif d'homicide soit d'ordre pécuniaire, passionnel ou autre) pour la simple raison que l'ontologie de l'histoire dont il est question n'a de pertinence qu'au niveau des structures dynamiques collectives, et non des destins individuels, fussent-ils impressionnants de violence et de malheur.
[29] Cf. Jean Baechler, *Précis de la démocratie*, Paris, Calmann-Lévy, 1994.

conflit – n'advient qu'à l'occasion des échecs historiques de pacification, en interne comme en externe. La notion même de »Totschlagenkönnen« et son statut théorique demeurent donc tous deux trop imprécis. L'insistance connexe de Koselleck, sa vie durant, sur les phénomènes de »guerre civile« *(Bürgerkrieg)*, voire de »guerre civile mondiale« *(Weltbürgerkrieg)* ajoute encore à l'opacité du problème. C'est pourquoi il conviendrait bien plutôt de marquer une nette différence entre la *conflictualité humaine* d'un côté et la *guerre* interne et externe de l'autre. On dira par conséquent que la conflictualité humaine est une donnée anthropologique pérenne (méta-historique) alors que la naissance de la guerre interne comme externe sont des phénomènes historiques objectivables. Tout comme Hobbes, hanté par la guerre civile, Koselleck radicalise l'historique en ontologie politique.

2.2.3. Geschichtsontologie III pro-Hobbes ou Critique de l'anti-politique moderne

Le projet d'»ontologie de l'histoire« ne saurait toutefois se limiter à ces deux premiers problèmes, une correction épistémologique d'un côté (*Geschichtsontologie I* anti-Meinecke) et une refondation métahistorique de l'histoire de l'autre (*Geschichtsontologie II* anti-Heidegger). A un tout autre niveau, il y va pour Koselleck de la politique moderne en ce qu'elle tend à ignorer et à détruire les conditions de possibilité minimales de tout ordre politique viable: à savoir le fait que seules des institutions verticalement différenciées *(dedans/dehors, haut/bas)*[30] empêchent que les conflits inévitables de la domination sociale et politique ne dégénèrent en guerre ouverte interne, grosse d'alliances et d'ingérences externes éminemment belligènes. C'est cette troisième et ultime visée de l'»ontologie de l'histoire« qui constitue le noyau dur de la théorie politique néo-hobbésienne de Koselleck depuis Kritik und Krise.

De manière tout à fait explicite du début à la fin[31], l'adversaire de

---

[30] Soit donc pour nous l'»État«, cet avatar historique du problème de la »politie«, et ce quel que soit le »régime« politique en vigueur – de l'*absolutisme* passé au *démocratisme* contemporain: (cf. infra p. 219 note 32 les définitions différentielles de »politie« et de »régime«).

[31] On comparera par exemple la reformulation du problème en 1973 dans l'édition définitive de Kritik und Krise, p. X, 9 avec le propos de »Geschichte(n) und Historik« [2001], p. 40.

Koselleck est ici le genre de la »philosophie de l'histoire« et sa propension à remoraliser l'espace pacifié du politique en réarmant la guerre juste futurisée. Il y a là pour Koselleck un évitement délétère de »l'aporie du politique« (K9), à savoir l'impossibilité de surmonter les conflits violents autrement qu'en institutionnalisant des médiations capables d'*auctoritas* et d'*imperium* pour imposer la paix. Non onto-politiquement médiatisées, la *libertas*, la *moralitas* et la *veritas* ne sont rien d'autres à ce titre qu'une *anti-politique crisogène*, incapable d'appréhender les effets désastreux que leur rêve angélique de réconciliation universelle ne manque pas d'induire: en réarmant les individus contre l'État d'abord, puis immanquablement dès lors – faute de *katechon* – les groupes idéologiquement affinitaires les uns contre les autres, en interne comme en externe. »Haut et bas, intérieur et extérieur cessent d'être des phénomènes historiques, car avec l'épanouissement de la morale disparaît toute autorité et donc aussi l'État« (C112–K110). Ce que l'anti-politique des Lumières détruit, ce sont en fait les oppositions koselleckiennes de base telles que concrètement réalisées alors: le *haut/bas* avec l'État absolutiste, le *dedans/dehors* avec le »jus publicum europaeum«, soit cette double limitation de la violence que met en crise la morale futurisée promue dans le *secret* des loges maçonniques. L'agonistique sémantique des »Gegenbegriffe« et des »dualismes« révolutionnaires (C84–K83; C104–K102) a supplanté l'ontologie historique de toute politique pérenne. La fonction architectonique du politique est détruite. C'est cela que recouvre en son fond le motif de la »guerre civile« chez Koselleck.

La difficulté dirimante, c'est que la fonction *katéchontique* de l'État ne saurait être normativement déliée de la question du *régime* politique en sa forme droite, à savoir selon l'axiologie des Modernes: le régime *démocratique*, au sens d'une délégation ascendante du pouvoir – électoralement provisoire, circonscrite et révocable – par l'ensemble des membres actifs d'une politie[32] avec pour fin, et unique source de légitimation pacifiante, la mise en œuvre d'un agenda de

---

[32] Entendons par »politie« *(polity)* toute unité d'action collective capable de pacification en interne (non *stasis*) et de conflictualité violente (guerre) en externe moyennant un centre fonctionnellement différencié de la société dédié à ces deux objectifs de part et d'autre de la coupure intérieur/extérieur d'un espace social territorialisé. En ce sens, la notion de »politie« n'a rien à voir avec celle de »régime« politique qui définit les procédures internes de dévolution et d'exercice du pouvoir adossées à une formule de légitimation susceptible d'induire l'obéissance des sociétaires soit par soumission craintive, soit par adhésion consentante.

biens publics premiers tenus pour justes et qui soient susceptibles en retour de rendre sociologiquement effective la fiction d'un peuple d'individus égaux contractant librement. Autrement dit, la *Geschichtsontologie III* pro-Hobbes de Koselleck n'est qu'une philosophie de l'état d'urgence étatique, et en aucune manière une philosophie politique unifiée normativement recevable. Là encore, il y a loin de l'ambition fondationnelle au projet abouti – de 1953 à la fin[33].

---

[33] Évitons tout malentendu et fausse polémique stérile. Ma critique porte sur la robustesse de la théorie kosellleckienne, et non du tout sur ses positions politiques personnelles. Car sur ce dernier chapitre (et c'est toute la différence idéologique par rapport à Schmitt), il me semble partout attesté que son néo-hobbésianisme théorique est implicitement adossé par la suite à un constitutionnalisme libéral des droits subjectifs (y compris sociaux comme chez E.-W. Böckenförde), lui-même arrimé à un espace public démocratisé pluraliste (cf. e. g. sa polémique contre H. Kohl sur la »Neue Wache« de Berlin). La »Kritik« n'est alors plus directement assimilée par Koselleck à une culture politique du »dualisme«, ni à une anti-politique hypocrite, irresponsable, chiliastique et *in fine* meurtrière parce qu'aveugle à ses propres conditions étatiques (absolutistes) de possibilité.

Gennaro Imbriano

The temporality of history.

Structures of the »Political« and the concept of Politics in Reinhart Koselleck

»History always has something to do with time«[1]. Throughout his work, Reinhart Koselleck proposed to conceive of the temporality of history in all its complexity. The aim of Koselleck's theme of historical temporality is, first and foremost, that of describing the specific temporal dimension of the modern age, in order to discover its difference from the past and its constitution of an epoch of history. One of the most relevant results of Koselleck's investigation of temporality is the discovery of its plurality. In history, Koselleck explains, there is not just one time, but a plurality of different historical times. Moreover, this plurality is, in its turn, double, as it has to be understood both synchronically and diachronically.

How is this synchronic and diachronic plurality of historical times to be understood? Behind it there is certainly a critique of the philosophy of history, which sees the historical process as a unitary dynamic characterised by progress. But how is Koselleck's rejection of the philosophy of history and its temporal singularity to be interpreted? With his critique of the temporality of the philosophy of history, does Koselleck intend to reject a unitary concept of historical time at a diachronic level, to wit, that all the events in history can be understood as part of a unique process? Does not the plurality of historical times imply a refusal to see events against the background of a unitary context?

In our view, the answer to these questions can only be found by analysing Koselleck's critique of the »Political« and his conception of Politics. The theory of the history of time and the theory of the »Political« are, in fact, closely connected in Koselleck. Our thesis is that Koselleck's plurality of historical times – which function both at a diachronic and a synchronic level, and which must be understood

---

[1] Reinhart Koselleck, »Einleitung«, in *Zeitschichten. Studien zur Historik*, Frankfurt/Main, Suhrkamp, 2000, p. 9.

against the background of both a theory of historical times and a theory of temporal stratification – does not result in the rejection of the temporal singularity of history. This historical time, which is common to all possible histories, is determined politically: all possible histories are determined by conflict, and, through a re-elaboration of political conflict in anthropological terms, it is possible to develop a theory about the existence of a unitary temporality of history.

The plurality of historical times

In the first place, Koselleck differentiates between natural time (determined by the movement of the stars), upon which chronological time is built, and historical time, which, in contrast, is the time in which men and social formations interact.

Research directed to historical circumstances has no need to explicitly deal with the question of historical time. The ordering and narration of events only requires an exact chronology. But precise dating is only a prerequisite, and does not determine the content of what may be called »historical time«.[2]

If chronological time is established by natural time, historical time is, in contrast, determined by the rhythms of the political actions of historical actors. »Historical time, if the concept has a specific meaning, is bound up with social and political actions, with concretely acting and suffering human beings and their institutions and organizations«.[3] If natural time cannot be transformed by human action, given that, not being subject to accelerations or decelerations, it is always the same as before; historical time, in contrast, is characterised by the qualitative diversity of its moments: it confers to the events their eminently historic quality, even if, in their order, they could not be considered and conceptualised if they were not given in a chronological time by which to measure them.

The fact that historical time cannot be understood as mere chronological time is, after all, established in its very definition,

---

[2] R. Koselleck, »Vorwort«, in *Vergangene Zukunft. Zur Semantik geschichtlicher Zeiten*, Frankfurt/Main, Suhrkamp, 1979, p. 9, engl. transl. »Author's Preface«, in *Futures Past. On the semantics of historical time*, trans. by Keith Tribe, New York, Columbia University Press, 2004, p. 1.

[3] R. Koselleck, »Author's Preface«, in *Future Past*, p. 2.

which qualifies it as the relationship between experience (or, rather, its own space) and the expectation (or, rather, its own horizon): »It is the tension between experience and expectation which, in ever-changing patterns, brings about new resolutions and through this generates historical time.«[4]

With the arrival of the modern age – this is Koselleck's thesis – the relationship between the space of experience and the horizon of expectation vanishes, or, rather, it expands: by now, the experiences of the past can no longer determine the expectations of the future, because the former coincide ever less with all the experiences of the present, and the latter are embedded in the foundations of the philosophy of progress[5]:

> My thesis is that, during the *Neuzeit*, the difference between experience and expectation has increasingly expanded; more precisely, that *Neuzeit* is first understood as a *neue Zeit* from the time that expectations have distanced themselves evermore from all previous experience.[6]

Nevertheless, historical time, in its turn, is not unique. There exist various modalities in which it expresses itself. If, in fact, it is determined by the relationship between experience and expectation according to which men act, and if it is true that human groups are, by

---

[4] R. Koselleck, »›Erfahrungsraum‹ und ›Erwartungshorizont‹ – zwei historische Kategorien«, in Ulrich Engelhardt, Volker Sellin, Horst Stuke (eds.), *Soziale Bewegung und politische Verfassung. Beiträge zur Geschichte der modernen Welt*, Stuttgart, Klett-Cotta, 1976, pp. 13–33, now in *Vergangene Zukunft*, pp. 349–375, eng. transl. »›Space of Experience‹ and ›Horizon of Expectation‹: Two Historical Categories«, in *Future Past*, p. 262.
[5] Jörg Fisch, »Reinhart Koselleck und die Theorie historischer Zeiten«, in Carsten Dutt, Reinhard Laube (eds.), *Zwischen Sprache und Geschichte. Zum Werk Reinhart Kosellecks*, Göttingen Wallstein, 2013, pp. 48–64; Jan Marco Sawilla, »Geschichte und Geschichten zwischen Providenz und Machbarkeit. Überlegungen zu Reinhart Kosellecks Semantik historischer Zeiten«, in Hans Joas, Peter Vogt (eds.), *Begriffene Geschichte. Beiträge zum Werk Reinhart Kosellecks*, Berlin, Suhrkamp, 2011, pp. 387–422; Marian Nebelin, »Zeit und Geschichte. Historische Zeit in geschichtswissenschaftlichen Theorien«, in Andrea Deußer, Marian Nebelin (eds.), *Was ist Zeit? Philosophische und geschichtstheoretische Aufsätze*, Berlin, LIT Verlag, 2009, pp. 51–93; Doris Gerber, »Was heißt ›vergangene Zukunft‹? Über die zeitliche Dimension der Geschichte und die geschichtliche Dimension der Zeit«, *Geschichte und Gesellschaft*, 32, 2006, pp. 176–200.
[6] R. Koselleck, »›Space of Experience‹ and ›Horizon of Expectation‹«, p. 263.

definition, multiple, »even the singularity of a unique historical time supposedly distinct from a measurable natural time can be cast in doubt.«[7] It is therefore necessary »to speak, not of one historical time, but rather of many forms of time superimposed one upon the other«, to the extent that no human group or action can possess the same temporal rhythm: thus, we must thematise »historical times [geschichtliche Zeiten]« in the plural, not historical time in the singular[8], in order to grasp or catch the numerous synchronic declensions that are given against the background of natural time.

This means, on closer inspection, that the plurality of historical times is understood by Koselleck in a twofold manner: diachronically and synchronically. In the first place, several historical times exist, which succeed each other chronologically. Understood in this way, the plurality is resolved in the difference between natural time and historical time, as it is only with the advent of the modern age that, as already seen, a truly historical time is produced. The historical times of the pre-modern age can be defined as such only improperly or inappropriately, because they are static, reducing the relationship between the space of experience and the horizon of expectation upon the basis of natural time.

Notwithstanding this, every historical epoch – including the modern age – contains within itself a multitude of historical times. Every human group possesses »definite, internalized forms of conduct, each with a peculiar temporal rhythm«[9]. Playing with the critique that Herder levels at Kant, Koselleck reveals that, in so far as »every mutable thing has within itself the measure of its time, […] no two worldly things have the same measure of time«; and »there are therefore (to be precise and audacious) at any one time in the Universe infinitely many times.«[10] If, understood diachronically, this supplies indications for the periodisation, then, from a synchronic point of view, of the multitude of historical times and alludes to the internal division of the epoch, this is due to the presence of conflictual points of view within the same historical period.

---

[7] R. Koselleck, »Author's Preface«, in *Future Past*, p. 2.
[8] Ibid.
[9] Ibid.
[10] Ibid. This is a quotation from: Johann Gottfried Herder, *Metakritik zur Kritik der reinen Vernunft* [1799], Berlin, Aufbau, 1955, p. 68.

Temporal strata

The theory of historical times laid out above is, however, only one part of Koselleck's reflection on the relationship between time and history. Alongside this, Koselleck formulates the »theory of temporal strata of history [*Theorie geschichtlicher Zeitschichten*]«[11], according to which each moment of the historical course is accompanied not only by a plurality of historical times (that is to say, the presence of various expectations of the future), but also by a variety of temporal stratifications. The expression »temporal strata [*Zeitschichten*]« was coined with reference to »geological formations that differ in age and depth and that changed and set themselves apart from each other at differing speeds over the course of the so-called history of the earth«[12], indicating therefore, »like the geological model, various temporal levels of different durations and different origins, which are nonetheless both present and active contemporaneously«[13], and suggesting the idea that it is possible to distinguish analytically the »different temporal levels upon which people move«[14].

Of these multiple levels, the first and most intuitable is that of events, which are characterised by their »uniqueness [*Einmaligkeit*]«, in other words, they produce »unique innovations«[15]. Right beside

---

[11] R. Koselleck, »Vorwort«, in *Zeitschichten*, p. 7.
[12] R. Koselleck, »Zeitschichten«, in Heinrich Pfusterschmid-Hardtenstein (eds.), *Zeit und Wahrheit. Europäisches Forum Alpbach 1994*, Vienna, Iberaverlag, 1995, pp. 95–100, now in Koselleck, *Zeitschichten*, pp. 19–26, at p. 19, »Sediments of Time«, in R. Koselleck, *Sediments of Time. On possible Histories*, Stanford (CA), Stanford University Press, 2018, pp. 3–9, at p. 3. S. Franzel and S.-L. Hoffmann translate Koselleck's concept of *Zeitschichten* (temporal strata, or strata of time) as »sediments or layers of time« (S. Franzel, S.-L. Hoffmann, »Introduction: Translating Koselleck«, in R. Koselleck, *Sediments of Time*, pp. IX–XXXI, at p. XIII): »This term [*Zeitschichten*] presents a spatial image of different coexisting layers, but also alludes to the process of these layers accruing or sedimenting at different speeds. It is in good part to access this process of accretion (and erosion) over time that we have chosen to translate *Zeitschichten* as ›sediments‹ of time rather than the more geologically precise ›strata‹.«, in *ibid.*, p. XIV. I prefer to maintain »the more geologically precise ›strata‹«, because, for Koselleck, the term »strata« captures the idea that every historical time is syncronically plural and structured according to multiple temporal stratifications, that is concomitantly determined by long-time structures as well as by unique events.
[13] R. Koselleck, »Einleitung«, in *Zeitschichten*, p. 9.
[14] R. Koselleck, »Sediments of time«, p. 3.
[15] *Ibid.*, pp. 4–5. The English co-editors of *Sediments of time* translate »*Einmaligkeit*« as »singularity« and not as »uniqueness«. However, the concept of *singularity* can be

this first stratum of historical time, there is, however, another, which constitutes the prevailing background against which events occur. History is not made solely by events, but also by structures, characterized as »structures of repetition [*Wiederholungsstrukturen*]«, which »do not consist only of uniqueness«[16]. These structures are, as we know, historical elements of long duration that have transformation rhythms that are much slower than those of events. Only the persistence of structures guarantees the constant newness produced by events. In this way, »all the constitutions, institutions and organisations in the political, social or economic field« live with a »minimum of repetition, without which they would not be capable either of adaption or of innovation«[17].

All the events take place against a background of »structural preconditions, which must repeat themselves, so that events can occur«[18]. Moreover, without structural repetition »it would not even be possible to risk a prognosis«, from the moment that »events and persons, like their actions and omissions, would be difficult to foresee, given their uniqueness«[19]. The prognoses of future events are possible only upon the basis of a calculation which takes into account structural permanence, on the one hand, and the possibility of new configurations of events, on the other:

> Prognoses are possible only if history repeats itself. If the revolution had been so radically new and unique, as many contemporaries assure

---

confused with the idea of something singular, which can repeat itself. Rather, Koselleck's concept of *Einmaligkeit* refers to events which are not only singular, but also unique, i.e. to events that happen only once.

[16] *Ibid.*, p. 5. Following the original English translation, »that are not exhausted in singularity«. See note 15 for the reasons motivating my different translation. On the concept of »structures of repetition«, see, also, R. Koselleck, »Wiederholungsstrukturen in der Geschichte«, *Divinatio*, 17, 2003, pp. 17–31; Id., »Was sich wiederholt«, in *Frankfurter Allgemeine Zeitung*, 21.07.2005, p. 6; Id., »Wiederholungsstrukturen in Sprache und in Geschichte«, *Saeculum. Jahrbuch für Universalgeschichte*, 57, 2006, pp. 1–15, now in R. Koselleck, *Vom Sinn und Unsinn der Geschichte. Aufsätze und Vorträge aus vier Jahrzehnten*, Berlin, Suhrkamp, 2010, pp. 96–114, engl. transl. »Structures of repetition in language and history«, in *Sediments of time*, cit., pp. 158–174.

[17] R. Koselleck, »Einleitung«, in *Zeitschichten*, p. 14.

[18] R. Koselleck, »Wie neu ist die Neuzeit?«, in *Historische Zeitschrift*, 251, 1990, pp. 539–552, now in *Zeitschichten*, pp. 225–239, at p. 232.

[19] R. Koselleck, »Einleitung«, in *Zeitschichten*, p. 15.

us it was, then it would not have been possible to foresee it. Anything which is absolutely new is also not predictable at all.[20]

Repetitive structures do not possess the character of the »eternal return [*ewige Wiederkehr*]«: »in every unique action and in ever unrepeatable constellation, [...] there are strata of time which are repeated« and which, just by repeating themselves in new conditions, »make possible, determine and limit the possibility of human action«.[21] This distinction between events and the structures proper to a »theory of temporal strata« allows us »to be able to measure the different speeds, accelerations or delays, and, with this, to render the different modalities of transformation visible, which testify to an enormous temporal complexity.«[22]

The temporality of history

The plurality of historical times and the theory of temporal strata represent the two theoretical devices with which Koselleck formalised the relationship between time and history.

It is necessary, however, to avoid conferring on these theories a systematic intention they do not possess. In this sense, the partiality and the continual re-definitions with which Koselleck presented them speak clearly, as well as the always provisional and experimental way that characterised their presentation[23]. Moreover, although they were formulated separately, Koselleck often combined the two

---

[20] R. Koselleck, »Wie neu ist die Neuzeit?«, p. 232.
[21] R. Koselleck, »Einleitung«, in *Zeitschichten*, p. 13.
[22] *Ibid*. With regard to the distinction between events and structure, see, also, R. Koselleck, »Geschichte, Geschichten und formale Zeitstrukturen«, in R. Koselleck, Wolf-Dieter Stempel (eds.), *Geschichte, Ereignis und Erzählung. Poetik und Hermeneutik*, vol. 5, München, Fink, 1973, pp. 211–222, now in *Vergangene Zukunft*, cit., pp. 130–143 (eng. transl. »History, Histories, and Formal Time Structures«, in *Future Past*, pp. 93–104) and Id., »Ereignis und Struktur«, in R. Koselleck, D. Stempel (eds.), *Geschichte, Ereignis und Erzählung*, cit., pp. 560–571, now in *Vergangene Zukunft* with the title: »Darstellung, Ereignis und Struktur«, pp. 144–157 (eng. transl. »Representation, Event, and Structure«, in *Future Past*, pp. 105–114).
[23] Kari Palonen, *Die Entzauberung der Begriffe. Das Umschreiben der politischen Begriffe bei Quentin Skinner und Reinhart Koselleck*, Münster, LIT Verlag, 2003, p. 285; Niklas Olsen, *History in the Plural. An Introduction to the Work of Reinhart Koselleck*, New York-Oxford, Berghahn Books, 2012, p. 220.

concepts, and avoided keeping them distinct, so that the organic articulation of Koselleck's theory of the relationship between time and history in two distinct moments is the result of an *ex-post* reconstruction.

Notwithstanding this, it is only by trying to re-trace the general elements which emerge each time Koselleck reflects upon these themes that it is possible to avoid making the opposite mistake, which consists of reducing these theoretical hypotheses to mere limited and somewhat heuristic attempts, that is to say, lacking in systematic tension, pursued by Koselleck more or less knowingly or intentionally[24]. Only in this way can some of the aporia that stem from the theory of the multiplicity of historical times, which essentially concern the relationship between the latter and the uniqueness of chronological time, be overcome. This raises a very relevant question, the consequences of which are decisive, for they have a direct impact on the discussion concerning Koselleck's essential theoretical proposal in regard to the nature of history and the possibility of its knowability.

As already seen, Koselleck insisted on the distinction between historical time and chronological time, and, furthermore, on the fact that it is multiple, both diachronically and synchronically. However, how should this multiplicity be understood in its relationship to chronological time? Does the multiplicity of historical times speak in favour of the impossibility of conceiving all events synchronically against a common background of systematic correlation, and, therefore, the impossibility for historiography to accomplishing more than a narration of single isolated historical events?

If this were the case, if, that is to say, the multiplicity of historical times were understood in the sense of its irreducibility to a temporality common to all possible histories (in a diachronic and synchronic sense), this would lead to the failure of any attempt in historiography to produce any common narrative for all historical events. The relationship between *Temporalität* and *Geschichtlichkeit* would dissolve in the direction of the liquidation of a general sense, obliging the historiographer to limit himself or herself to the re-construction of single (historical) events, which would be dis-articulated and extraneous to each other. Is this the result that Koselleck's critique of the

---

[24] J. Fisch maintains the opposite, see »Reinhart Koselleck und die Theorie historischer Zeiten«, pp. 55, 64.

linear and univocal temporality of the philosophy of history is meant to obtain?

The answer to this question can be found if we analyse in greater depth Koselleck's conception regarding the relationship between time and history. In an important article published in 1971, Koselleck wrote that historiography »lacks a theory, and, above all, a theory which distinguishes our theoretical science from the other social sciences, a theory of historical times [*Theorie der historischen Zeiten*]«, within which it is not »history that follows chronology, but chronology that follows history«[25]. Here, the decisive point lies in the fact that »in every case, we need a theory of historical time if we are to clarify the relationship of ›history *per se*‹ with the infinite histories in the plural [*Geschichten im Plural*]«[26]. We are not, therefore, talking about overcoming the crisis of historiography by proposing a return to the separation of individual histories[27], as an answer of this type would only plunge historiography into an even greater crisis. The *impasse* is overcome, according to Koselleck, through the »relationship of »history *per se*« with the infinity of histories in the plural«, not by means of their separation.

The solution that Koselleck identified is that of a connection between histories in the plural and the persistence of a unitary background which renders them possible and comprehensible:

> The epochal difference between »history *per se*« [*Geschichte an sich*] – the space of experience of historicism – and the old-style histories [*Historien*], which perceived experiences through assumptions of a mythical, theological or other types, can only be overcome if we call into question the temporal structures that have the faculty of being characteristic of history in the singular [*der Geschichte im Singular*] and history in the plural [*den Geschichten im Plural*] at the same time.[28]

---

[25] R. Koselleck, »Wozu noch Historie?«, *Historische Zeitschrift*, 212, 1971, pp. 1–18, now in *Vom Sinn und Unsinn der Geschichte*, pp. 32–51, at p. 48.
[26] *Ibid*, p. 49.
[27] Helge Jordheim, »Against Periodization: Koselleck's Theory of Multiple Temporalities«, *History and Theory*, 51, 2012, pp. 151–171; N. Olsen, *History in the Plural*, pp. 221–231.
[28] R. Koselleck, »Wozu noch Historie?«, p. 50.

If the historicist assumption of the progressive unity of history is the assumption of philosophy of history, the pre-modern perspective certainly does not represent a solution or an answer, given that it is »mythical« or »theological«. The challenge for Koselleck becomes that of connecting the histories in the plural within a common historical plan, even though it is freed from its historicist meaning. In other words, it is worth problematising the »temporal structures«, as we can see, simply because they are characteristic both »of history in the singular« and of »history in the plural«. It follows from this that the renunciation of the schema of one unique historical time is not understood as the abandonment of chronology *tout court*, that is to say, of the assumption of a common chronological time for every single historical period. The thematisation of the »temporal structures [*Zeitstrukturen*]«, in fact, allows »the whole field of historical research to be put in order [...] without having to remain anchored to the chronological triad«[29]: it has to be integrated and exceeded, but not abolished.

With this, Koselleck remains solidly within the scope of a modern scientific project, one which has not renounced the assumption of the comprehensibility of history, notwithstanding the fact that it has abandoned the hypostatisations of »universal history«. In this way, a genetic reading of the theory of historical times allows us to understand its strategic sense, which does not consist of the liquidation of temporal unity, or of the ability to comprehend historical sense. Koselleck never acts in a post-modern sense; for him, the overcoming of the philosophical-historical horizon always remains within the sphere of history understood a science.

This state of affairs seems to be confirmed by the fact that precisely the further development of the question of the multiplicity of historical times makes more urgent the need for reflection on the relationship between the unity of »history *per se*« and the multiplicity of histories, thus moving towards a transcendental theory of historical action.

Koselleck is, in fact, searching for »meta-historical factors«,[30] that also define »transcendental« elements which, within a »complex

---

[29] *Ibid*.
[30] *Ibid*, p. 12.

theory of historical times«[31], constitute the premise or introduction. In a letter to Gadamer in 1974, Koselleck writes that

> only after we recognize the extent to which epochal experiences are prospective and the extent to which they can be repeated in their structure [*in ihrer Struktur sogar wiederholbar*] is it possible for us to understand what is really modern, and what is not.[32]

From these few lines, the idea that Koselleck appropriates emerges clearly, according to which full knowledge of the specific characteristics of the modern era is only possible through the distinction of what is effectively new in the modern age from that what, in contrast, repeats what has already occurred in the past. The presumed novelty of factors which, despite presenting themselves in the modern age, are nonetheless not specific to this epoch, must therefore be denied, relativising – against the historicist claim of an absolute difference proper to every historical age – the alleged epochal character of determinations that are not limited to the epoch, thereby revealing their derivation from a specific form of repetition. What matters most here is that Koselleck forms these ideas at the same moment that, in parallel, he is engaged in a definition of the character of the modern age by means of a theory of the plurality of historical times: his research into historical times never loses sight of the importance of »history in the singular«, in which determinate structures repeat themselves, guaranteeing the persistence (in every plural history) of history »*per se*«.

Conflict and history

The letter that Koselleck sent to Gadamer is part of a more general dialogue that the two maintained on the relationship between hermeneutics and history. It found its definitive formulation in the 1980s in the speech that Koselleck held at the Academy of Science in Heidelberg on the occasion of the celebration of Gadamer's 85th birthday. On this occasion, Koselleck established the objective of »theory of

---

[31] R. Koselleck, *Sediments of time*, p. 8.
[32] R. Koselleck to Hans-Georg Gadamer, 08.04.1974, in *Nachlass Hans-Georg Gadamer*, Deutsches Literatur Archiv Marbach am Neckar (Koselleck an Gadamer [1970–2000], HS. 2004.0003, HS005135318).

history [*Historik*]« in the identification of the »conditions of possible histories [*Bedingungen möglicher Geschichten*]« starting from »aporias of human finitude in its temporality [*Endlichkeit des Menschen in seiner Zeitlichkeit*]«[33]:

> As a theoretical science and in contrast to empirical *Historie*, the theory of history [*Historik*] does not deal with individual histories themselves, whose past, present, and potential future realities are examined by historical fields of study. Rather, *Historik* is the theory of the conditions of possible histories [*die Lehre von den Bedingungen möglicher Geschichten*]. It asks about the theoretically discernible presuppositions that make conceivable why histories occur, how they unfold, and, likewise, how and why they must be examined, represented, or narrated.[34]

The starting-point of this research, as he had already indicated in a letter to Schmitt in 1953, consists in the problematic appropriation of the existential analysis [*Daseinsanalyse*] of Heidegger, or rather, in the concrete declension of the understanding of the »being-there [*Dasein*]«[35]: if it is true that »the foundational structure of human *Dasein*« is »stretched out between birth and death«, as shown by Heidegger's existential analysis, it is also true that »the times of history are not identical to and also not derivable in their entirety from the existential modalities that emerge on the basis of the human being as ›*Dasein*‹.«[36] In fact, there are »determinations of difference that contain their own finitude and are not traceable back to an [individual human] ›existence‹.«[37]

If it is true, then, that »Heidegger's central oppositional pair [*Oppositionspaar*] of ›thrownness‹ [*Geworfenheit*] (empirically, birth) and ›anticipation of death‹ [*Vorlaufen zum Tode*] (empirically,

---

[33] R. Koselleck, »Historik und Hermeneutik«, in R. Koselleck, H.-G. Gadamer, *Hermeneutik und Historik*, Heidelberg, Carl Winter Universitätsverlag, 1987, pp. 9–28, now in *Zeitschichten*, pp. 97–118, engl. transl. »*Historik* and Hermeneutics«, in *Sediments of time*, pp. 41–59, at p. 42

[34] *Ibid*, p. 43.

[35] R. Koselleck to Carl Schmitt, 21.01.1953, in R. Koselleck, C. Schmitt, *Der Briefwechsel (1953–1983)*, eds. by Jan Eike Dunkhase, Frankfurt/Main, Suhrkamp, 2019.

[36] R. Koselleck, »*Historik* and Hermeneutics«, p. 44.

[37] *Ibid*.

the fact that we all must die [*das Sterbenmüssen*])«[38], can be considered as the point of departure of a historical event, in that it determines the fundamental experience of finiteness, it cannot be reduced to a genetic or abstract »being-towards-death [*Sein zum Tode*]«[39], but has to be understood in the light of the »oppositional pair of necessary death and the ability to kill [*Oppositionspaar des Sterbenmüssens und des Tötenkönnens*]«[40].

The horizon of the necessity of death must be understood politically, by means of »the category of being able to kill«: every history is characterised by the fact that men have made »survival the primary aim of their efforts within the horizon of their impending death«: »the struggle for survival has always threatened the death of others, or, perhaps more commonly, death at the hands of others.«[41] Whether this threat is rendered effective or not does not remove the fact that »without the ability to kill other people, to violently shorten other peoples' lives, the histories with which we all are familiar would not exist.«[42]

In this way, the antithesis »between friend and enemy«, far from characterising an epochal condition, »thematizes finitudes in entirely formal ways, finitudes that crop up in all histories of human organizations.«[43] Every possible history is determined, furthermore, by the contrast »between inside and outside [*Gegensatz von Innen und Außen*]«, which, as such, constitutes the same »historical spatiality [*geschichtliche Räumlichkeit*]«[44]. This is because every human unit is in a relationship with a dimension which is external to itself – just think of the relationships between communities or between states – but, at the same time, is endowed with a level of internal relationships, which, in turn, can be minutely analysed on ever more complex levels. The contra-position between »public sphere and secrecy« is an example of the articulation between the internal-external relationship. The osmosis of the boundaries of inside and outside, which, in

---

[38] *Ibid.*, p. 45.
[39] M. Heidegger, *Sein und Zeit* [1927], Frankfurt/Main, Klostermann, 1977, eng. transl. by John Macquarrie and Edward Robinson, *Being and time*, London, Blackwell, 1962, p. 304.
[40] R. Koselleck, »*Historik* and Hermeneutics«, p. 46.
[41] *Ibid.*, p. 45.
[42] *Ibid.*, p. 46.
[43] *Ibid.*
[44] *Ibid.*, p. 47.

certain epochs, seems to have abolished those borders, »does not disable the force of the foundational opposition between inside and outside, but instead presupposes it.«[45]

The truly historical dimension of man is furthermore determined by »generativity [*Generativität*]«, or the power to generate; in other words, by the »the natural sexuality [*Geschlechtlichkeit*] from which the procreation of children results« and, by the succession of generations, which generate new relationships of inclusion and exclusion, of inside and outside, of before and after: thus, no possible history can be contemplated without generational fractures, which can occur through »violent changes, as are common in civil wars or revolutions«[46].

In the end, every possible history is characterised by »relations of above and below [*Oben-Unten-Relation*]«, of which the »master and slave [*Herr und Knecht*]« form is the most emblematic[47]. Vertical dominance, that is to say, the exercise of power directed from above in the direction of below is, in this sense, a relational form without which histories would not be possible. With the transformation – in the emancipatory sense – of modern liberal-democratic societies, the founding relationship does not change, as it is simply renewed at a new level: »The legitimation may be new, legal relations may be different, perhaps they are improved, but nothing has been changed in terms of the return of newly organized and legally regulated forms of dependency, that is, in terms of the relations of above and below«.[48] In this way, the »temporal structure of possible histories [*zeitliche Grundstruktur möglicher Geschichten*]« can be identified only by starting from »oppositional pairs [*Oppositionspaare*]«[49].

---

[45] Ibid., p. 48.
[46] Ibid., pp. 50–51.
[47] Ibid., p. 51.
[48] Ibid., p. 52.
[49] Ibid., pp. 45, 52. For a general discussion about Koselleck's anthropological and historical times, see: Alexandre Escudier, »Von Kosellecks Anthropologie zu einer vergleichenden Topik der politischen Moderne. Ein Vorschlag«, in C. Dutt, R. Laube, (eds.), *Zwischen Sprache und Geschichte*, pp. 219–235, in particular, at pp. 196–214; Dominic Kaegi, »Historik als Hermeneutik. Koselleck und Gadamer«, in *Zwischen Sprache und Geschichte*, pp. 256–267; Stefan-Ludwig Hoffmann, »Zur Anthropologie geschichtlicher Erfahrungen bei Reinhart Koselleck und Hannah Arendt«, in H. Joas, P. Vogt (eds.), *Begriffene Geschichte*, pp. 171–204; Id., »Was die Zukunft birgt: über Reinhart Kosellecks Historik«, *Merkur*, LXIII, 2009, 6, pp. 546–550; Luca Scuccimarra »Semantics of Time and Historical Experience: Remarks on Koselleck's

History, conceived in this manner, is not the disarticulated space of unrelated facts. The fact that it possesses a horizon of comprehensibility, however, does not mean that it is bestowed with a horizon of sense: rather, it is the place of that radical »groundlessness [*Grundlosigkeit*]«, that Koselleck had already retraced in his dialogue with Schmitt[50], as it – uniquely – exhibits:

> tensions, conflicts, breaks, and inconsistencies open up that always remain unsolvable in the specific moment but that all units of action must take part in and make an effort to solve diachronically, whether in order to survive or to perish.[51]

The space of historical action does not originate from a substance which, subsequently, the conflicts of modernity have eroded and disintegrated. The crisis is, in this sense, original, connected to the anthropological constitution, and, therefore, the dimension of history proper:

> Friend and enemy, parents and children, generational succession, earlier or later, the tensions between above and below and the tensions between inside and outside, secret and public—all of these remain constitutive for the emergence, course, and efficacy of histories.[52]

The concept of politics

In this way, Koselleck is able to arrive at the position of a definite hypothesis on the constitution of modernity against the background of a general theory of the conditions of the possibility of human ac-

---

Historik«, in *Contributions to the History of Concepts*, IV, 2008, 2, pp. 160–175; Sandro Chignola, »Sulla *Historik* di Reinhart Koselleck e sulla temporalizzazione della storia«, in Sandro Chignola, Giuseppe Duso (eds.), *Storia dei concetti e filosofia politica*, Milan, Franco Angeli, 2008, pp. 234–255; Angelika Epple, »Natura Magistra Historiae? Reinhart Kosellecks transzendentale Historik«, in *Geschichte und Gesellschaft*, 32, 2006, pp. 201–213; Jacob Taubes, »Geschichtsphilosophie und Historik. Bemerkungen zu Kosellecks Programm einer neuen Historik«, in R. Koselleck, D. Stempel (eds), *Geschichte, Ereignis und Erzählung*, pp. 490–499.
[50] Reinhart Koselleck to Carl Schmitt, 03.06.1959, in R. Koselleck, C. Schmitt, *Der Briefwechsel*.
[51] R. Koselleck, »*Historik* and Hermeneutics«, p. 53.
[52] Ibid.

tion. The conflict and opposition which reside in modernity, in the last analysis, refer back to a more radical crisis, because it is more primitive, regarding the anthropological constitution. Modernity does nothing but replicate and reproduce, upon a vaster scale, this critical origin. In the wake of the specificity of modern events, opposing structures are reproduced – political, social, generational conflicts – that definitely refer back to repetition of history, to the cyclical reproposition of its conditions of possibility. With this, Koselleck returns to a theme from his original methodological approach, which, on closer inspection, he never abandoned. It is here that one finds the irreducible result of his Schmittian heredity that lies in the conviction that the »Political« cannot be eliminated.

This condition is, however, retraced by Koselleck to an anthropological foundation. In so far as the modern *caesura* is recognisable upon the basis of an articulated relationship between what is transformed and what, while constituting the background of this transformation, remains unchanged, Koselleck identifies – to avoid slipping into a new historicist relativism – original structures that are also conditions for possible histories. History, therefore, is not the place of substantialistic unity: rather, it is the set of conditions of possibility that found histories, and constitute their unitary background.

The historical world, in its unity, is crossed by processes of genetic crisis. Koselleck never abandons this conviction. The theme of division and dualism, at the heart of his doctoral studies, re-emerges as a constant in all his successive research. In studying the causes of the crisis of modern world, he discovered their roots in an anthropological fact that could not be eradicated. His reflection begins with the recognition of the contradictory and conflicting status of historical material, the pervasiveness and essentiality of its conflicts.

The radical lack of order; the structural excess of chaos and dynamism; the »Political«, that is to say, hostility, as an eminent trait in historical relationships; the precarity of every condition of equilibrium; the ontological nothing, the lack of substance that the dimension of historical action reveals and which founds every possible history: these structural conditions of crisis are, at the same time, origins or points of view which comprehend the historical condition. Koselleck's realism was stimulated by an insistent polemic against any attempt to sweeten this condition, which utopia (in its various forms), religious faith, and the philosophy of progressive history nurture in different ways. All attempted to prevent the development of solutions capable of promoting peace.

The effort to identify these solutions lay, first and foremost, in overcoming the dualism and division which belongs to the philosophical-historical conscience, the source of conflict between human groups:

> As long as human agencies exclude and include, there will be asymmetric counter-concepts and techniques of negation, which will penetrate conflicts until such time as new conflicts arise.[53]

In order to limit the techniques of negation, it is necessary, according to Koselleck, to aspire to the restriction of the expansive horizon of civil war. Peace is therefore only achievable through a reciprocal process of recognition and mediation of the conflict by the parties involved. Thus, it is necessary to limit, to neutralise, to mediate, conflicts; to govern the »Political« by means of Politics. But the premise of this concept of Politics is the unity of historical time: that is to say, the fact that the various histories, equipped with their own temporality, all occur in the univocal time of history.

---

[53] R. Koselleck, *Futures Past*, p. 191.

Verzeichnis der Autorinnen und Autoren

Jeffrey Andrew BARASH ist Professor emeritus für Philosophie an der Universität von Amiens. Unter seinen Publikationen seien besonders hervorgehoben: *Martin Heidegger and the Problem of historical Meaning*, New York, Fordham, 2003; *Politiques de l'histoire : L'historicisme comme promesse et comme mythe*, Paris, PUF, 2004; *Collective Memory and the Historical Past*, Chicago und London, University of Chicago Press, 2016.

Bertrand BINOCHE ist Professor für Philosophie an der Universität Paris I-Panthéon-Sorbonne. Seine wichtigsten Beiträge zu der Theorie der Geschichte sind: *Les trois sources des philosophies de l'histoire (1764–1798)*, Paris, Hermann, 2013²; *La raison sans l'Histoire*, Paris, PUF, 2007; *Nommer l'histoire. Parcours philosophiques*, Paris, éditions EHESS, 2018.

Christophe BOUTON ist Professor für Philosophie an der Universität Bordeaux Montaigne. Seine Forschungsschwerpunkte liegen in der Geschichte der deutschen Philosophie (insbesondere Hegel), den Geschichtphilosophien im 19. und 20. Jahrhundert, und der Frage nach der Zeit in der neueren Philosophie. Monographien (Auswahl): *Temps et liberté*, Toulouse, Presses Universitaires du Mirail, 2007 (englische Übersetzung: *Time and Freedom*, Evanston, Northwestern University Press, 2014); *Faire l'histoire. De la Révolution française au Printemps arabe*, Paris, Cerf, 2013 ; *L'accélération de l'histoire. Des Lumières à l'Anthropocène* (bevorstehende Veröffentlichung). Herausgeben (Auswahl): hg. mit Bruce Bégout, *Penser l'histoire. De Karl Marx aux siècles des catastrophes*, Paris, L'éclat, 2011 ; hg. mit Barbara Stiegler, *L'expérience du passé. Histoire, Philosophie, Politique*, Paris, L'éclat, 2018.

Daniel BRAUER is Professor für Philosophie der Geschichte an der Universität von Buenos Aires, und Mitglied von »the National Council for Scientific and Technical Research / Centre for Philosophical Research«. Buchveröffentlichungen (Auswahl): *Dialektik der Zeit. Untersuchungen zu Hegels Metaphysik der Weltgeschichte*, Stuttgart, Frommann-Holzboog, 1982; als Herausgeber zusammen mit Concha Roldán und Johannes Rohbeck, *Philosophy of Globalization*, Berlin, De Guyter, 2018.

Jan Eike DUNKHASE ist Historiker, Dr. phil.; Studium in Heidelberg und Jerusalem, Promotion in Neuerer Geschichte an der FU Berlin; Wissenschaftlicher Mitarbeiter am Deutschen Literaturarchiv Marbach zuletzt. Buchveröffentlichungen: *Werner Conze. Ein deutscher Historiker im 20. Jahrhundert*, Göttingen, Vandenhoeck & Ruprecht, 2010; *Spinoza der Hebräer. Zu einer israelischen Erinnerungsfigur*, Göttingen, Vandenhoeck & Ruprecht, 2013; *Absurde Geschichte. Reinhart Kosellecks historischer Existentialismus*, Marbach a.N., Deutsche Schillergesellschaft, 2015; (Hg.) *Reinhart Koselleck, Carl Schmitt, Der Briefwechsel: 1953–1983*, Berlin, Suhrkamp, 2019.

Carsten DUTT lehrt Deutsche Literatur und Philosophie an den Universitäten von Notre Dame (USA) und Heidelberg (Deutschland). Seine Forschungsschwerpunkte sind die philosophische und literarische Hermeneutik, die Theorie und die Methodik der Begriffsgeschichte sowie die neuere deutsche Literatur. Monographien: *Hermeneutics, Aesthetics, Practical Philosophy. Hans Georg Gadamer im Gespräch*, Heidelberg, Winter, ³2000; *Herausforderungen der Begriffsgeschichte*, Heidelberg, Winter, 2003; *Gadamers Philosophische Hermeneutik und die Literaturwissenschaft*, Heidelberg, Winter, 2012; mit R. Koselleck, *Erfahrene Geschichte. Zwei Gespräche*, Heidelberg, Winter, 2013; (Hg. mit Reinhard Laube), *Zwischen Sprache und Geschichte. Zum Werk Reinhart Kosellecks*, Göttingen, Wallstein, 2013; (Hg.) Reinhart Koselleck, *Vom Sinn und Unsinn der Geschichte. Aufsätze und Vorträge aus vier Jahrzehnten*, Berlin, Suhrkamp, 2010, ²2014.

Alexandre ESCUDIER ist *chargé de recherche* am »Centre de Recherches Politiques de Sciences Po« (CEVIPOF, FNSP, Paris) und arbeitet über die Geschichte der Ideologien, der politischen Theorien und der Geschichtsphilosophien. Er hat zahlreiche Artikel zu diesen Bereichen veröffentlicht und mehrere Texte von Koselleck übersetzt: Reinhart Kosellek, *L'expérience de l'histoire*, Paris, Gallimard, Seuil, 1997; (Hg. mit Laurent Martin), *Histoires universelles et philosophies de l'histoire: De l'origine du monde à la fin des temps*, Paris, Presses de Sciences Po, 2015.

Jochen HOOCK war Professor für Geschichte an der Université Paris 7-Denis Diderot. Er hat auch an den Universitäten Bielefeld und Paderborn gelehrt. Seine Forschungsschwerpunkte sind die Wirtschafts- und Sozialgeschichte der frühen Neuzeit, die Geschichte der ökonomischen Praxeologie und die Theorie der Geschichte. Seine Publikationen (Auswahl): mit Pierre Jeannin, *Ars Mercatoria. Handbücher und Traktate für den Gebrauch des Kaufmanns. Manuels et traités à l'usage des marchands*, Bd. 1, 1470–1600. *Eine analytische Bibliographie*, Schöningh, Paderborn, 1991; *Ars Mercatoria*, op. cit., Bd. 2 1600–1700, Schöningh, Paderborn, 1993; (Hg. und übersetzt mit Marie-Claire Hoock-Demarle), *Reinhart Koselleck, Le futur passé. Contribution à la sémantique des temps historiques*, Paris, EHESS, 1990.

Marie-Claire HOOCK-DEMARLE ist Professor emeritus für Germanistik an der Universität Paris 7-Denis Diderot. Ihr Forschungsschwerpunkt ist die vergleichende Geschichte der Frau (Frankreich-Deutschland). Buchveröffentlichungen (Auswahl): *La femme au temps de Goethe*, Paris, Stock, 1989; *Die Frauen der Goethezeit*, München, Fink, 1990; (Hg. mit C. Liaizu), *Transmettre les passés*, Paris, Syllepse, 2001; *La galaxie Diderot*, Paris, Syllepse, 2005; *L'Europe des lettres. Réseaux épistolaires et construction de l'espace européen*, Paris, Albin Michel, 2008; *Bertha von Suttner (1843–1914), Amazone de la paix*, Lille, Septentrion, 2014.

Gennaro IMBRIANO ist Assistenzprofessor für Geschichte der Philosophie an der Universität Bologna. Studium in Bologna, Dresden und Bochum. Er hat sich mit Begriffsgeschichte beschäftigt, und speziell mit Reinhart Kosellecks Auffassung der Moderne, Säkularisierung und Politik: *Der Begriff der Politik. Die Moderne als Krisenzeit im Werk von Reinhart Koselleck*, Frankfurt, Campus, 2018; *Le due modernità. Critica, crisi e utopia in Reinhart Koselleck*, Roma, DeriveApprodi, 2016). Sein aktuelles Interesse liegt insbesondere auf Karl Marx und Martin Heidegger (*Il lavoro e le cose. Saggio su Heidegger e l'economia*, Macerata, Quodlibet; 2019; *Il tempo della contraddizione. Storia, lavoro e soggettività in Marx e Heidegger*, Modena, Mucchi, 2019); *Marx e il conflitto. Critica della politica e pensiero della rivoluzione*, Roma, DeriveApprodi, 2020).

Servanne JOLLIVET ist *chargée de recherche* an der französischen Forschungseinrichtung *Centre National de la Recherche Scientifique* – ENS, »Transferts culturels«, Paris. Dr. phil. Paris-Sorbonne Universität (Paris IV) und Humboldt-Universität zu Berlin. Ihre Arbeitsschwerpunkte sind die deutsche Philosophie, Geschichts- und Kulturphilosophie, sowie die neo-hellenische Philosophie des 20. Jahrhunderts. Ihre Publikationen (Auswahl): *Heidegger. Sens et histoire (1912–1927)*, Paris, PUF, 2009; *L'Historisme en question. Généalogie, débats et réception (1800–1930)*, Paris, Honoré Champion, 2013; Hg. mit J. Barash, *Reinhart Koselleck, Revue Germanique Internationale*, Bd. 25, 2017; *Matapoa 1945. Du mythe à l'histoire*, Athènes, EfA, 2020.

Lisa REGAZZONI ist Professorin für Geschichtstheorie an der Universität Bielefeld. Ihre aktuellen Forschungsthemen sind die Philosophie und Theorie der Geschichte, Wissenschaftsgeschichte der Geschichtswissenschaft, Materielle Kulturforschung, Französische Wissens- und Ideengeschichte des 18. und 19. Jahrhunderts. Monographien: *Selektion und Katalog. Zur Konstruktion der Vergangenheit bei Homer, Dante und Primo Levi*, Paderborn, Wilhelm Fink Verlag, 2008; *Geschichtsdinge. Gallische Vergangenheit und französische Geschichtsforschung im 18. und frühen 19. Jahrhundert*, Berlin/Boston, De Gruyter, 2020. »Per un'estetica della memoria«, *Discipline Filosofiche* 2, 2003; (Hg. mit C. Antenhofer und A. von Schlachta) *Werkstatt Politische Kommunikation. Netzwerke, Orte und Sprachen des Politischen*, Göttingen, Vandenhoeck & Ruprecht, 2010; (Hg. mit C. Trümpler, J. Blume und V. Hierholzer), »*Ich sehe wunderbare Dinge«: 100 Jahre Sammlungen der Goethe-Universität*, München, Museum Giersch, 2014; *Schriftlose Vergangenheiten. Die Geschichtsschreibung an ihrer Grenze – von der Frühen Neuzeit bis in die Gegenwart*, Berlin/Boston, De Gruyter, 2019.

Zusammenfassungen

Daniel Brauer, »Die Struktur und Entwicklung von Kosellecks Theorie der historischen Erfahrung«: Daniel Brauer versucht den Begriff der Erfahrung in Kosellecks Erkenntnistheorie der Vergangenheit zu klären und zu zeigen, wie sich dieser Begriff im Laufe seines Werks verändert. Dabei kontrastiert er Kosellecks Konzeption von »Erfahrung« zum einen mit Kants Auffassung von »Erfahrung« und zum anderen mit Diltheys Begriff des »Erlebnisses«. Schließlich untersucht er die Aktualität von Kosellecks theoretischem Ansatz für die aktuelle erkenntnistheoretische Historiographie-Debatte.

Daniel Brauer, »The Structure and Evolution of Koselleck's Theory of Historical Experience«: Daniel Brauer aims to clarify the notion of experience in Koselleck's epistemic theory of knowledge of the past and to show how this notion changes in the evolution of his work. He contrasts Koselleck's conception of »experience« with Kant's view of »Erfahrung«, on the one hand, and, on the other hand, with Dilthey's notion of »Erlebnis«. Finally, he explores the relevance of Koselleck's theoretical approach for the ongoing epistemological historiographical debate.

Daniel Brauer, »La structure et l'évolution de la théorie de l'expérience historique de Koselleck« : Daniel Brauer tente de clarifier la notion d'expérience développée dans la théorie épistémologique de la connaissance du passé de Koselleck et de montrer comment cette notion évolue tout au long de son œuvre. Il compare la conception de l'»expérience« de Koselleck d'une part avec la notion kantienne d'»Erfahrung«, et d'autre part avec celle d'»Erlebnis« de Dilthey. Enfin, il examine la pertinence de l'approche théorique de Koselleck pour les débats épistémologiques et historiographiques contemporains.

Jeffrey Barash, »Überlegungen über Historische Zeit, kollektives Gedächtnis und die Endlichkeit des historischen Verstehens im Ausgang von Reinhart Koselleck«: Unser gegenwärtiges Zeitalter, das durch schnelle Veränderung, Zerschlagung und Diskontinuität gekennzeichnet ist, hat eine neue Sensibilität für die Kontingenz und Endlichkeit des historischen Verstehens hervorgebracht. Diese neue Einsicht stellt alle früheren Versuche, die Geschichte als einen einheitlichen Prozess zu deuten, grundlegend in Frage. Im Laufe des 20. Jahrhunderts hat diese neue Sensibilität eine verstärkte Aufmerksamkeit für die *zeitliche* Struktur, die den Kontinuitäten und Diskontinuitäten, welche dem Verlauf der Geschichte zugrunde liegen, hervorgerufen. Der erste Teil dieses Beitrags beruft sich auf Verschiebungen in der Auffassung der historischen Zeit im Laufe des 20. Jahrhunderts, wie sie besonders durch Reinhart Kosellecks Geschichtstheorie verdeutlicht werden. Diese Analyse führt im zweiten Teil meines Beitrags zu dem Versuch, die neue Aufmerksamkeit, die der historischen Zeit gewidmet wird, mit der intensiven zeitgenössischen Beschäftigung mit dem Phänomen des kollektiven Gedächtnisses in Zusammenhang zu bringen. Wie der neue Fokus auf die historische Zeit, so bezieht sich auch das Phänomen des kollektiven Gedächtnisses auf die *zeitlichen* Bedingungen kollektiver Identitäten. In dieser Hinsicht, wie ich zu zeigen versuche, fügt die Untersuchung der zeitlichen Bedingungen des kollektiven Gedächtnisses die Frage nach der Kontingenz und Endlichkeit des historischen Verstehens in eine völlig neue Perspektive ein.

Jeffrey Barash, »Reflections on historical time, collective memory, and the finitude of historical understanding in relation to Reinhart Koselleck«: Our present age, characterized by rapid change, dislocation, and discontinuity, has produced a new sensitivity to the contingency and finitude of historical understanding. This new insight substantially challenges all earlier attempts to interpret history as a unified process. In the course of the twentieth century, this new sensitivity has given rise to an increased attention to the temporal structure that underlies the continuities and discontinuities that shape the course of history. The first part of this paper invokes shifts in the conception of historical time over the course of the 20th century, exemplified especially by Reinhart Koselleck's theory of history. This analysis leads, in the second part of this paper, to an attempt to relate the new attention to historical time to the intense contemporary concern with the phenomenon of collective memory. Like the new focus on historical time, the phenomenon of collective memory relates to the temporal conditions of collective identities. In this respect, as I attempt to show, the study of the temporal conditions of collective memory places the question of the contingency and finitude of historical understanding in an entirely new perspective.

Jeffrey Barash, »Réflexions sur le temps historique, la mémoire collective et la finitude de la compréhension historique à partir de Reinhart Koselleck«: Notre époque actuelle, caractérisée par des changements rapides, la dislocation et la discontinuité, a produit une nouvelle sensibilité à la contingence et à la finitude de la compréhension historique. Ce nouveau point de vue remet en question toutes les tentatives précédentes d'interpréter l'histoire comme un processus unifié. Au cours du vingtième siècle, cette nouvelle sensibilité a suscité une attention accrue à la structure temporelle qui sous-tend les continuités et les discontinuités qui façonnent le cours de l'histoire. La première partie de cet article revient sur les changements intervenus dans la conception du temps historique au cours du XXe siècle, illustrés notamment dans la théorie de l'histoire de Reinhart Koselleck. Cette analyse conduit, dans la deuxième partie de l'exposé, à une tentative de mise en relation de cette nouvelle conception du temps historique avec le souci contemporain pour le phénomène de la mémoire collective. Tout comme le nouvel accent mis sur le temps historique, le phénomène de la mémoire collective est lié aux conditions temporelles des identités collectives. À cet égard, l'étude des conditions temporelles de la mémoire collective place la question de la contingence et de la finitude de la compréhension historique dans une perspective entièrement nouvelle.

Servanne Jollivet, »Reinhart Kosellecks Kritik und Wiederaneignung des Begriffs der Geschichtlichkeit«: Der von François Hartog in den 1980er Jahren eingeführte Begriff des »Geschichtlichkeitsregimes« entstand aus der Begegnung zwischen der Mitte der 1970er Jahre entstandenen strukturellen Anthropologie und der von Reinhart Koselleck entwickelten Theorie der Geschichte. Ursprünglich aus dem philosophischen Bereich stammend, hat der Begriff der Geschichtlichkeit seit Hegel dennoch eine recht lange Geschichte, die meist mit dem Historismus in Verbindung gebracht wird und als solche im Zentrum der Kritik steht. Unbestreitbar hat Reinhart Koselleck mit seinem Beitrag zu dieser Übertragung von einer rein philosophischen Verwendung in den historischen Bereich eine entscheidende Rolle in dieser Genealogie gespielt. Von seiner Korrespondenz mit Carl Schmitt in den 1950er Jahren bis zur Debatte mit Hans-Georg Gadamer im Jahr 1985 wird versucht, diesen Weg zurückzuverfolgen, von seiner Kritik an der Geschichtlichkeit und ihrer Verwendung bei Heidegger, dann durch die hermeneutische Strömung, bis zu der Theorie der Zeitlichkeit, die er entwickelt, um sie zu vertiefen. Gerade auf dem Boden dieser Kritik und dieser Erweiterung wird er den Begriff nicht aufgeben, sondern im Gegenteil seine Ambitionen weiterverfolgen und radikalisieren, um sein theoretisches Projekt zu nähren.

Servanne Jollivet, »Critique and reappropriation of the concept of historicity by Reinhart Koselleck«: Born from the crossing of structural anthropology, which developed in the mid-1970s, and the theory of history developed by Reinhart Koselleck, the notion of the »regime of historicity«, introduced by François Hartog in the 1980s, has imposed itself on the historiographic field over the last fifteen years, to the point of becoming inescapable. Initially originating in the philosophical field, the notion of historicity has nevertheless a fairly long history since Hegel, most often associated with historicism and as such gathering criticism. By contributing to this transfer from a purely philosophical use to the historical domain, Reinhart Koselleck has undoubtedly played a decisive role in this genealogy. From his correspondence with Carl Schmitt in the 1950s to the debate with Hans-Georg Gadamer in 1985, she proposes to retrace this path, in particular through its use by Heidegger and the hermeneutic current, from Koselleck's critique of historicity to the theory of temporality he developps later. It is precisely on the ground of this critique and this enlargement that, instead of giving up the notion, he will pursue and radicalize its ambitions in order to nourish the theoretical project that runs through his entire work.

Servanne Jollivet, »Critique et réappropriation du concept d'historicité par Reinhart Koselleck« : Née de la rencontre de l'anthropologie structurale qui émerge au milieu des années 1970 et de la théorie de l'histoire développée par Reinhart Koselleck, la notion de »régime d'historicité«, introduite par François Hartog dans les années 1980, s'est imposée depuis une quinzaine d'année dans le domaine historiographique jusqu'à devenir incontournable. Issue initialement du champ philosophique, la notion d'historicité a néanmoins une assez longue histoire depuis Hegel, le plus souvent associée à l'historisme et cristallisant les critiques à l'adresse des courants qui s'en réclament. En contribuant à ce transfert d'un usage purement philosophique au domaine historique, Reinhart Koselleck a assurément joué un rôle décisif dans cette généalogie. De la correspondance échangée dans les années 1950 avec Carl Schmitt jusqu'au débat avec Hans-Georg Gadamer en 1985, nous nous proposons ici de retracer ce cheminement : de sa critique de l'historicité et de l'usage qui en est fait par Heidegger, puis par le courant herméneutique, à la théorie de la temporalité qu'il développe pour en explorer les structures. C'est justement sur le sol de cette critique et de cet élargissement qu'il va, non pas abandonner la notion, mais au contraire poursuivre et en radicaliser les ambitions afin de nourrir le projet théorique qui traverse toute son œuvre.

Christophe Bouton, »Die Beschleunigung der Geschichte bei Koselleck. Eine Studie zu einer historischen Kategorie der Moderne«: Die von Hartmut Rosa (*Beschleunigung*, Suhrkamp, 2015) popularisierte Idee, dass die Moderne von einer Erfahrung der Beschleunigung geprägt ist, wurde zunächst von Reinhart Koselleck in zwei Studien vorgelegt: »Gibt es eine Beschleunigung der Geschichte?« (1976), und »Zeitverkürzung und Beschleunigung. Eine Studie zur Säkularisierung« (1985) (wieder abgedruckt in *Zeitschichten, Studien zur Historik*, Suhrkamp, 2000). Der Zweck dieses Beitrags ist es, den Begriff der Beschleunigung der Geschichte als historische Kategorie der Moderne gemäß ihren drei aufeinanderfolgenden Bedeutungen zu analysieren, die Koselleck identifiziert hat: eschatologisch, politisch und technisch. Das Interesse dieser Kategorie liegt darin, dass sie sich am Schnittpunkt von drei seiner Hauptanliegen befindet: historische Semantik, Theorie der geschichtlichen Zeiten, und Theorie der Moderne. Sie bietet daher eine hervorragende Fallstudie, um Kosellecks Denken zu verstehen. Die Position Kosellecks – die Verbindung zwischen Moderne und Beschleunigung – wird dann mit den nachfolgenden Diskussionen zu diesem Thema verglichen, insbesondere im Bereich der Sozialphilosophie, bei Rosa, und in den Debatten über das »Anthropocene«, wo die Kategorie der Beschleunigung in Form der »Great Acceleration«, über die wir abschließend einige Worte sagen werden, auf neue Weise mobilisiert wird. Die Frage ist, inwieweit die Kategorie der Beschleunigung, die auf die Geschichte angewendet wird, ein relevantes heuristisches Werkzeug zum Verständnis dessen ist, was als die Moderne bezeichnet wird.

Christophe Bouton: »The Acceleration of History in Koselleck. A Study on a Historical Category of Modernity«: The idea that modernity is characterized by an experience of acceleration, popularized by Hartmut Rosa (*Beschleunigung*, Suhrkamp, 2015), was initially outlined by Reinhart Koselleck in two studies, »Gibt es eine Beschleunigung der Geschichte?« (1976), and »Zeitverkürzung und Beschleunigung. Eine Studie zur Säkularisation« (1985) (published in *Zeitschichten, Studien zur Historik*, Suhrkamp, 2000). The aim of this contribution is to analyze the concept of acceleration of history understood as a historical category of modernity according to its three successive meanings identified by Koselleck: eschatological, political and technical. The interest of this category is that it lies at the intersection of three of his main concerns: historical semantics, the theory of historical times, and the theory of modernity. It thus offers a privileged case study to understand his approach. Koselleck's position – the link between modernity and acceleration – will then be confronted with subsequent discussions on this theme, particularly in the field of social philosophy, in Rosa, and in the debates around the Anthropocene where the category of acceleration is mobilized in a new way in the form of the »Great Acceleration«, of which a few words will be said in conclusion. The question is to know to what extent the category of acceleration, applied to history, is a relevant heuristic tool for understanding what we call modernity.

Christophe Bouton: »L'accélération de l'histoire chez Koselleck. Étude sur une catégorie historique de la modernité«: L'idée que la modernité se caractérise par une expérience de l'accélération, popularisée par Hartmut Rosa (*Beschleunigung*, Suhrkamp, 2015), a été exposée initialement par Reinhart Koselleck dans deux études: »Gibt es eine Beschleunigung der Geschichte?« (1976), et »Zeitverkürzung und Beschleunigung. Eine Studie zur Säkularisation« (1985) (repris dans *Zeitschichten, Studien zur Historik*, Suhrkamp, 2000). Le but de cette contribution est d'analyser le concept d'accélération de l'histoire compris comme une catégorie historique de la modernité selon ses trois significations successives dégagées par Koselleck: eschatologique, politique et technique. L'intérêt de cette catégorie est qu'elle se trouve à l'intersection de trois de ses grandes préoccupations: la sémantique historique, la théorie des temps historiques, et la théorie de la modernité. Elle offre donc une étude de cas privilégié pour comprendre sa démarche. On confrontera ensuite la position de Koselleck – le lien entre modernité et accélération – avec les discussions ultérieures sur ce thème, en particulier dans le domaine de la philosophie sociale, chez Rosa, et dans les débats autour de l'Anthropocène où la catégorie d'accélération est mobilisée de manière nouvelle sous la forme de la »Grande Accélération«, dont on dira quelques mots en conclusion. La question est de savoir dans quelle mesure la catégorie d'accélération, appliquée à l'histoire, est un outil heuristique pertinent pour comprendre ce qu'on appelle la modernité.

Lisa Regazzoni, »Das unmögliche Denkmal der Erfahrung: eine Geschichte, die nie endet«: Eine der grundlegenden Fragen, die Reinhart Koselleck stellt, betrifft die Möglichkeit, »primäre« (individuelle oder generationelle) und »fremde« (epochale und intergenerationelle) Erfahrungen in historisches Wissen zu übersetzen, das geteilt und kommuniziert werden kann. In diesem Prozess erkennt Koselleck die potenziell heuristische Überlegenheit der anthropologischen Figur des Besiegten, der angesichts der Notwendigkeit, die Ursachen der Niederlage zu verstehen, neue methodische Zugänge zur Vergangenheit erarbeiten kann. Die folgenden Überlegungen stellen einen Versuch dar, Kosellecks Ansatz zum politischen Denkmalkult als eine von mehreren methodischen Lösungen, einschließlich einer historisch-konzeptionellen Interpretation, neu zu lesen, die zu einem Verständnis der grundlegenden »fremden« Erfahrung, die die Moderne und ihr Ergebnis im zwanzigsten Jahrhundert ist, führen. So behandelt Koselleck Denkmäler sowohl als »Indikatoren« der Transformation zur Moderne (die er fremd erfahren hat) als auch als Ausdruck der Erinnerungspolitik der jüngsten Vergangenheit (die er primär erfahren hat). Gerade diese Analyse von Kriegsdenkmälern aus dem 20. Jahrhundert ist es, die ein Umdenken nicht nur in Bezug auf die Physiognomie der Moderne generiert, sondern auch, was die Aufgabe der Geschichte angeht, die bei der Aufarbeitung der Vergangenheit letztlich den Staffelstab an die Kunst weitergeben muss.

Lisa Regazzoni, »The impossible monument of experience: a story that never ends«: One of the fundamental questions posed by Reinhart Koselleck concerns the possibility of translating »primary« (individual or generational) and »foreign« experiences (epochal and intergenerational) into historical knowledge that can be shared and communicated. In this process, Koselleck recognizes the potentially heuristic superiority of the anthropological figure of the vanquished, who, faced with the need to understand the causes of defeat, may be able to elaborate new methodological approaches to the past. The following reflections represent an attempt to reread Koselleck's approach to the political monument cult as one of several methodological solutions, including a historical-conceptual interpretation, that lead to an understanding of the fundamental »foreign« experience that is modernity and its outcome in the twentieth century. Hence Koselleck treats monuments both as »indicators« of the transformation to modernity (of which he has foreign experience) and as an expression of the memorial politics of the recent past (which he experienced primarily). It is precisely this analysis of twentieth century war memorials that generates a rethinking not only of the physiognomy of modernity but also of the task of history, ultimately forced to pass the baton to art in reworking the past.

Lisa Regazzoni, »Le monument impossible de l'expérience: une histoire qui ne finit jamais«: L'une des questions fondamentales posées par Reinhart Koselleck concerne la possibilité de traduire les expériences »primaires« (individuelles ou générationnelles) et »étrangères« (d'époque et intergénérationnelles) en un savoir historique qui puisse être partagé et communiqué. Dans ce processus, Koselleck reconnaît la supériorité potentiellement heuristique de la figure anthropologique du vaincu, qui, face à la nécessité de comprendre les causes de la défaite, peut être en mesure d'élaborer de nouvelles approches méthodologiques du passé. Les réflexions suivantes représentent une tentative de relire l'approche par Koselleck du culte du monument politique comme une solution méthodologique parmi d'autres, incluant une interprétation historico-conceptuelle, qui mène à la compréhension de l'expérience »étrangère« fondamentale qu'est la modernité et de son résultat au vingtième siècle. Koselleck traite donc les monuments à la fois comme des »indicateurs« de la transformation conduisant à la modernité (dont il a une expérience étrangère) et comme une expression de la politique mémorielle du passé récent (dont il a une expérience primaire). C'est précisément cette analyse des monuments aux morts du XXe siècle qui amène à repenser non seulement la physionomie de la modernité, mais aussi la tâche de l'histoire, contrainte de passer le relais à l'art pour retravailler le passé.

Carsten Dutt, »Kosellecks Wende zur Pragmatik«: Unter den Errungenschaften, aufgrund derer Reinhart Koselleck als einer der wichtigsten Historiker des 20. Jahrhunderts gilt, stehen seine Beiträge zur Theorie und Praxis der Begriffsgeschichte an vorderster Stelle. Ihre systematische Rekonstruktion kann verdeutlichen, was sich in disziplingeschichtlicher Perspektive als eine Wende zur Pragmatik bezeichnen lässt. Um das charakteristische Profil dieser vorrangig auf die Rekonstruktion politisch-sozialer Begriffsfunktionen abzie-

Zusammenfassungen

lenden Wende herauszuarbeiten, wird in drei Schritten vorgegangen. In einem ersten Schritt rückt Carsten Dutt das von Koselleck entwickelte Forschungsprogramm vor den Hintergrund der vergleichsweise eng umgrenzten Erkenntnisziele und Untersuchungsverfahren philosophiehistorischer Begriffsgeschichte, für deren Leistungen im 20. Jahrhundert Namen wie Erich Rothacker, Joachim Ritter und Hans-Georg Gadamer stehen. In einem zweiten Schritt erörtert er die theoretischen Prämissen und die aus diesen Prämissen sich ableitende Methodik der Koselleck'schen Version von Begriffshistoriographie. Schließlich stellt er methodologische Erwägungen zur Diskussion, die sich auf das von prominenten Neuzeithistorikern für das 20. Jahrhundert in Anwendung gestellte Vorhaben einer Fortschreibung der Geschichtlichen Grundbegriffe, des von Koselleck konzipierten und vornehmlich auf die Prozesse der sogenannten ›Sattelzeit‹ zwischen 1750 und 1850 bezogenen Großlexikons der politisch-sozialen Sprache in Deutschland, beziehen.

Carsten Dutt, »Koselleck's Turn to Pragmatics«: Among the achievements for which Reinhart Koselleck is considered one of the most important historians of the 20th century, his contributions to the theory and practice of conceptual history are at the forefront. Their systematic reconstruction can clarify what can be characterised as a turn towards pragmatics from a disciplinary-historical perspective. In order to work out the characteristic profile of this turn, which is primarily aimed at the reconstruction of political-social conceptual functions, Carsten Dutt will proceed in three steps. In a first step, he will place the research programme developed by Koselleck against the background of the comparatively more narrowly defined cognitive goals and research methods of philosophical-historical conceptual historiography, whose achievements in the 20th century are represented by names such as Erich Rothacker, Joachim Ritter and Hans-Georg Gadamer. In a second step, he will discuss the theoretical premises and the methodology of Koselleck's version of conceptual historiography derived from these premises. Finally, he will put up for discussion methodological considerations that relate to the project, ventilated by prominent modern historians, of an update for the 20th century of Geschichtliche Grundbegriffe, the major encyclopaedia of political-social language in Germany conceived by Koselleck and relating primarily to the processes of the so-called ›Sattelzeit‹ between 1750 and 1850.

Carsten Dutt, »Le tournant pragmatique de Koselleck«: Parmi

les réalisations pour lesquelles Reinhart Koselleck est considéré comme l'un des historiens les plus importants du vingtième siècle, ses contributions à la théorie et à la pratique de l'histoire conceptuelle se placent au premier plan. Leur reconstruction systématique permet de clarifier ce que l'on peut caractériser comme un tournant vers une approche pragmatique de la discipline historique. Afin de décrire les caractéristiques de ce tournant, qui vise principalement à reconstruire les fonctions sociales et politiques des concepts, Carsten Dutt procéde en trois étapes. Dans un premier temps, il replace le programme de recherche développé par Koselleck dans le contexte par comparaison plus restreint des objectifs théoriques et des procédures méthodologiques de l'histoire conceptuelle philosophique et historique, dont les réalisations au vingtième siècle sont associées à des noms tels que Erich Rothacker, Joachim Ritter et Hans-Georg Gadamer. Dans un deuxième temps, il discute des prémisses théoriques et de la méthodologie de la version de l'historiographie conceptuelle que Koselleck a proposée à partir de ces prémisses. Enfin, il soumet à la discussion des considérations méthodologiques liées au projet, porté par d'éminents historiens modernes, d'une mise à jour pour le vingtième siècle du dictionnaire des *Geschichtliche Grundbegriffe*, cette grande *encyclopédie* du vocabulaire politique et social en Allemagne conçue par Koselleck et portant principalement sur ce qu'il appelle la »Sattelzeit«, la période charnière située entre 1750 et 1850.

Jan Eike Dunkhase, »Glühende Lava. Zu einer Metapher von Reinhart Koselleck«: Als eine jener Erfahrungen, die sich als »glühende Lavamasse in den Leib ergießen und dort gerinnen«, hat Reinhart Koselleck im Mai 1995 seine Begegnung mit Auschwitz beschrieben. Der Beitrag nimmt die vulkanische Metaphorik weiträumig in den Blick und fragt nach ihrer Bedeutung in Kosellecks Geologie der Geschichte.

Jan Eike Dunkhase, »Glowing Lava. On a metaphor by Reinhart Koselleck«: Reinhart Koselleck described his encounter with Auschwitz in May 1995 as one of those experiences that »pour into the body as a glowing mass of lava and coagulate there«. The paper takes a wide-ranging look at the volcanic metaphor and asks about its significance in Koselleck's geology of history.

Jan Eike Dunkhase, »Lave incandescente. Sur une métaphore de Reinhart Koselleck«: En mai 1995, Reinhart Koselleck a décrit sa rencontre avec Auschwitz comme l'une de ces expériences qui »se déversent dans le corps telle une masse de lave incandescente et y coagulent«. Cette contribution examine en détails la métaphore volcanique et s'interroge sur sa signification dans la géologie de l'histoire de Koselleck.

Marie-Claire Hoock-Demarle, »*Ein Ausflug in die Germanistik.* Geschichte und Literatur nach Koselleck«: So wie er sich für die Interdisziplinarität einsetzt, die das Markenzeichen der von ihm 1970 mitbegründeten Reformuniversität Bielefeld ist, ist Reinhart Koselleck ein »Polyhistor« im Sinne Friedrich Schlegels, der diesen Begriff 1798 in der Laudatio auf seinen Kollegen und Zeitgenossen Georg Forster verwendete. Doch während der Ideenhistoriker, der Semiologe und der Geschichtstheoretiker Gegenstand zahlreicher Analysen sind, bleibt sein ständiges Verhältnis zur Literatur, zur Literaturwissenschaft und zur Linguistik im Dunkeln. Diese privilegierten Momente der Begegnung mit Koselleck, unterbrochen von Texten, die als implizite Botschaften in Bezug auf seine aktuellen Themen angeboten werden, sollen Kosellecks lebendigen Blick auf die komplexe und essentielle Beziehung zwischen diesen beiden Schwesterwissenschaften, der Geschichte und der Literatur, erhellen, in der der Historiker viele seiner grundlegenden Begriffe zu finden liebte.

Marie-Claire Hoock-Demarle, »A Germanic escapade. History and Literature according to Koselleck«: Just as he is a vigilant supporter of the interdisciplinarity that is the hallmark of the *Reformuniversität Bielefeld*, which he helped to found in 1970, Reinhart Koselleck is a »Polyhistor« in the sense given to the term by Friedrich Schlegel in the eulogy he wrote in 1798 of his colleague and contemporary, Georg Forster. Although the historian of ideas, the semiologist and the theoretician of history have been the subject of numerous analyses, his constant relationship with literature, *Literaturwissenschaft* and linguistics remains in the shadows. These privileged moments of encounter with Koselleck, punctuated by texts offered as implicit messages in reference to his themes of the moment, seek to shed light on Koselleck's vivid look at the complex and essential relationship between these two sister-sciences, history and literature, where the historian liked to find many of his founding Grundbegriffe.

Marie-Claire Hoock-Demarle, »Une escapade en germanistique. Histoire et littérature selon Koselleck« : De même qu'il est un partisan convaincu de l'interdisciplinarité qui fait la spécificité de la *Reformu-*

niversität Bielefeld, dont il contribua à la fondation en 1970, Reinhart Koselleck est un »Polyhistor« au sens donné à ce terme par Friedrich Schlegel dans l'éloge qu'il fit en 1798 de son collègue et contemporain, Georg Forster. Or, si l'historien des idées, le sémiologue, le théoricien de l'histoire font l'objet de très nombreuses analyses, son rapport pourtant constant avec la littérature, la *Literaturwissenschaft* et la linguistique reste dans l'ombre. Moments privilégiés de rencontre avec Koselleck, les quelques témoignages de cette contribution, ponctués par des textes offerts comme autant de messages implicites en référence à ses thématiques du moment, cherchent à mettre en lumière le regard si vif jeté par Koselleck sur la relation complexe et essentielle entre ces deux disciplines-soeurs que sont l'histoire et la littérature, où l'historien se plaisait à retrouver nombre de ses *Grundbegriffe* fondateurs.

Bertrand Binoche, »Rückgriff auf Koselleck«: Man greift auf einen fremden Autor zurück, wenn man in seiner Herkunftskultur nicht über die notwendigen Mittel verfügt, um ein Problem zu bewältigen. In der zweiten Hälfte des letzten Jahrhunderts machte in Frankreich die verbreitete Förderung des Begriffs »Ereignis« von vornherein jeden Versuch zunichte, den Triumph der Geschichtsphilosophien in der Zeit von 1760 bis 1820 zu erklären. Bei Koselleck hingegen könnte man drei wertvolle Anhaltspunkte finden: einen Korpus (die Fußnoten), eine These (die Geschichte selbst) und schließlich einen Gegenstand (die historischen Grundbegriffe). Wie könnte man diese Bezugspunkte mobilisieren und mehr oder weniger produktiv ins Spiel bringen, wenn man nur ein partielles Verständnis von Kosellecks eigenem Unternehmen, seiner eigenen Kohärenz und seinen spezifischen Themen hat? War Unwissenheit nicht die eigentliche Bedingung für Produktivität? Oder sollten wir die armseligen Machenschaften der Ignoranz beklagen, die sich *post festum* zu rechtfertigen sucht?

Bertrand Binoche, »Using Koselleck«: we refer to a foreign author when we don't have, in our culture of origin, the resources necessary to deal with a problem. In the second half of the last century, in France, the widespread promotion of the concept of ›event‹ invalidated from the outset any attempt to account for the triumph of the philosophies of history over the period 1760–1820. In Koselleck, on the other hand, one could find three valuable points of support: a corpus (the footnotes), a thesis (History itself) and finally an

Zusammenfassungen

object (the fundamental historical concepts). How could one mobilise these points of reference and bring them into play, more or less productively, while basically having only a partial understanding of Koselleck's own enterprise, of its own coherence and its specific issues? Wasn't ignorance the very condition of productivity? Or should we deplore the poor tricks of ignorance seeking *post festum* to justify itself?

Bertrand Binoche, »Recours à Koselleck«: On recourt à un auteur étranger lorsqu'on ne dispose pas, dans sa culture d'origine, des ressources nécessaires au traitement d'un problème. Dans la seconde moitié du siècle dernier, en France, la promotion généralisée du concept d'»événement« invalidait d'entrée de jeu toute tentative pour rendre compte du triomphe des philosophies de l'histoire pendant la période 1760–1820. Chez Koselleck, on pouvait en revanche trouver trois précieux points d'appui: un corpus (les notes de bas de page), une thèse (l'Histoire en soi) et enfin un objet (les concepts historiques fondamentaux). Comment a-t-on pu mobiliser ces repères et les faire jouer, plus ou moins productivement, en n'ayant au fond qu'une compréhension partielle de l'entreprise même de Koselleck, de sa cohérence propre et de ses enjeux spécifiques ? La méconnaissance n'a-t-elle pas été la condition même de la productivité ? Ou faut-il déplorer les pauvres ruses de l'ignorance cherchant *post festum* à se justifier ?

Jochen Hoock, »Reinhart Koselleck, die Generation '45 und der Fall Carl Schmitt«: Reinhart Koselleck hat zeitlebens darauf beharrt, dass er einer Generation angehört, die von Krieg und Niederlage geprägt ist, von Bestandteilen einer Konzentrations- und Nachkonzentrationszeit also, deren Primärerfahrung die wesentliche Voraussetzung für seine kritische Arbeit als Historiker ist. Der vorliegende Beitrag versucht, die Stationen dieses gedanklichen Weges zu beschreiben, der zur Abfassung einer Historik, einer Theorie der Geschichte, führen sollte, die Koselleck aber nie geschrieben hat. Welche Rolle spielte die Debatte um den säkularen Staat und die Historizität des Rechts, wie sie sich in den 1950er Jahren in den Kreisen um Ernst Forsthoff und Carl Schmitt entwickelte? Welche Form wird sie unter dem Druck der zivilgesellschaftlichen Entwicklung der nächsten zwei Jahrzehnte annehmen, um schließlich in einer Reflexion über den Begriff der »Erinnerungsarbeit« Gestalt anzunehmen, von der die Untersuchung der Ikonographie von Kriegsdenkmälern die letzte Etappe in der Karriere des Historikers Koselleck darstellen wird?

Jochen Hoock, »Reinhart Koselleck, the Generation of '45 and the Case of Carl Schmitt«: Throughout his life, Reinhart Koselleck insisted on belonging to a generation marked by war and defeat, both of which were part of a concentration camp and post-concentration camp era whose primary experience is an essentiel condition for any critical work of the historian. This contribution attempts to describe the stages of this intellectual journey, which should have led to the writing of a Historik, a theory of history, which Koselleck never wrote. What was the role of the debate about the secular state and the historicity of law as it developed in the 1950s in the circles around Ernst Forsthoff and Carl Schmitt? What form will it take under the pressure of the evolution of civil society over the next two decades to finally take shape in a reflection on the notion of ›memory work‹, of which the investigation of the iconography of war memorials will constitute the last stage in the historian Koselleck's career?

Jochen Hoock, »Reinhart Koselleck, la génération 45 et le cas Carl Schmitt«: Tout au long de sa vie Reinhart Koselleck a insisté sur son appartenance à une génération marquée par la guerre et par une défaite s'inscrivant toutes les deux dans une ère concentrationnaire et postconcentrationnaire dont l'expérience primaire est la condition essentielle de son travail critique en tant qu'historien. Cette contribution décrit les étapes de ce parcours intellectuel, qui aurait dû aboutir à la rédaction d'une *Historik*, une théorie de l'histoire, que Koselleck n'a jamais écrite. Quel a été le rôle du débat autour de l'État séculier et de l'historicité du droit tel qu'il s'est développé au cours des années 1950 dans les cercles autour d'Ernst Forsthoff et de Carl Schmitt? Quelle forme prendra-t-il sous la pression de l'évolution de la société civile au cours des deux décennies suivantes pour finalement se concrétiser dans une réflexion autour de la notion de »travail de mémoire«, dont l'enquête sur l'iconographie des monuments aux morts constitue la dernière étape dans le parcours de Koselleck?

Alexandre Escudier, »Ein ›erster‹ neo-Hobbesianischer Koselleck? Von *Kritik und Krise* zur ›historischen Ontologie‹ und zurück«: Der Artikel verteidigt die These eines durchgängigen Neo-Hobbesianismus bei Koselleck und untersucht zu diesem Zweck die seit *Kritik und Krise* (1954) bestehende tiefe Verschränkung von Geschichtsfrage und politischem Problem. Im ersten Teil bietet er eine kritische Analyse von *Kritik und Krise*. Das Zwischenfazit ist zweifach. Zum einen zeigt es die Existenz einer dreifachen philosophischen Überladung der

Koselleckschen Demonstration *(Schmittsche, Cochinsche und Löwithsche Überladung)*. Andererseits deckt er die wichtigsten interpretatorischen und empirischen Triebfedern auf, auf denen die allgemeine These des Buches beruht. Im zweiten Teil untersucht der Artikel die spätere Transformation von Kosellecks ursprünglichen Fragestellungen, insbesondere das Projekt einer »historischen Ontologie«. Der Artikel umschreibt ihren eigentlich politischen Punkt, zeigt aber auch ihre fundamentalen und normativen Grenzen auf. Wenn Kosellecks historische Ontologie tatsächlich eine politische Ontologie ist, würde sie uns nicht vollständig in die demokratische Moderne bringen.

Alexandre Escudier, »A ›first‹ Koselleck neo-Hobbesian? From *Kritik und Krise* to ›historical ontology‹ and back«: The article defends the thesis of a continuous neo-Hobbesianism in Koselleck and examines for this purpose the deep entanglement, since *Kritik und Krise* (1954), of the question of history and the problem of the political. In the first part it offers a critical analysis of *Kritik und Krise*. The intermediate conclusion is twofold. On the one hand, the author shows the existence of a triple philosophical overload of the Koselleckian demonstration (*Schmittian, Cochinian* and *Löwithian* overload). On the other hand, it identifies the main interpretative and empirical motives on which the general thesis of the book is based. In the second part, the article examines the subsequent transformation of Koselleck's original interrogations, in particular the project of a »historical ontology«. The article circumscribes the properly political point of this project, while at the same time showing its foundational as well as normative limits. If Koselleck's historical ontology is indeed a political ontology, it would fail to bring us fully into democratic modernity.

Alexandre Escudier, »Un »premier« Koselleck néo-hobbésien ? De *Kritik und Krise* à l'»ontologie historique« et retour« : L'article défend la thèse d'un néo-hobbésianisme continu chez Koselleck et examine pour ce faire l'intrication profonde, depuis *Kritik und Krise* (1954), de la question de l'histoire et du problème politique. Dans sa première partie, il propose une analyse critique de *Kritik und Krise*. La conclusion intermédiaire est double. D'une part, il montre l'existence d'une triple surcharge philosophique de la démonstration koselleckienne (surcharge *schmittienne, cochinienne* et *löwithienne*). D'autre part, il relève les principaux forçages interprétatifs et empiriques sur lesquels repose la thèse générale du livre. Dans sa seconde partie, l'article examine la transformation ultérieure des interrogations premières de Koselleck, en particulier quant au projet d'une »ontologie historique«. L'article en circonscrit la pointe proprement politique, tout en montrant ses limites fondationnelles autant que normatives. Si l'ontologie historique de Koselleck relève bien de l'ontologie politique, elle échouerait ce faisant à nous faire entrer de plain-pied dans la modernité démocratique.

Gennaro Imbriano, »Die Zeitlichkeit der Geschichte. Strukturen des ›Politischen‹ und der Begriff der Politik bei Reinhart Koselleck«: »Geschichte hat immer etwas mit Zeit zu tun«. In seinem gesamten Werk schlug Reinhart Koselleck vor, die Zeitlichkeit der Geschichte in ihrer ganzen Komplexität zu begreifen. Kosellecks Thema der historischen Zeitlichkeit zielt in erster Linie darauf ab, die spezifische zeitliche Dimension der Moderne zu beschreiben, um in ihr die Differenz zur Vergangenheit und die Konstituierung einer Epoche der Geschichte zu entdecken. Eines der wichtigsten Ergebnisse von Kosellecks Untersuchung der Zeitlichkeit ist die Entdeckung ihrer Pluralität. In der Geschichte, so Koselleck, gibt es nicht nur eine Zeit, sondern eine Pluralität von verschiedenen historischen Zeiten. Diese Pluralität ist zudem ihrerseits doppelt, da sie sowohl synchron als auch diachron verstanden werden muss. Wie ist diese synchrone und diachrone Pluralität der historischen Zeiten zu verstehen? Dahinter verbirgt sich sicherlich eine Kritik der Geschichtsphilosophie, die den historischen Prozess als eine einheitliche, durch Fortschritt gekennzeichnete Dynamik sieht. Wie aber ist Kosellecks Ablehnung der Geschichtsphilosophie und ihrer zeitlichen Singularität zu verstehen? Will Koselleck mit seiner Kritik an der Zeitlichkeit der Geschichtsphilosophie ein einheitliches Konzept von historischer Zeit auf diachroner Ebene zurückweisen, nämlich dass alle Ereignisse in der Geschichte als Teil eines einzigen Prozesses verstanden werden können? Impliziert die Pluralität der historischen Zeiten nicht die Weigerung, Ereignisse vor dem Hintergrund eines einheitlichen Zusammenhangs zu sehen? In diesem Aufsatz argumentiere ich, dass die Antwort auf diese Fragen nur durch eine Analyse der Kosellecksche Kritik des »Politischen« und seiner Konzeption von Politik gefunden werden kann.

Gennaro Imbriano, »The temporality of history. Structures of the ›Political‹ and the concept of Politics in Reinhart Koselleck«: »History always has something to do with time«. Throughout his work,

Reinhart Koselleck proposed conceiving of the temporality of history in all its complexity. The aim of Koselleck's theme of historic temporality is, first and foremost, that of describing the specific temporal dimension of the modern age, in order to discover its difference with the past and its constitution of an epoch of history. One of the most relevant results of Koselleck's investigation of temporality is the discovery of its plurality. In history, Koselleck explains, there is not just one time, but a plurality of different historical times. Moreover, this plurality is, in its turn, double, as it has to be understood both synchronically and diachronically. How is this synchronic and diachronic plurality of historical times comprehended? Behind it there is certainly a critique of the philosophy of history, which sees the historical process as a unitary dynamic characterised by progress. But how is Koselleck's rejection of the philosophy of history and its temporal singularity interpreted? With his critique of the temporality of the philosophy of history, does Koselleck intend to reject a unitary concept of historical time at a diachronic level, to wit, that all the events in history can be understood as part of a unique process? Does not the plurality of historical times imply a refusal to see events against the background of a unitary context? In this paper, I argue that the answer to these questions can only be found by analysing the Koselleck's critique of the »Political« and his conception of Politics.

Gennaro Imbriano, »La temporalité de l'histoire. Les structures du ›politique‹ et le concept de politique chez Reinhart Koselleck«: »L'histoire a toujours quelque chose à voir avec le temps«. Tout au long de son œuvre, Reinhart Koselleck a proposé de concevoir la temporalité de l'histoire dans toute sa complexité. L'objectif de la thématique de la temporalité historique de Koselleck est, avant tout, de décrire la dimension temporelle spécifique de la modernité, afin de découvrir en quoi celle-ci est différente du passé et constitue une époque de l'histoire. L'un des résultats les plus pertinents de l'enquête de Koselleck sur la temporalité est la découverte de sa pluralité. Dans l'histoire, explique Koselleck, il n'y a pas un seul temps, mais une pluralité de temps historiques différents. De plus, cette pluralité est, à son tour, double, car elle doit être comprise à la fois de manière synchronique et diachronique. Comment comprendre cette pluralité synchronique et diachronique des temps historiques ? Derrière cette approche, il y a certainement une critique de la philosophie de l'histoire, qui voit le processus historique comme une dynamique unitaire caractérisée par le progrès. Mais comment interpréter le rejet par Koselleck de la philosophie de l'histoire et de sa conception singulière du temps historique ? Avec sa critique de la temporalité de la philosophie de l'histoire, Koselleck entend-il rejeter une conception unitaire du temps historique au niveau diachronique, à savoir l'idée que tous les événements de l'histoire peuvent être compris comme faisant partie d'un processus unique ? La pluralité des temps historiques n'implique-t-elle pas un refus de voir les événements à partir de l'arrière-plan d'un contexte unitaire ? Dans cet article, je soutiens que la réponse à ces questions ne peut être trouvée qu'en analysant la critique de Koselleck du »Politique« et sa conception de la Politique.